Sollen Wollen und Lassen Sollen

Lydia Lange

Sollen Wollen und Lassen Sollen

Die Lücke zwischen Moral und Verhalten

Springer

Lydia Lange
Berlin, Deutschland

ISBN 978-3-658-23370-9 ISBN 978-3-658-23371-6 (eBook)
https://doi.org/10.1007/978-3-658-23371-6

Die Deutsche Nationalbibliothek verzeichnet diese Publikation in der Deutschen Nationalbibliografie; detaillierte bibliografische Daten sind im Internet über http://dnb.d-nb.de abrufbar.

Umschlaggestaltung: deblik Berlin

Springer ist ein Imprint der eingetragenen Gesellschaft Springer Fachmedien Wiesbaden GmbH und ist ein Teil von Springer Nature
Die Anschrift der Gesellschaft ist: Abraham-Lincoln-Str. 46, 65189 Wiesbaden, Germany

Vorwort

Weshalb geschehen die meisten Kindestötungen außerhalb von Kriegen durch Stiefväter? Zu dieser Frage hörte ich vor Jahren eine verblüffende Antwort bei einem Gastvortrag eines Soziobiologen am Max–Planck–Institut für Bildungsforschung.

Um Missverständnisse zu vermeiden: Das Max-Planck-Institut für Bildungsforschung befasst sich nicht mit Kindestötungen. Und nicht alle Stiefväter bringen die in der Familie schon vorhandenen Kinder um. (Ich warne vor Pauschal-Urteilen.) Aber wie kam ich an das Max–Planck–Institut für Bildungsforschung und zu diesem evolutionstheoretischen Vortrag?

Die erste Frage lässt sich durch Ereignisse viele Jahre vorher beantworten. Ursache des Geschehens war ein Misserfolg. Ich war an der Humboldt-Universität Berlin als wissenschaftliche Oberassistentin beschäftigt und mir war gerade meine Habil-Arbeit auf dem Gebiet der Sozialpsychologie abgelehnt worden. Daraufhin verliehen mir meine Kollegen und mein Chef einen Orden. Ich wurde „Aktivist der sozialistischen Arbeit". Ich beschloss, meine sozialistische Arbeit fortan nicht mehr auf die Sozialpsychologie zu konzentrieren, sondern auf ein anderes Gebiet, das ich in der Lehre zu vertreten hatte, Methoden der empirischen Sozialforschung. Für dieses Fach brauchte ich möglichst selbst gewonnene empirische Daten. Erhebungen durchzuführen war nicht ohne Risiko. Selbst wenn man eine Genehmigung hatte, konnte die Befragung noch in jeder Phase gestoppt werden. Und so entschloss ich mich, meine Daten aus bereits veröffentlichten Dokumenten zu gewinnen.

Ich verglich wissenschaftlich relevante quantifizierbare Merkmale aus Artikeln in Fachzeitschriften verschiedener Humanwissenschaften und verschiedener Länder. Das Ergebnis wurde für die Habilitation anerkannt. Teile daraus publizierte ich in einer internationalen Fachzeitschrift.

Zehn Jahre später erschien mir das Anforderungsprofil einer Stellen-Ausschreibung durch das Max-Planck-Institut für Bildungsforschung geeignet, meinen Bewerbungsunterlagen die Veröffentlichung beizufügen.

Am Institut bestand meine Hauptaufgabe in interessanten Recherchen. Mir standen Fachdatenbanken aus verschiedenen Gebieten zur Verfügung, ich konnte in alten Folianten suchen und politische Institutionen nach bestimmten Merkmalen analysieren. Bald merkte ich, dass ich in einem bestimmten Bereich eine Kenntnislücke hatte, in der Evolutionspsychologie. Natürlich versuchte ich, dieses wichtige Gebiet genauer kennenzulernen. Mir fiel auf, dass sich die Evolutionspsychologie mit ähnlichen Phänomenen beschäftigt wie die Sozialpsychologie, ja, dass die Sozialpsychologie von der Evolutionstheorie profitieren könnte.

Jahre später las ich Bücher der Soziobiologen Eckardt Voland und Renate Voland. Ich schrieb ihnen, ob sie die Untersuchung der Moral auf evolutionspsychologischer Basis für aussichtsreich hielten. Ihre Antworten waren ausgesprochen ermunternd und enthielten überdies wertvolle Tipps. Für beides bin ich ihnen dankbar.

Ich danke auch dem Springer-Verlag für die Veröffentlichung meines Manuskripts und meiner Lektorin, Frau Eva Brechtel-Wahl, für ihre freundliche Hilfe bei Unklarheiten meinerseits für die endgültige Abfassung.

Berlin
Juni 2018

Lydia Lange

Inhaltsvervzeichnis

1 Einleitung

Was soll man wollen? Das Gute natürlich und lassen soll man das Böse. Was ist das Gute? „Das Gute, dieser Satz steht fest – ist stets das Böse, was man lässt".

Wenn das Gute die Negation des Bösen ist, dann war das Böse zuerst da. Und was ist böse? Nach dem Alten Testament kommt das Böse daher, dass Adam und Eva vom Baum der Erkenntnis des Bösen und des Guten gegessen haben, was ihnen von Gott ausdrücklich verboten worden war. Demnach kam auch aus christlicher Sicht das Böse zuerst, weil die beiden ersten Menschen auf Raten der Schlange Gott nicht gehorcht haben. Das Böse entsteht demnach durch Ungehorsam gegenüber Gott. Durch das Essen der von Gott verbotenen Frucht entstand die Erbsünde.

Abseits von Wilhelm Busch und von Adam und Eva ist es fraglich, ob man das Gute allein durch Unterlassen erreicht. Onkel Nolte, von dem das obige Zitat stammt, irrt wegen des Adverbs „stets".

Moralisch gut ist es, anderen Menschen zu helfen. Böse ist es, anderen Menschen zu schaden. Da gibt es, wie immer bei der Moral, Steigerungen und Differenzierungen. Die Moral lässt sich folgendermaßen steigern:

- Moralisch gut ist es, das Böse zu unterlassen.
- Moralisch gut ist es, anderen zur eigenen Freude zu helfen.
- Moralisch gut ist es, anderen zu helfen und dabei selbst Kosten zu haben oder Schaden zu erleiden.

L. Lange, *Sollen Wollen und Lassen Sollen,* https://doi.org/10.1007/978-3-658-23371-6_1

Schon das Unterlassen ist für viele Menschen schwierig, selbst wenn es sich lediglich um ständiges Likörtrinken handelt wie bei der frommen Helene. Gutes zu tun und dabei Freude zu haben hat den Vorteil, dass dergleichen von selbst geschehen kann. Man braucht dazu keine Drohungen oder Verbote.

Wieso sollte etwas nur dann moralisch gut sein, wenn man sich dabei selbst schadet? Weil sich dadurch die uneigennützige Gesinnung des Handelnden erkennen lässt. Das nennt man Altruismus. Wer anderen hilft und selbst etwas davon hat, und sei es ein gutes Gefühl, hat keine edlen Motive, wird unterstellt. Das Gute zu tun ist nicht immer einfach.

Man kann die Moral auch durch Bestrafung ausüben, durch Bestrafung anderer oder durch Selbstbestrafung. Die Bestrafung anderer kann, wie altruistisches Handeln, zum eigenen Schaden gereichen. Diese formale Ähnlichkeit hat Forscher zu der Schlussfolgerung geführt, Bestrafung anderer könnte altruistisch sein. Sind Außenpolitiker altruistisch, wenn sie andere Länder bestrafen, obschon das eigene Land dabei geschädigt wird?

Differenzieren lässt sich die Moral danach, wie ihr aufgeholfen wird. Sie wird gelenkt, von außen, von oben, auch von innen. Wird Gutes zu tun von außen oder von oben gelenkt, bedarf es Belohnungen, Bestrafungen und ihre Androhung. Das Gute scheint demnach nicht von vornherein im Menschen zu sein. Es wird durch Bekämpfung des Bösen erzeugt. Wenn man etwas tun oder lassen soll, muss der Moral nachgeholfen werden, auch mit Zwang.

Weniger aufwendig ist es natürlich, wir machen freiwillig das, was wir tun sollen, wir wollen das selbst und müssen nicht zuerst das Böse bekämpfen. Moral wird dann von innen gesteuert. Da ergibt sich ein weiteres Problem. Ist neben dem eigenen Wollen auch das Ergebnis von Bedeutung? Reicht die gute Gesinnung, das hehre Motiv aus, um moralisch zu handeln? Oder sollte auch die Wirkung berücksichtigt werden? Ein edles Motiv erkennt man daran, ob jemand Kosten auf sich nimmt oder sich schaden könnte, um anderen zu helfen. Das ist aber nicht aus der Sicht aller so. Der Handelnde selbst oder der Nutznießer sehen die Sache oft anders als ein Beobachter. Spendet ein Unternehmer eine große Menge Geld für wohltätige Zwecke, ist das eine gute Tat so lange, wie wir nicht wissen, dass der Unternehmer in seiner Stadt zum Bürgermeister gewählt werden möchte.

Manchmal tun wir Dinge, die wir nicht tun sollen, auch ohne sie zu wollen. Es gibt deshalb Menschen, die uns sagen, was wir tun sollen, was wir wollen sollen, um moralisch einwandfrei zu handeln. Solche Menschen haben ein hohes gesellschaftliches Ansehen, etwa der Papst, der Bundespräsident oder Zeitgenossen, die als Mahner bezeichnet werden. Sie werden nicht, wie andere Menschen, nach den Konsequenzen des Tuns beurteilt, das sie uns nahelegen. Die Aufforderung etwa „Gesicht zeigen!“ berücksichtigt nicht mögliche Handlungsfolgen. Ist es unmoralisch oder feige, wenn sich nicht jeder Mensch jüdischer Herkunft überall als solcher zu erkennen gibt?

In unserer Gesellschaft bekommen wir ständig gesagt, was wir tun sollen. Manchmal wollen wir das auch wissen, so bei Gebrauchsanleitungen, in Ratgebern und vor medizinischen Untersuchungen, meistens interessiert uns „das sollten Sie tun“ aber gar nicht, so bei der Werbung und bei moralischen Belehrungen. Werbung können wir durch adblocker abschalten oder indem wir einen anderen Radiosender wählen, bei der Moral ist das nicht möglich. Wir brauchen sie augenscheinlich. Wir brauchen sie, um anderen Menschen zu sagen, was sie tun und was sie lassen sollen. Und wer will das hören oder lesen? Moral unterscheidet sich nicht nur in der Höhe der Ansprüche, sondern auch danach, auf wen sie sich bezieht, auf andere Menschen oder auf die eigene Person.

Wird die Moral nicht von außen oder oben gelenkt, muss der Mensch selbst darauf kommen, wie er Gutes tun kann. Hat er solche Fähigkeiten, wenn ja, woher stammen sie und auf welche Weise macht er Gebrauch von ihnen? Und dann ist noch zu beachten, auf wen sich das gute Tun richtet.

2

Wie kommt die Moral zu uns? Evolution und Lernen

Inhaltsverzeichnis

2.1 Zugangsformen von Moral

Seit homo sapiens existiert, gibt es moralische Vorschriften. Sie werden uns auf unterschiedliche Weise und durch verschiedene Einrichtungen nahegebracht. Die moralischen Anweisungen sind unterschiedlich streng und ausschließlich in ihren Formulierungen. Viele Jahrtausende alte moralische Gebote und Verbote werden heute noch verkündet. Andere scheinen neu zu

L. Lange, *Sollen Wollen und Lassen Sollen*, https://doi.org/10.1007/978-3-658-23371-6_2

sein. Die moralischen Zugangsformen oder „Instanzen" existieren nebeneinander. Es sind dies Religionen, die Moralphilosophie, das Gewissen und moralische Werte.

Moralische Forderungen, die Jahrtausende alt und für viele Menschen auch heute noch gültig sind, werden über Religionen mitgeteilt. Philosophen wollten der Religion nicht nachstehen und haben eigene moralische Grundsätze formuliert. In Europa am bekanntesten ist der kategorische Imperativ von Immanuel Kant (1724–1804). In der Gegenwart ist eine andere Ausdrucksform von Moral in aller Munde, die moralischen Werte. Ihre Entstehung wird von Spezialisten (Sommer 2016) auf das 19. Jahrhundert zurückgeführt. Aber politisch gab es moralische Werte im Sinne politischer Ziele schon im 18. Jahrhundert, man denke an die Französische Revolution von 1789. Verinnerlicht der Mensch die Moral seiner sozialen Umgebung, sei es eine religiöse oder eine andere, handelt er nach seinem Gewissen. Wie unterscheiden sich diese moralischen Instanzen? Gibt es Gemeinsamkeiten? Wenn ja, woraus rühren sie?

2.1.1 Religiöse Gebote

Zu den ersten moralischen Anweisungen, die uns überliefert sind, gehören die zehn Gebote des Alten Testaments. Sie sind überwiegend negativ formuliert: „Du sollst nicht …" Ausgenommen das dritte und vierte Gebot sagen sie uns, was wir nicht tun sollen. Diese negativen Gebote sind eigentlich Verbote. Sie sollen uns vor Versuchungen schützen. Es war der Teufel, der die Menschen zu biblischen Zeiten in Versuchung führte.

Bemerkenswert ist der religiöse Versuch, nicht nur Handlungen moralisch zu steuern, sondern auch zwischenmenschliche Gefühle. Vater und Mutter ehren, nicht begehren des Nächsten Weib, Knecht, Magd, Vieh noch alles was sein ist. Zu den sieben Todsünden gehören Gefühle wie Zorn und Neid. Es wird nicht nur gesagt, was man nicht soll, sondern auch, was man nicht wollen soll.

Das Christentum sieht den sündigen Menschen als einerseits durch Drohungen und Strafen, andererseits durch Verheißungen als sittlich lenkbar an. Es bietet alles an moralischen Angeboten. Die negativen Formulierungen, was man nicht soll, sind Hinweise auf Neigungen, die moralisch abzulehnen oder untersagt sind. Man soll so etwas Böses nicht wollen, also ehebrechen oder den Namen Gottes unnütz gebrauchen. Man soll nicht wollen. Das Wollen ist schwer zu steuern, wenn es schon erlebt wird, aber man es nicht soll. Man kann aber das Handeln unterdrücken und bekommt Schuldgefühle, weil man verbotene Wünsche und Neigungen hat. Wenn wir Gott fürchten, so der regelmäßig auftretende Zusatz, kann es zu einer Belohnung unseres Verhaltens kommen („… auf dass dir's wohlgehe und du lange lebest auf Erden"). Nach dem christlichen Menschenbild hat der Mensch durch den Sündenfall, die Erbsünde, Schuld auf sich geladen. Weil jedoch Gott seinen Sohn für uns geopfert hat, können wir uns durch ein gottgefälliges Leben von unserer Schuld befreien. Wir sollen so handeln, dass uns unsere Sünden vergeben werden. Die Schuld kann bei moralischen Übertretungen von uns genommen werden, nachträglich, dadurch, dass wir unsere Sünde anerkennen und um Vergebung bitten.

Durch die Erfindung der Moral kommen wir in die Lage, uns bessern zu können. Im Neuen Testament scheinen die positiven Aussagen zu überwiegen. So findet sich in der berühmten Bergpredigt die moralische Empfehlung, seine Feinde zu lieben. Hier wird auf das berüchtigte „Auge um Auge, Zahn um Zahn" Bezug genommen und einer unserer unmoralischen Neigungen, dem Vergeltungsstreben, in folgender Weise widersprochen: „Ich aber sage euch, daß ihr nicht widerstreben sollt dem Übel, sondern so dir jemand einen Streich gibt auf deinen rechten Backen, den biete den andern auch dar" (Matthäus 5, 39). Wenn wir die Geschichte der Menschheit bis heute überblicken, müssen wir feststellen, dass sich kaum jemand an diese moralische Aufforderung gehalten hat, auch die Christenmenschen nicht. Ist es generell so schwer, sich an moralische Vorschriften zu halten oder nur, wenn man seine Feinde lieben soll? Immerhin kann man darin einen Sinn sehen, denn es wird nicht verlangt, dass man das Böse lieben soll, den Teufel. Wenn der Feind nicht das Böse verkörpert, kann es vielleicht eine positive Hinwendung zu ihm geben. Man könnte sich mit ihm einigen. Das ist das Gegenteil unserer angelegten Vergeltungsneigung.

Wird gesagt, was wir denn wollen sollen, nennt man das Pflicht. Wir sollen wollen, unsere Pflichten zu erfüllen und nicht bloß unseren Neigungen folgen. Besonders anspruchsvoll wird diese Forderung, wenn auch noch verlangt wird, dass wir freudig unsere Pflicht tun. Und so gelangen wir ins 18. Jahrhundert.

2.1.2 Der kategorische Imperativ

Ende des 18. Jahrhunderts machte sich der große Immanuel Kant in Königsberg folgende Gedanken:

> Seine eigene Glückseligkeit sichern, ist Pflicht (wenigstens indirekt); denn der Mangel der Zufriedenheit mit seinem Zustande in einem Gedränge von vielen Sorgen und mitten unter unbefriedigten Bedürfnissen könnte leicht eine große Versuchung zu Übertretung der Pflichten werden (Grundlegung zur Metaphysik der Sitten 1947, S.16/17).

Die Zufriedenheit sollte jedoch nicht nur aus der Befriedigung der eigenen Neigungen rühren, sondern in Sonderheit in der Erfüllung moralischer Pflichten. Der Mensch sollte danach streben, „… seine Glückseligkeit zu befördern, nicht aus Neigung, sondern aus Pflicht, und da hat sein Verhalten allererst den eigentlichen moralischen Wert" (Ebenda, S. 17). Dabei geht es weniger um gesetzlich vorgeschriebene Pflichten, sondern um wohltätiges Verhalten. Wohltaten für andere sind nicht nur moralische Pflicht, sie tragen auch zur Glückseligkeit des Wohltäters bei. Derjenige, der durch Wohltaten für andere seine Pflicht tut, fühlt sich dabei auch zufrieden.

Nach Kant besteht Moral aus Sittlichkeit und Glückseligkeit. Glückseligkeit entspricht dem Lustgewinn. Sie wird erst moralisch, wenn wir ihrer würdig sind.

Kant verlangt eine sittliche Haltung immer und überall. Wir sollen immer das Gute wollen, ohne Ausnahme, um dem „Sittengesetz" zur Geltung zu verhelfen. Darauf weist das Adverb „nur" im kategorischen Imperativ hin: „Handle nur nach derjenigen Maxime, durch die du zugleich wollen kannst, dass sie ein allgemeines Gesetz werde." (Ebenda, S. 44) Moral soll für alle gültig sein, sogar auf dem Fußballfeld soll sie gelten. Zu diesem Gebiet hat sich Kant zwar nicht geäußert, denn zu seiner Zeit gab es den modernen Fußball noch nicht, aber wir können uns im Sinne von Kant unseres Verstandes bedienen, um auch auf dem Fußballplatz dem kategorischen Imperativ gemäß zu handeln.

Dies hat kürzlich auf dem Gebiet Preußens ein Fußballspieler aus der Landesklasse Brandenburg getan, vermutlich ohne dabei über Kant nachzudenken. Am 03.12.2016 hat der Mannschaftskapitän Paul Mitscherlich vom SV Germania Schöneiche II statt, wie üblich bei bekannten Fußballmannschaften, mit einer „Schwalbe" einen Elfmeter für seine Mannschaft herauszuschinden, das Gegenteil getan. Beim Stande von 0:1 zuungunsten seiner Mannschaft hat er kurz vor Spielende einen dem SV Germania Schöneiche zugesprochenen unberechtigten Elfmeter nicht „verwandelt", sondern dem gegnerischen Torwart in die Mitte des Tores gekullert. Ähnliches hat sich am 10. September 2017 sogar im Profi-Fußball abgespielt, in der zweiten Liga beim Spiel von VfL Bochum gegen Darmstadt, ebenfalls beim Stande von 0:1. Der Kapitän von Bochum lehnte einen ungerechtfertigten Elfmeter für seine Mannschaft ab.

Damit sich die Menschen im Sinne von Kant und alle Fußballspieler wie der Mannschaftskapitän Paul Mitscherlich vom SV Germania Schöneiche II oder der Kapitän vom VfL Bochum verhalten, müssen sie Hoffnung haben, dass ein Sittengesetz möglich ist, das „… nur in einer Ewigkeit völlig aufgelöst werden kann" (Kritik der praktischen Vernunft, S. 856). Da geht es dann schon um Unsterblichkeit. Nach Kant muss es möglich sein, das Dasein Gottes anzunehmen, ja, diese Annahme ist sogar notwendig. Dabei ist die Existenz Gottes nur eine Möglichkeit bei Kant, also etwas Subjektives. Interessant ist in diesem Zusammenhang die Aussage des Stürmers Paul Mitscherlich nach dem Spiel, er hoffe, der Fußballgott habe seinen absichtlich verpatzten Elfmeter gesehen und helfe vielleicht der Mannschaft in den nächsten Spielen mit mehr Glück. Man hofft, dass sich Moral lohnt, aber wenn nicht, muss man auch damit klarkommen. Glückseligkeit und Pflichtgefühl fielen beim Fußballspieler Mitscherlich nicht zusammen, jedenfalls nicht unmittelbar nach dem Spiel. Er berichtete, er habe sich elend gefühlt, aber nicht anders handeln können. Hätte er nicht glücklich sein müssen?

Mit der eigenen Glückseligkeit bei Kant'scher Pflichterfüllung ist das so eine Sache. Als höchste Tugend gilt, anderen zu helfen, auch wenn man sich selbst schadet, ja sogar das eigene Leben riskiert. Kant spricht hier von der „reinen Tugend" und meint, durch entsprechende Vorbilder solchen Handelns moralisch erziehend auf „jugendliche Zuhörer" wirken zu können. Hier ein Beispiel aus neuerer Zeit.

Die katholische Sozialarbeiterin Irena Sendler hat während des Zweiten Weltkrieges jüdische Kleinkinder aus dem Warschauer Ghetto geschmuggelt, um ihnen das Leben zu retten. Als sie entdeckt wurde, folterte die Gestapo sie auf entsetzliche Weise, aber Irena Sendler hat weder die Fluchtwege noch die Kinder verraten. Sie hat die voraussehbaren Konsequenzen ihres moralischen Handelns ertragen.

Tugend ist solches Handeln, „weil sie so viel kostet, nicht weil sie etwas einbringt" (Kritik der praktischen Vernunft, S. 894). (Übrigens hat Irena Sendler ihre Peiniger überlebt, weil sie auf dem Wege zur Hinrichtung durch einen Trick vom polnischen Widerstand befreit werden konnte.) Moralisch vorbildlich verhält sich der Mensch, der alle Kosten auf sich nimmt, auch eigenes unerträgliches Leid, um anderen zu helfen.

Nach Kant darf die gute Tat nicht an Bedingungen geknüpft sein. M. a. W., wir sollen auch unsere Feinde lieben, das ist hoher Grad der Pflichterfüllung. Hier stimmt Kant mit dem Neuen Testament überein.

> Denn Liebe aus Neigung kann nicht geboten werden, aber Wohltun aus Pflicht selbst, wenn dazu gleich gar keine Neigung treibt, ja gar natürliche und unbezwingliche Abneigung widersteht, ist praktische und nicht pathologische Liebe, die im Willen liegt und nicht im Hange der Empfindung, in Grundsätzen der Handlung und nicht schmelzender Teilnehmung; jene aber allein kann geboten werden (Grundlegung zur Metaphysik der Sitten 1947, S. 17).

Diese Ausführungen hat Kant seinem berühmten kategorischen Imperativ hinzugefügt. Man soll sich überwinden, etwas zu tun, was nicht der eigenen Neigung entspricht, erst dann beginnt die Moral.

Hilfe aufgrund prosozialer Neigungen, unterstützende Handlungen aus Mitgefühl, das sind nach Ansicht des Philosophen nicht die eigentlich moralischen Handlungen, sondern Wohltun gegenüber Menschen, die wir nicht mögen. Kant war der Konflikt zwischen menschlichen Bedürfnissen und Moral wohl bewusst. Er hat befunden, wir sollten durchaus unseren Neigungen folgen, um eigene Glückseligkeit zu erreichen, im Konfliktfalle sollte jedoch ein moralisch wertvoller Mensch pflichtgemäß handeln. Dabei sollte der Mensch auch die eigene Zufriedenheit anstreben, denn so fällt es ihm leichter, seine Pflichten zu erfüllen. Die eigene Glückseligkeit durch Pflichterfüllung befördern? Da gibt es verschiedene Möglichkeiten, wie sich noch zeigen wird.

Die eigentlich moralischen Handlungen bestehen im Wohltun gegenüber Menschen, die wir nicht mögen. Das schaffen wir vielleicht manchmal, so, wenn wir sehen, wie jemand leidet, der uns bisher unsympathisch war. Aber damit wäre Kant noch nicht zufrieden. Er verlangt eine solche Haltung immer. Moralische Vorschriften sollen generell eingehalten werden, egal, welche Konsequenzen das hat. Man darf nie lügen, nie stehlen und andere Menschen töten natürlich auch nicht. Immerhin erlaubt Kant den Menschen, ihren Neigungen nachzugehen, damit sie das durchhalten, wenn sie dabei nicht ihre Pflichten vernachlässigen. Damit er das schafft, soll der Mensch sich seines eigenen Verstandes bedienen. Er soll selbst darauf kommen, was zu tun und zu lassen ist, nicht von anderen dazu veranlasst werden. Ist da nicht ein Widerspruch? Man soll freudig seine Pflicht tun, freudig etwas wollen und gleichzeitig nicht von anderen beeinflusst sein. Auch nicht von Immanuel Kant? Der Philosoph sagt uns, dass wir unseren Verstand gebrauchen sollen, um herauszufinden, wie das geschehen soll. Hoffentlich haben wir dafür immer genug Zeit. Bei Kant ist die Moral keine Gruppenmoral. Der eigene Verstand soll entscheiden, die menschliche Vernunft.

Wenn wir nicht bei Kant stehen bleiben und uns nicht auf den Fußballgott beschränken wollen, finden wir noch andere moralische Möglichkeiten als Gott selbst, ebenfalls bei einem Philosophen. Karl Popper nimmt eine Welt 3 an, die außer der materiellen Welt (Außenwelt, Welt 1) und der psychischen, subjektiven Welt (Welt 2) existiert und objektive geistige Inhalte repräsentiert. Sie ist der menschlichen Willkür nicht unterworfen. Wir können darunter nach Popper die gesamte menschliche Kultur samt ihrer Geschichte verstehen, somit Kunst, Wissenschaft, Technik, Religion, Philosophie. Um moralisch handeln zu können, müssen wir diese Disziplinen nicht im Einzelnen beherrschen, aber wir sollten sie achten in ihren höchsten Ausprägungen und im Angesicht der Zivilisation. Das bedeutet nicht, Fußballspieler müssten Kant und Popper lesen. Um fair auf dem Rasen aufzutreten, sollten sie lediglich eine Vorstellung von Fairness als einer Errungenschaft der Zivilisation haben und sich frei fühlen, dieser Vorstellung gemäß zu agieren.

Kant will, dass wir moralisch handeln und das mit Freude, wir sollen freudig unsere Pflicht **tun.** Wenn wir neben dem Sollen und Wollen auch das Tun einbeziehen, wird es kompliziert, denn es kann passieren, dass wir unsere Pflicht vergessen. Der kategorische Imperativ fordert, sich so zu verhalten, dass daraus ein allgemeines Gesetz entstehen kann. Man muss sich seiner eigenen Glückseligkeit wert und würdig erweisen.

Was soll geschehen, wenn sich Menschen nicht an diesen Imperativ halten? Es müssen ja nicht wir selbst sein, die stehlen, ehebrechen und morden. Dann muss von außen gesteuert werden. Aber es gibt noch eine weitere moralische Instanz, die von innen wirkt, neben der Kant'schen Vernunft.

2.1.3 Das Gewissen

Das Gewissen ist die psychische Instanz, die, einmal erworben, keine äußere Steuerung braucht und die speziell die moralische Bestrafung, nicht die Belohnung, in uns selbst verlegt. Das Gewissen erwerben wir im Laufe der frühen Kindheit. Dabei spielen neurophysiologische Prozesse im limbischen System des Gehirns eine Rolle, die inhaltlich durch den Umgang mit Erwachsenen geformt werden.

Das Gewissen drückt unsere moralische Beziehung zu anderen Menschen aus. Wir haben es als kleine Kinder verinnerlicht. Die Familie ist der soziale Ort, wo das Gewissen erworben wird. Voland und Voland (2014) haben eine evolutionstheoretische Interpretation des Gewissens entworfen, wonach Kinder dazu erzogen werden, die Eltern, insbesondere die Mutter, bei der gruppengesteuerten Aufzucht verwandter Nachkommen zu unterstützen. Schlimme Konsequenzen werden angekündigt, sollte das Kind etwas Verbotenes tun. Früher hieß das, „dann kommt der schwarze Mann" (Mit dem schwarzen Mann war kein dunkelhäutiger gemeint.). Voland und Voland sehen in der inneren moralischen Steuerung durch das Gewissen die evolutionär erworbene Unterordnung unter die generativen Überlebensinteressen der Verwandten.

Das Gewissen hat Verbote verinnerlicht und bestraft die eigene Person, auch schon vorausschauend. Es zielt nicht auf die Bestrafung anderer ab, sondern auf Selbstbestrafung. Das Gewissen sucht – tatsächliche oder mutmaßliche – Moralverstöße bei sich selbst. Es bezieht sich auf geforderte Pflichten. Glauben wir, diese nicht erfüllt zu haben, ergreifen uns Schuld- und Schamgefühle. Wir haben als Kleinkinder die moralischen Anforderungen der Eltern (oder anderer Erziehungsberechtigter, oder religiöse Vorschriften) so verinnerlicht, dass wir Schuldgefühle bekommen, wenn wir gegen sie verstoßen. Die Bestrafung oder Drohung von außen ist in Selbstbestrafung übergegangen. Das Kind lernt in der Erziehung, es sei selbst gut oder böse, wenn es bestimmte Dinge tut oder lässt.

Das Gewissen ist sehr wirkungsvoll, manchmal quälend und unerbittlich. Andererseits muss man es nicht haben, wer das kann, kommt ganz gut ohne Gewissen aus. Da nicht alle Menschen ein Gewissen haben und da sich das Gewissen bei denjenigen, die es haben, in seiner Intensität und Dauer erheblich unterscheidet, ist das Gewissen als moralischer Steuerungsort nicht perfekt.

Das Gewissen ist etwas Individuelles. Wir stellen es uns wie ein menschliches Organ vor. Entweder man hat dieses Organ oder nicht. Im letzteren Fall ist man gewissenlos. Hat man ein Gewissen, so kann man ihm nicht ausweichen. Die Überwachung moralischen Verhaltens des einzelnen Menschen durch das Gewissen ist wirkungsvoller als alle äußere Steuerung. Für die gesellschaftliche Umgebung ist dieser Mechanismus ausgesprochen ökonomisch. Allerdings wirkt das Gewissen nicht immer, außerdem nicht notwendig in der vom sozialen Umfeld erwarteten Art und Weise. Hinzu kommt, dass manche unserer Reaktionen so schnell ablaufen, dass das Gewissen erst hinterher zum Zuge kommt. „Was habe ich getan!", heißt es dann. Und, wie wir alle wissen, unterscheiden sich die Menschen in der Ausprägung ihres Gewissens.

Die Neigung zu Schuldgefühlen ist nicht nur unterschiedlich stark ausgeprägt, sie entspricht auch nicht der Schwere eines möglichen Vergehens. Schuldgefühle können ohne eigene moralische Verfehlungen auftreten. So wird von KZ-Überlebenden berichtet, sie hätten Schuldgefühle eben wegen ihres Überlebens bekommen, weil sie das eigene Am-Leben-Bleiben als ungerecht empfanden, wo fast alle anderen Mitinsassen umgebracht worden sind.

Kürzlich sah ich, wie eine Frau mit Kleinkind, als sie an einer Straßenbahn-Haltestelle aussteigen wollte, beinahe von einem Auto überfahren wurde, dessen Fahrer wohl die Haltestelle übersehen hatte. Die aussteigende Mutter hat sogleich den Fehler bei sich selbst gesucht und fragte mich als Zeugin des Geschehens schuldbewusst: „Was habe ich falsch gemacht?" Vor Gericht hätte sie womöglich ihre Schuld an einem Unfall eingeräumt.

Die Neigung zu Schuldgefühlen bei moralischen Verstößen kann neurophysiologisch lokalisiert werden. Tanaka et al. (2017) haben Zusammenhänge zwischen erlebten Ungerechtigkeiten und Veränderungen im limbischen

System des Gehirns festgestellt. (Das limbische System ist u. a. für emotionale Bewertungen und Lernvorgänge verantwortlich und steuert in dieser Hinsicht unser Gedächtnis.) Die neurophysiologischen Veränderungen entsprechen depressiven Gefühlen. Prosozial eingestellte Menschen neigen in Situationen, wo jemand benachteiligt wird, zu solchen neurophysiologischen Reaktionen mit Depressivitätscharakter. Dabei spielt es für sie keine Rolle, ob sie selbst oder andere ungerechtfertigt im Nachteil sind. Anders ausgedrückt, sozial eingestellte Menschen reagieren auch bei Gelegenheiten physiologisch und emotional beeinträchtigt, wenn sie selbst dabei im Vorteil sind, individualistisch eingestellte Menschen jedoch nur, wenn sie selbst in der betreffenden Situation im Nachteil sind. (Es handelt sich bei diesen Konstellationen um wirtschaftspsychologische Experimente.) Ein Einfluss von sozialem Status oder Geschlecht auf diese Ergebnisse war nicht nachweisbar. Wichtig für die Interpretation dieser Untersuchungsresultate dürfte sein, dass der unfair behandelte Andere anwesend war und es sich nicht um einen Dritten handelte.

So man eins hat, kann das Gewissen gut oder schlecht sein. Wer ein gutes Gewissen hat, sitzt oder schläft auf sanften Ruhekissen. Da braucht sich nichts zu ändern. Hat man jedoch ein schlechtes Gewissen, kann man daran arbeiten, so lange, bis das Schlechte am Gewissen verschwindet. Das gelingt nicht immer. Man entgeht dem moralischen Zwang nicht.

Das Gewissen spielt seine Rolle im gesamten moralischen Prozess, bei Entscheidungen (beim Sollen und Wollen), bei Handlungen und besonders bei den Handlungsergebnissen. Soll das Gewissen vor dem Handeln in Aktion treten, beim Entscheiden, spricht man von Gewissensfreiheit. Wird es erst nachträglich aktiv, beim Handlungsergebnis, und ist dieses Ergebnis negativ, unmoralisch, ist von Schuld die Rede.

Oft wird so getan, als sei das eigene Gewissen die höchste moralische Instanz, der wir gehorchen sollten. Die Realität sieht anders aus. Das Gewissen ist nicht allein die verinnerlichte Familie, es kann auch anderen Gruppen unterworfen werden. Im Grundgesetz der Bundesrepublik Deutschland heißt es im Artikel 38: „Die Abgeordneten des Deutschen Bundestages werden in allgemeiner, unmittelbarer, freier, gleicher und geheimer Wahl gewählt. Sie sind Vertreter des ganzen Volkes, an Aufträge und Weisungen nicht gebunden und nur ihrem Gewissen unterworfen." Allerdings kann die Fraktion das Gewissen ersetzen. Ohne Fraktionszwang kommt man nicht zu politischen Mehrheiten. Warum dann der Verweis auf die Gewissensfreiheit? Er bedeutet: ihr seid selbst verantwortlich für das, was ihr entscheidet und tut. Entscheidend für das politische Handeln ist jedoch die Gruppe, in diesem Falle die Fraktion.

2.1.4 Moralische Werte

In der Öffentlichkeit wird viel von „unseren Werten" gesprochen, worunter auch moralische Werte gemeint sind. Die moralischen Werte beziehen sich im Unterschied zum kategorischen Imperativ und zum Gewissen auf andere Menschen. Jeder kann sich auf moralische Werte berufen und ihre Einhaltung fordern. In unserer Gesellschaft sind moralische Werte Ehre, Freiheit, Gerechtigkeit, Menschenwürde, Selbstbestimmung. Auch die Reinheit und die Vaterlandsliebe spielten und spielen eine Rolle.

Sie werden in Parteiprogrammen, in Verfassungen, in Gesetzeswerken, in Erklärungen internationaler Organisationen als moralische Ziele menschlichen Handelns definiert. Leider ist man sich nicht einig, was beispielsweise unter Freiheit oder Gerechtigkeit zu verstehen ist. Und das, obwohl wir „unsere Werte" verteidigen sollen. Häufig sind unter dieser Aufforderung zivilisatorische Errungenschaften wie der Rechtsstaat oder die Demokratie gemeint, also politische Institutionen, nicht moralische Werte. Aber unsere Freiheit sollen wir auch verteidigen und wir freuen uns, wenn „Rebellen" sie in einem anderen Land, was nicht demokratisch ist, erringen wollen. Wir berufen uns auch gern auf die Menschenwürde, wenn wir mit politischen Verhältnissen oder Lebensbedingungen nicht einverstanden sind.

Informationen über die moralischen Werte erhalten wir aus der sozialen Umwelt, insbesondere der eigenen Gruppe, und wir beziehen sie auf gesellschaftliches, eingeschlossen historisches, Geschehen. Dass moralische Werte sich historisch verändert haben, ist uns nicht neu, man denke nur an die Ehre, die in früheren Jahrhunderten vom Adel und vom Militär geprägt wurde. Aber die moralischen Werte unterscheiden sich auch zur gleichen Zeit in verschiedenen Teilen der Welt. Karin Schreiner (2013) hat die Werte in unterschiedlichen Erdteilen untersucht, in Asien, Afrika, in europäischen und arabischen Ländern. Ihre Analyse bezieht sich auf Werte schlechthin (z. B. auch religiös geprägte Wertvorstellungen), nicht allein auf moralische Werte. Hier als moralische Werte bezeichnete Vorstellungen wie Ehre, Gerechtigkeit und Reinheit spielen in ihren Untersuchungen aber auch eine Rolle. Und wir sind nicht überrascht, wenn wir erfahren, in welchem Maße sich diese moralischen Werte zwischen verschiedenen Teilen der Erde unterscheiden.

Moralische Werte beinhalten Ansprüche und Forderungen. Sie unterstützen uns bei der Auseinandersetzung mit anderen Menschen und mit Institutionen, dem Staat zum Beispiel. Die moralischen Werte sind Ideale, die noch nicht erreicht sind. Sie sollen ewig, universell und unverrückbar sein. Das sind sie aber nicht. Sie sollen immer gelten, aber moralische

Werte ändern sich schneller als andere moralische Zugangsformen, als die Religionen, der kategorische Imperativ oder als das Gewissen. Moralische Werte können infolge politischer Ereignisse sehr schnell ihre Gültigkeit verlieren. Patriotismus war zu Beginn des vorigen Jahrhunderts in Deutschland weit verbreitet. Heute macht man sich schnell verdächtig, wenn man zum Patriotismus aufruft, nicht nur in Deutschland („America first!").

Die moralischen Werte richten sich auf andere Akteure. Wenn wir nicht genügend Freiheit haben, unter Ungerechtigkeit leiden oder unsere Ehre verletzt wird, sind andere Menschen dafür verantwortlich. Mit den moralischen Werten haben wir Bezugssysteme, mit denen wir uns ohne Schuldgefühle und ohne Furcht vor Bestrafung in der Welt durchsetzen können.

Moralische Werte sind ein gesellschaftliches Produkt und die Gesellschaft legt fest, was sie für moralisch vertretbar, verboten oder geboten hält. Da sie sich nach außen richten, an die Öffentlichkeit, werden moralische Werte gern als Begründung für Politik verwendet. Moralische Werte werden zu politischen Zielen, dann stehen sie in politischen Programmen. Auch in unser Rechtssystem haben moralische Werte Eingang gefunden.

Wenn moralische Werte sich auf andere Menschen beziehen, müssen wir davon ausgehen, dass jeder von uns, eingeschlossen Institutionen, gemäß diesen Werten durch andere beurteilt wird. Jeder von uns muss damit rechnen, tugendmäßig nach den herrschenden Werten eingeschätzt zu werden. Wir wissen, dass andere unsere Moral erschließen. Das macht uns nichts aus. Wir können uns immer auf moralische Werte berufen, denn wir haben immer gute Gründe und führen nichts Böses im Schilde. Wenn wir moralische Werte übernehmen, sind uns auch die Begründungen dafür geläufig, weshalb wir selbst uns ihnen gemäß verhalten.

Moralische Werte sind allgemeine Ziele, um das Gute zu erstreben. Wie verwirklicht man sie? Entscheidend für das Streben nach Freiheit und Gerechtigkeit ist nicht das Hehre an diesen Zielen, sondern wie man sie zu erreichen versucht. Nicht das Sollen ist entscheidend noch das Wollen, sondern was man tatsächlich tut. Wir haben immer gute Gründe für unser Tun, genauso wie die anderen Menschen.

Es gibt eine wesentliche Ausnahme zu unserer Analyse, wenn wir uns im Weiteren mit den moralischen Werten befassen. Immanuel Kant spricht nicht von moralischen Werten, wenn er sich mit Freiheit oder Würde befasst. Gleichwohl sind beide Phänomene für ihn Voraussetzungen für das „Sittengesetz", die menschliche Moral.

2.2 Das Donnerwort und die Evolution

Wenn wir moralisch urteilen und handeln, müssen wir uns nicht bewusst sein, was die jeweilige Quelle für das Denken und Tun ist. Und wenn wir Unmoralisches tun, müssen uns religiöse Gebote, unser Gewissen, der kategorische Imperativ oder moralische Werte nicht gewärtig sein. Das kommt erst hinterher, wenn wir uns rechtfertigen oder Begründungen abgeben sollen. Den Ursprung unserer Moral erkennen Außenstehende, Beobachter leichter als wir selbst. Wir erkennen das an ihrer Wortwahl. Kommt in der moralischen Bewertung das Wort „Sünde" vor, verwenden sie ein christliches Beurteilungssystem. Sind Schuldgefühle erkennbar, dann hat er (oder sie) aus unserer Sicht ein schlechtes Gewissen. Da gibt es noch Hoffnung oder wenigstens mildernde Umstände. Betont ein Mensch die Autonomie seines eigenen Verstandes, denkt er vielleicht im Sinne von Kant. Das werden wir als Beurteiler nur akzeptieren, wenn das Verhaltensresultat positiv ist. Und fordert jemand die Befolgung „unserer Werte", so nimmt er von vornherein den Standpunkt des Beobachters ein. Wahrscheinlich meint er Gerechtigkeit, Freiheit, Menschenwürde, Toleranz, die andere zu respektieren haben.

Häufig wird so getan, als ob die Moral etwas Ewiges und Unabänderliches sei. Das kann für die Moral nicht zutreffen. Das Gebot, Gott gehorsam zu sein und der Anspruch, sich bei moralischen Entscheidungen, unbeeinflusst von der sozialen Umgebung, des eigenen Verstandes zu bedienen, sind verschieden. Auch die moralischen Werte haben sich geändert. Was vor hundert Jahren gerecht war, ist es heute nicht mehr. „Ewigkeit, du machst mir bange" lässt Johann Sebastian Bach einen Tenor singen in der Kantate „O Ewigkeit, du Donnerwort". Immerhin gelten einige alte moralische Grundsätze immer noch, wenn auch nicht für alle Menschen gleichermaßen. Wenn es Gemeinsamkeiten gibt, dann müssen wir woanders suchen, nicht im Donnerwort der Ewigkeit. Das Wort, die Sprache, gibt es nicht schon seit Ewigkeiten, aber die Natur, aus der der Mensch sich entwickelt (evolviert) hat und zu der er gehört.

Da alle menschlichen Gesellschaften seit jeher Moral zeigen, muss es Gemeinsames geben. Es liegt im Ursprung. Moral hat Anpassungsfunktionen gegenüber der Umgebung, der biologischen und der sozialen Umwelt. Wer gemeinsam mit anderen handelt, hat größere Aussichten, sich gegenüber Natur und Gesellschaft zu behaupten als wer auf sich allein gestellt ist. Es geht nicht allein um das eigene Überleben, sondern um das der Gruppe, der Sippe, des Stammes. Von dort soll ja die Unterstützung kommen. Die Anpassung an die Umgebung geschieht nicht bewusst, sondern auf phylogenetisch früher Stufe instinktiv und später mit diesen Instinkten durch die Moral. Es geht um Gene. Gegenseitige Unterstützung erfolgt gegenüber Menschen, die gleiche Gene haben. Das geschieht nicht nur mittels Fortpflanzung, sondern durch verwandtschaftliche Hilfe. Nicht allein die unmittelbaren Nachkommen haben genetische Anteile gemeinsam mit Eltern und Großeltern, sondern auch Tanten und Cousins. Erweitert wird die Zusammenarbeit mit der sozialen Umgebung durch Gegenseitigkeit. Wir helfen Menschen, die uns unterstützt haben. Das muss nicht wechselseitig vor sich gehen, sondern kann auch indirekt geschehen. Wer als deutscher Kriegsgefangener im Zweiten Weltkrieg in der Sowjetunion fair behandelt wurde, wird sich später gegenüber dem ehemaligen Feind eher friedfertig verhalten als wer gequält und gedemütigt wurde. Das hat nichts mehr mit Genweitergabe zu tun.

Wir handeln nicht allein zum Wohle der Gruppe, ob nun freiwillig oder gezwungenermaßen. Um die Existenz der Gruppe geht es auch, aber zunächst um das eigene Überleben, nicht nur biologisch und sozial, sondern auch psychologisch.

Psychische Vorgänge sind an das Individuum gebunden, auch wenn sie von Gruppen und Massensituationen beeinflusst werden. Und so kann es zwischen Gruppenmoral und individuellem Verhalten Unterschiede und Widersprüche geben. Was hindert uns, nach sittlichen Regeln und moralischen Vorschriften zu handeln? Das erklären die psychologischen Evolutionstheorien durch die Wirkung von Auswahlprinzipien auf unterschiedlichen Ebenen: In der Gruppe bemüht sich der Einzelne um gute Positionen; in größeren Zusammenhängen, in Gesellschaften und zwischen Staaten, kämpfen Gruppen für die Durchsetzung ihrer Interessen. Die Moral soll überall wirken. Sie soll individuelle Bedürfnisse und gesellschaftliche Interessen in Harmonie bringen.

Moral gibt es schon so lange und immer noch wird tagtäglich gegen sie verstoßen. Um dieses Problem analysieren zu können, dürfen wir die menschliche Geschichte nicht ausblenden, weder die Naturgeschichte noch die Sozial- und Kulturgeschichte. Die Moral ist uns nicht von Gott gegeben, wir Menschen haben sie selbst entwickelt.

Die Moral und somit ihre Zugangsformen sind Ergebnis der kulturellen Evolution. Dieser Begriff lehnt sich an die Darwinsche Evolutionstheorie an. Die biologische Evolution funktioniert nach Darwin (2004, zuerst 1859) mittels Variation, Vererbung und Angepasstheit an vorgefundene Bedingungen, die zufällig entstanden sein können. Vererbung bedeutet die Weitergabe von Genen. In der kulturellen Evolution werden nicht Gene transformiert, sondern Informationen im weiteren Sinne (Herrschaftsformen, Technik, Kunst).

Leider wird die Darwinsche Evolutionstheorie immer noch als Sozialdarwinismus missverstanden. Man tut so, als habe dieser Wissenschaftler die Phylogenese durch den „Kampf ums Dasein" erklärt. Das stimmt nicht! Darwin hat sich höchstpersönlich gegen die Übersetzung von „struggle for life" in seinem Werk „Entstehung der Arten" in „Kampf ums Dasein" gewendet. Die Wissenschaftsjournalistin Birgit Dahlheimer (2009) berichtete im Österreichischen Rundfunk über Forschungsergebnisse eines Darwin-Projektes. Es wird aus einem Brief zitiert, den Charles Darwin 1869 an seinen Freund, den an der Universität Jena lehrenden Physiologen und Kinderpsychologen William Preyer geschrieben hat. Dort heißt es in deutscher Übersetzung: „Mein Deutsch ist leider nicht besonders gut. … Was den Ausdruck „Struggle for Existence" betrifft, hatte ich immer Zweifel. Ich würde annehmen, dass der deutsche Ausdruck „Kampf" und so weiter nicht ganz die gleiche Idee vermittelt. Die Worte „Struggle for Existence" drücken, denke ich, exakt das aus, was „concurrency" ist." Und weiter: „Auf Englisch ist es korrekt zu sagen, dass zwei Männer ums Überleben kämpfen, die, sagen wir, während einer Hungersnot dasselbe Tier jagen wollen; aber genauso, wenn nur ein Mann dieses Tier jagt. Oder man kann auch sagen, ein Mann, dessen Schiff gekentert ist, kämpft gegen die Wellen ums Überleben." (http://sciencev2.orf.at/stories/1626683/index.html.).

Es geht also nicht um den Kampf gegeneinander, sondern um das eigene Überleben. Dabei ist nicht allein das Leben des Individuums gemeint, sondern, wie Darwin in der „Entstehung der Arten" erläutert, auch um den Erfolg hinsichtlich der Nachkommenschaft. Und Darwin erwähnt ausdrücklich den Kampf miteinander um das Überleben.

Der Sinn dieses Überlebens besteht in der Weitergabe von Genen, durch Vererbung. Übrigens wird im gleichen Beitrag von Dahlheimer hervorgehoben, dass die Formulierung „survival oft he fittest" ursprünglich von Herbert Spencer stammt, nicht von Darwin. Und er meinte nicht das Überleben des Stärksten (oder Brutalsten, wie die Nazis offenbar dachten), sondern desjenigen, der in der vorgefundenen Lage am besten an die Verhältnisse angepasst ist.

Bei der kulturellen Evolution ist nicht Vererbung der entscheidende Prozess, sondern Lernen. Die Überlieferung der Kultur muss nicht zeitlich mit Generationenabstand vonstattengehen wie bei der Weitergabe von Genen, sondern kann nahezu zur gleichen Zeit erfolgen (Mesoudi 2016). Das geschieht durch Lernen. Das Internet als kulturelles Produkt wird nicht von einer Generation zur nächsten vererbt, sondern verbreitet sich fast gleichzeitig in der gesamten Welt. In einer globalisierten Welt prallen auch unterschiedliche Moralvorstellungen und unterschiedliche Zugangsformen dazu aufeinander. Sie können sich beeinflussen, was auf individueller Ebene Lernen bedeutet. Lernen funktioniert schneller als Vererbung und lässt zur gleichen Zeit mehr Varianten zu. Der Entwicklungspsychologe Oerter (2014) schreibt, die Kultur habe mehr Freiheitsgrade als die biologische Evolution allein. Dies bedeutet jedoch nicht, dass Gelerntes schnell zu ändern wäre.

Der Gedanke der kulturellen Evolution ist fruchtbar für die psychologische Untersuchung der Moral. Es gibt zur gleichen Zeit verschiedene Zugangsformen zu ihr, die im Wettstreit stehen, auch untereinander. Diese Konkurrenz kann auf unterschiedliche Weise ausgetragen werden, gewaltsam und durch Verbreitung von Informationen. Lernen ist die Übertragungsform auch für moralische Inhalte. Es handelt sich um spezifische Lernformen, bei denen instinktive Voraussetzungen eine Rolle spielen. Aber die Moral kann nicht ohne Steuerung von außen erworben, verinnerlicht werden.

2.3 Prosoziale Impulse

Ist es die menschliche Natur, die uns am tugendhaften Handeln hindert? Sie hat sich seit dem Ursprung der Menschheit bis heute nicht grundlegend verändert. Was sich verändert hat, ist die menschliche Gesellschaft und ihre Kultur in Form von Weltanschauungen, Rechtssystemen, Staatsformen, Technik und Wissenschaft. Wer der Evolutionstheorie folgt, wonach homo sapiens ein Ergebnis der Phylogenese ist, kann nicht annehmen, dass prosoziales Verhalten auf der Entwicklungsstufe des Menschen plötzlich oder allmählich verschwunden oder entstanden ist. Auch Tiere haben prosoziale Triebe.

Wenn wir „anderen helfen" als Kriterium für das moralisch Gute ansehen, können wir sehr weit in die Phylogenese zurückgehen. Nicht nur bei Hominiden gibt es Hilfe zwischen Artgenossen, auch bei anderen Säuge- und Wirbeltieren, sogar bei Insekten. Besonders gut ist der moralische Ruf von Bienen, nicht nur aufgrund der Hilfe, die die Arbeiterinnen ihrer Königin zukommen lassen, sondern auch wegen ihres vorbildlichen Fleißes.

Weshalb weicht unser Handeln so häufig und so eklatant von unseren moralischen Vorstellungen ab, wo wir doch bereits im Tierreich helfendes Verhalten feststellen?

Tierisches Verhalten wird von Instinkten gesteuert. Der Mensch hat auch Instinkte oder unbedingte Reflexe. Sie wirken unwillkürlich in bestimmten Situationen auf bestimmte Reize. Beim Menschen gehört dazu das Kindchenschema. Wir fühlen uns zu kleinen Kindern und jungen anderen Säugetieren unmittelbar hingezogen und möchten sie streicheln. Wir haben auch einen Schutzinstinkt über das Kindchenschema hinaus, das Bedürfnis, hilfsbedürftigen Lebewesen, die über bestimmte äußere Merkmale verfügen und in Gefahr zu sein scheinen, helfen zu wollen. Das sind prosoziale Impulse, die nicht mit Moral zu verwechseln sind. Ein junges Reh, das noch nicht laufen kann, im Wald gefunden, soll man nicht anfassen. Instinktives Verhalten und Moral klaffen hier auseinander. Kleine Kinder, die niedlich aussehen, werden bevorzugt gegenüber anderen Kindern, die weniger anziehend wirken. Das ist unmoralisch.

Urgeschichtlich gesehen ist Moral sehr alten Ursprungs. Unsere Urhorden regulierten ihr zwischenmenschliches Verhalten bereits nach prosozialen Mechanismen. Instinktives prosoziales Verhalten ist von Moral zu unterscheiden. Auch Tiere arbeiten füreinander und unterstützen sich, unter biologisch festgelegten Bedingungen. Diese Bedingungen wirken beim Menschen auch und die Moral wirkt auf sie oder auch nicht. Was nützt die ganze Moral, wenn wir hören, was wir sollen, es aber nicht tun, vielleicht auch gar nicht tun können?

2.4 Moral als Gruppenmoral

Zwischen den verschiedenen moralischen Zugangsformen scheint es wesentliche Gemeinsamkeiten zu geben. Alle moralischen Zugangswege sollen gruppendienlichem Verhalten dienen. Das Individuum soll sich mittels Moral in den Dienst der gesellschaftlichen Umgebung stellen. Die Mechanismen, wodurch das bewerkstelligt werden soll, sind unterschiedlich. Religiöse Moralvorschriften fordern die Unterwerfung unter Gott durch Gehorsam. Kant meint, durch die Leitung mittels Vernunft könne man zur Hinwendung gegenüber den Mitmenschen gelangen. Das Gewissen erreicht über die Identifikation mit den elterlichen Forderungen, dass wir uns der Moral ergeben. Und die moralischen Werte gelten als Verkörperung ewiger menschlicher Ziele, als Inbegriff von Frieden, Harmonie und Glückseligkeit.

Da der Mensch als Einzelwesen biologisch nicht überleben kann, sind Funktionen zur Regulierung zwischenmenschlichen Verhaltens wichtig. Diese Funktionen haben unsere Urahnen entwickelt, und zwar auf der Basis von biologischen Neigungen zur gegenseitigen Unterstützung und zum Schutz Hilfsbedürftiger. Die Unterstützung geschieht durch die eigenen Stammes-, Sippen- oder Gruppenmitglieder. Das Individuum kann aber nicht nur die Hilfe der anderen in Anspruch nehmen, es soll gleichermaßen für andere tätig werden, auch dann, wenn dieser Einsatz der eigenen Person nicht nützt, sondern ihr schaden kann. Altruismus geht über prosoziales Verhalten hinaus. Wer altruistisch ist, unterstützt andere Menschen oder weitere Lebewesen auch dann, wenn er sich selbst schadet, wenn die Kosten für ihn größer sind als der Nutzen. Und das kann über die eigene Gruppe hinausreichen.

Ist diese Selbstlosigkeit etwas spezifisch Menschliches, durch die Moral eingeführt? Laut Evolutionstheorie nicht. Träger der Evolution sind die Gene, und die Organismen verhalten sich so, dass sie ihre Gene weitergeben. Das geschieht nicht nur durch Fortpflanzung, sondern durch Schutz und Fürsorge gegenüber Individuen, die Anteile eigener Gene besitzen, der Blutsverwandten im weitetesten Sinne also.

Darwin hatte die Gruppenmoral als vorteilhaft für das Überleben sozialer Gebilde erkannt. Er schreibt in der „Abstammung des Menschen": „…wenn auch eine hohe Stufe der Moralität nur einen geringen oder gar keinen Vortheil für jeden individuellen Menschen und seine Kinder über die anderen Menschen in einem und demselben Stamme darbietet, doch eine Zunahme in der Zahl gut begabter Menschen und ein Fortschritt in dem allgemeinen Maßstab der Moralität sicher dem einen Stamm einen unendlichen Vortheil über einen anderen verleiht." (Darwin 1874, S. 148). Als moralische Tugenden der Gruppe nennt er Patriotismus, Treue, Gehorsam, Mut und Sympathie. Heute wissen wir mehr über solche „Moralitäten". Wir wissen z. B., dass Patriotismus nicht nur für andere, sondern auch für die eigene Gruppe zerstörerisch sein kann. Aber Darwin hat den Ersten Weltkrieg nicht erlebt.

Und wie sieht es mit der Moral gegenüber anderen Gruppen aus? Wenn sich selbstlose oder sogar selbstschädigende Hilfe gegenüber anderen auf Personen außerhalb der eigenen Gruppe erstreckt, sind Lernvorgänge beteiligt. Altruismus kann genetisch bedingt sein, kommt aber ohne Lernen nicht aus. Sogar Bestrafung kann laut Evolutionstheorie altruistisch sein (Van Veelen 2009). Wenn ein Dritter von der Bestrafung eines anderen profitiert, können die Kosten des Strafenden als das entscheidende Merkmal für altruistisches Verhalten angesehen werden. Das bezeichnen Evolutionspsychologen als „indirekte Reziprozität". Wer bestraft werden soll, haben wir gelernt. Die EU bestraft Russland wegen der Okkupation der Krim mit Wirtschaftssanktionen und will damit der Ukraine beistehen. Die Sanktionen schaden nicht nur Russland, sondern auch der EU selbst. Das ist „reziproker Altruismus". Die gegen Russland beschlossenen Sanktionen schaden allerdings auch der ukrainischen Wirtschaft, speziell der Ausfuhr landwirtschaftlicher Produkte nach Russland. Sie stärken immerhin das ukrainische Nationalgefühl. Im Übrigen glaubte die russische Führung, mit Gegensanktionen antworten zu müssen, wodurch sie wiederum Russland schadet.

Es könnte sich bei der indirekten Reziprozität um Äußerungen der Gegenseitigkeitsneigung handeln, die instinktiv verankert ist. Handelt die

EU gemäß den Instinkten ihrer Kommission? Oder hat sie politische Interessen? Oder handelt sie, so jedenfalls die Begründung der Sanktionen, allein nach moralischen Prinzipien, auch gegenüber Nichtmitgliedern?

Henrich et al. (2006) haben die Neigung zu teuren Bestrafungen in 15 verschiedenen Populationen in vier Erdteilen untersucht. Sie fanden Zusammenhänge mit altruistischem Verhalten in den untersuchten Völkerschaften. In Gesellschaften, in denen Altruismus verbreitet ist, neigen die Menschen häufiger zu selbstschädigender Bestrafung als in weniger uneigennützigen Gesellschaften. Die Autoren sehen in diesem Zusammenhang den Ausdruck einer gemeinsamen Ursache: den gesellschaftlich ausgeübten Zwang zu kooperativem Verhalten. Es handelt sich um eine spezifische Form von Zwang, die Moral.

Als von Menschen konstruiertes Phänomen hat die Moral evolutionsbiologische Vorteile. Unsere „unbewusste erste Natur" (Wuketits 2012) beruht auf den genetischen Voraussetzungen der Altsteinzeit (Paläolithikum), eine sehr lange Phase der Urgeschichte, in der Menschen als Jäger und Sammler lebten, und zwar in kleinen Gruppen. Solange homo sapiens noch in kleinen Gruppen lebte, habe die unmittelbare soziale Kontrolle gewährleistet, dass alle (oder genügend) Mitglieder am Bestehen der Gruppe teilnahmen, so Wuketits. Ein Einzelner kann ja auch überleben, wenn er die Vorteile der Gruppe in Anspruch nimmt, ohne sich an den Voraussetzungen des Gruppenüberlebens zu beteiligen. Zu diesen Voraussetzungen gehören die Kooperation bei der Nahrungsbeschaffung, die Gefahrenabwehr und gegenseitige Hilfe. Mit größeren Gruppen wurden neue Formen der kollektiven Verhaltensregulation vorteilhaft für das Überleben und die Weitergabe der Gene.

Prosoziales Verhalten ist in uns angelegt, in Form von Instinkten oder unbedingten Reflexen. Unsere tierischen Vorfahren haben sich bereits auf dieser Basis in der Phylogenese behaupten können. Der Mensch hat zusätzlich „die Moral" entwickelt, in verschiedenen Formen. Die kulturelle Evolution hat unterschiedliche Ansätze moralischer Orientierung zustande gebracht, die, unterschiedlich alt, nebeneinander (oder auch gegeneinander) existieren. Können diese Ausrichtungen uns beim guten Tun leiten? Sie müssen zu unserer „menschlichen Natur" passen, anderenfalls gehen sie fehl. Wir können unser phylogenetisches Erbe nicht unberücksichtigt lassen, wenn wir moralische Anleitung möchten.

Moral hat biologische Grundlagen und ist durch Lernvorgänge geformt. Lernen ist eine biologisch bedingte Fähigkeit und Moral ist erlernt.

2.5 Unser altes Gehirn und letztendliche Ursachen

Wer uns sagt, was wir aus moralischen Gründen tun sollen, übersieht gern die Tatsache, dass wir tagtäglich Dinge tun, die wir gar nicht oder nicht unbedingt wollen, und zwar nicht aus Druck von außen oder aus Zwang. Vieles machen wir unwillkürlich, auch wichtige Tätigkeiten. Manches tun wir instinktiv, manches gewohnheitsmäßig. Dafür ist unser Gehirn verantwortlich, speziell das Stammhirn und das Zwischenhirn. Zwar kann das Großhirn, wo viele unserer bewussten Vorgänge ablaufen, das Zwischenhirn „zügeln", das aber nur begrenzt. Das Zwischenhirn kann immerhin Verbindungen zum Großhirn herstellen und so auch auf mühsame Weise von diesem beeinflusst werden. Das Stammhirn lässt sich noch schwerer bewusst steuern oder gar nicht. Das liegt am Alter dieses Teils des Gehirns. Das Stammhirn, wo unsere unbedingten Reflexe ablaufen, ist noch älter als das Zwischenhirn. Stammhirn und Zwischenhirn funktionieren schneller als unser bewusster Verstand. Das kann auch gut sein, so bei schnellem Reagieren im Straßenverkehr, wo wir oft nicht Zeit zum Überlegen haben. Das unwillkürliche Reagieren entlastet unseren Verstand. Wenn wir diesen „einschalten", ist das nicht nur anstrengend, es dauert auch länger als instinktives oder gewohnheitsmäßiges Reagieren.

Wir können uns nicht an unsere Stammesgeschichte erinnern, deshalb glauben wir, sie sei unerheblich für unser Handeln. Wir bilden uns ein, alles, was wir tun und lassen, sei bewusst und willentlich gelenkt. In Wirklichkeit macht das bewusste Handeln nur einen kleinen Teil unseres Verhaltens aus. Nicht nur Instinkte und Triebe wirken unbewusst, sondern auch Vorgänge wie Wahrnehmen und Lernen, auch Denkvorgänge. Wahrnehmungseindrücke von sehr kurzer Dauer, unter 500 ms, können uns beeinflussen, indem sie nachfolgenden Reizen, die emotional in die gleiche Richtung weisen, den Zugang erleichtern. Bewusst verarbeiten können wir solche Vorgänge nicht, man kann sie aber in psychologischen Experimenten untersuchen. Wir können unsere Wahrnehmung nur kurze Zeit bewusst auf eine begrenzte Zahl von Zielen steuern (Aufmerksamkeit). Ähnlich ist es beim Lernen. Wir können bewusst lernen (Üben) oder unwillkürlich, aber das Ergebnis dieses Lernens kann schnell und automatisch wirken. Nur ein kleiner Teil unserer psychischen Vorgänge bei der Wahrnehmung oder dem Gedächtnis kann absichtlich gesteuert werden. Auch Denkvorgänge können automatisch ablaufen, emotional gelenkt. Wir sprechen dann von Intuition. Denken kann intuitiv vor sich gehen oder gemäß den Gesetzen der

Logik. Haidt (2001) spricht im Zusammenhang mit Moral vom „emotionalen Hund“ und dem „rationalen Schwanz“. Der Hund wedelt mit dem Schwanz und nicht umgekehrt. Das moralische Gefühl (im Zwischenhirn) kommt zuerst und dann (vielleicht) die sachliche Überlegung (in der Großhirnrinde).

Die menschliche Moral wirkt größtenteils unbewusst. Sie wird aber durch andere Erzeugnisse der kulturellen Evolution beeinflusst (durch Erkenntnis von Naturgesetzen, Regelung menschlichen Zusammenlebens durch dic Gesetzgebung).

Unsere Moral ist nicht angeboren, ruht aber auf stammesgeschichtlichen Ursprüngen. Instinkte wurden durch Lernprozesse modifiziert, sie sind nicht ausgelöscht. Es handelt sich um prosoziale Neigungen, aber auch um Dispositionen zu aggressivem Verhalten. Es kommt auch heute noch vor, dass man, um Menschen zu schützen, andere bekämpfen muss.

Es geht nicht nur um „das Gute“, die Unterstützung der Mitmenschen, Mitbienen und anderer Lebewesen, sondern auch um die Bekämpfung des und der „Bösen“, derjenigen, die uns als Menschen, Schlangen oder Wölfen gefährlich werden können. Wenn wir Instinkte aus der menschlichen Stammesgeschichte behalten haben, werden das nicht nur prosoziale Neigungen sein, sondern auch weitere angelegte Reaktionen, solche, die die Kooperation bedrohen. Wie sind aus den Instinkten unserer tierischen Urahnen moralische Ansprüche und Steuerungen entstanden? Durch Lernen. Um unsere Triebe und Instinkte zu modifizieren, benötigen wir diese Fähigkeit, die wir bereits bei niederen Tieren finden. Lernen modifiziert prosoziale Anlagen ebenso wie Abwehrreaktionen. Moral wird von Instinkten, Neigungen, Trieben, unbedingten Reflexen stimuliert, die wir, wenn wir als moralische Wesen handeln wollen, bremsen und regulieren müssen. Moral ergänzt unsere Instinkte und ist nicht unabhängig von ihnen.

Die evolutionsbiologischen Voraussetzungen des Menschen, wie sie über Jahrmillionen in der Phylogenese entstanden sind, werden von den Evolutionstheoretikern als ultimate Ursachen unseres Erlebens und Verhaltens bezeichnet. Sich entwickelt und überlebt haben laut Charles Darwin solche Arten, die unter jeweils herrschenden Umweltbedingungen Selektionsvorteile gegenüber anderen Arten hatten. Das geschah nicht zielgerichtet, nicht planmäßig oder vorherbestimmt. Ultimate Ursachen sind Ursprünge in der Entwicklung der menschlichen Natur, an denen wir unmittelbar nichts ändern können, wir können sie lediglich berücksichtigen. In unserer Stammesgeschichte hatten sie vermutlich Selektionsvorteile. Proximate Faktoren sind demgegenüber solche Ursachen, die wir zur unmittelbaren Erklärung menschlichen Verhaltens verwenden, etwa physiologische und psychische Bedingungen, Schlüsselreize, soziale Verhältnisse in der Ontogenese, politische Maßnahmen. Hier können wir versuchen, gezielt einzuwirken und die Wirkung des Zufalls einzuschränken.

Schnelles Autofahren war bei unseren Vorfahren kein Selektionsvorteil, aber schnelle Bekämpfung des Feindes oder eines Raubtieres. Diese Fähigkeit zur Schnelligkeit ist eine ultimate Ursache. Das unangemessen schnelle Autofahren, auch Rasen genannt, kann durch proximate Faktoren wie Charaktereigenschaften, physiologische Bedingungen (Testosteron), erlebten Druck zum Aufholen einer Verspätung erklärt werden. Dass es einen Selektionsvorteil für die Gattung Mensch darstellt, ist nicht anzunehmen, aber vielleicht dient es dem Überleben von Autofirmen. Es kann bekämpft werden, indem man Raser aus dem Verkehr zieht, nicht nur aus moralischen, sondern aus weiteren Gründen.

Wir versuchen, durch proximate Steuerung unsere insbesondere im Gehirn verorteten Mechanismen zu überlisten, wenn sie uns leiden lassen oder sonst irgendwie stören. Medikamente sind ein Produkt der kulturellen Evolution zur Eindämmung störender Folgen biologischer Vorgänge, wie Krankheiten, Schmerzen, sonstige als lästig empfundene Vorgänge. Und sie helfen uns häufig. Aber Medikamente und andere chemische Produkte sowie Rauschmittel werden von uns auch verwendet, um uns zu erfreulichen Erlebnissen zu verhelfen oder Leistungen zu steigern. Nicht immer wird der erhoffte Effekt dauerhaft erzielt. Manchmal gibt es keine Wirkung oder eine oder mehrere schädliche. Was eintritt, müssen wir lernen, möglichst nicht durch persönliche Erfahrung, sondern mithilfe professionellen Wissens.

Die ultimaten Bedingungen können wir zunächst in ihren Wirkungen schwer vorhersehen, deshalb erscheinen sie uns als zufällig (wenn wir nicht an ein vorgegebenes Ziel glauben). Wir versuchen, durch „geeignete Maßnahmen" die Entwicklung in eine den Menschen dienende Richtung zu steuern. Die Ergebnisse nennt man kulturelle Evolution. (Die kulturelle Evolution beschränkt sich nicht auf solche Versuche.) Dabei versuchen wir, durch vermutete proximate Faktoren das menschliche Verhalten zu lenken. Wenn wir glauben, dass bestimmte Ereignisse das Verhalten günstig beeinflussen, versuchen wir, diese zu erzeugen. Eine bewährte Möglichkeit dazu ist das Lernen.

Es geht um das Lernen von Verhaltenskonsequenzen. Wird versucht, dieses Lernen von außen zu steuern, verwendet man Belohnungen und Bestrafungen. In der menschlichen Gesellschaft spricht man von Sanktionen. Deren Konsequenzen lassen sich leicht sprachlich ankündigen, als Drohungen und Versprechungen. Verbote werden verkündet zur Aufrechterhaltung der Moral. Versprechungen sind auch möglich. Manchmal lässt sich nicht leicht unterscheiden, ob es sich um ein Versprechen oder eine Drohung handelt. So heißt es am Schluss der zehn Gebote: „Gott droht zu strafen alle, die diese Gebote übertreten; darum sollen wir uns fürchten vor seinem Zorn und nicht gegen seine Gebote handeln. Er verheißt aber Gnade und alles Gute allen, die diese Gebote halten; darum sollen wir ihn auch lieben und vertrauen und gerne tun nach seinen Geboten."

Die Sprache hilft beim moralischen Lernen. Der Mensch kann sich dabei etwas Neues ausdenken, dabei hilft ihm die Sprache.

2.6 Sanktionen und moralisches Lernen

Die Gesellschaft wartet nicht, bis Handlungsergebnisse eintreten, die unerwünscht und vielleicht auch noch gefährlich sind. Ihre Empfehlungen und Vorschriften, seien sie nun religiöser Natur, auf Erziehungsprinzipien ruhend, in Gesetzen und Verordnungen formuliert oder in den moralischen Gepflogenheiten von Gruppen verankert, sollen durch Sanktionen durchgesetzt werden. Die Gesellschaft will dafür sorgen, dass das Gute oder das, was jeweils als solches gilt, erzeugt wird und möglichst erhalten bleibt. Das geschieht mit sozialem Druck. Das Abweichende, das Schlechte, soll getilgt oder vermieden werden. Wo es Moral gibt, da gibt es auch Zwang. Sanktionen gibt es überall, wo versucht wird, das Verhalten von Menschen zu steuern. Auf diese Weise lernen wir, die Erfahrungen und das Wissen anderer zu berücksichtigen, ohne uns in Gefahr zu begeben. Ein kleines Kind soll nicht ohne Begleitung Erwachsener auf die Straße laufen, tut es das dennoch, wird es bestraft, damit es solches Verhalten zu vermeiden lernt.

Da Moral in Überzeugungen verwoben ist, ist zu fragen, ob sie durch Sanktionen befördert werden kann. Sanktionen beeinflussen das Verhalten. Im Alltag spricht man von Belohnung und Bestrafung. Belohnungen erhöhen die Verhaltenswahrscheinlichkeit, Bestrafungen vermindern sie durch Hemmung. Diese Lernvorgänge bezeichnet man im Unterschied zu bedingten Reflexen als operantes Bedingen. Gelernt werden soll aus den Folgen. Systematisch erforscht wurden diese Lerngesetze zuerst von dem Behavioristen B.F. Skinner. Es handelt sich um Verstärker, die unser Handeln beeinflussen, es unterstützen oder unterdrücken sollen.

In welcher Weise verwenden oder empfehlen verschiedene moralische Zugangsformen, nämlich christliche Religion, kategorischer Imperativ, das Gewissen und moralische Werte Sanktionen?

Christliche Religion und Kant unterscheiden sich in diesem Aspekt deutlich. Nach dem moralischen Prinzip von Immanuel Kant, dem kategorischen Imperativ, sollen wir uns so verhalten, dass unser Tun zum allgemeinen Gesetz erhoben werden kann. Das ist positiv formuliert und es werden, im Unterschied zum Christentum, keine Strafen angedroht, wenn man sich nicht an diesen moralischen Befehl hält. Bei Kant wird zur Moralerzeugung nicht gestraft. Göttliche Gebote sind bei ihm nicht als Sanktionen aufzufassen. Diese wären „Verordnungen eines fremden Willens" (Kritik der praktischen Vernunft 2015, S. 863), aber der Mensch soll selbst auf das kommen, was moralisch angebracht ist. Würden alle Fußballspieler sich so verhalten wie Paul Mitscherlich vom SV Germania Schöneiche, wären Elfmeter vielleicht gar nicht nötig und die Fußballregel 14 könnte gestrichen werden. Der größte Unterschied zwischen Religionen und dem kategorischen Imperativ ist der, dass Kant uns nicht droht. Der kategorische Imperativ bedarf keiner Sanktionen. Hier ist von vornherein klar, dass man auf sich selbst gestellt ist, auf den eigenen Verstand und den Willen, ihm zu folgen.

Aber selbst Kant lässt in bestimmten Fällen Erziehungsmaßnahmen für moralische Zwecke der Pflichterfüllung gelten. Er konnte nicht in Abrede stellen, dass negative Sanktionen manchmal nötig sind, wenn auch nur bei einigen Menschen und dort auch nur vorübergehend. Es handele sich um ungebildete oder auch verwilderte Gemüter, die zuerst „ins Gleis des moralisch Guten" gebracht werden müssten, weil diese Leute „einiger vorbereitenden Anleitungen" bedürfen. Dazu müssen diese ungebildeten oder verwilderten Menschen durch ihren eigenen Vorteil gelockt oder durch den Schaden geschreckt werden. Sobald jedoch „dieses Maschinenwerk, dieses Gängelband nur einige Wirkung getan hat, so muß durchaus der reine moralische Beweggrund an die Seele gebracht werden…" (Kritik der praktischen Vernunft, S. 889). Immanuel Kant als pädagogischer Optimist! Im Bereiche der Pädagogik ist er nicht so kategorisch wie viele Philosophen anscheinend glauben.

Natürlich wirken Religionen nicht allein durch Sanktionen, durch Verheißungen und Drohungen. Sie bieten umfassende Sinnsysteme an, die zu Überzeugungen führen sollen. Aber wenn es um das Verhalten geht, geht es nicht ohne Sanktionen.

Das Gewissen sanktioniert sich selbst, durch Schuldgefühle, Reue und Versuche zur Wiedergutmachung. Verinnerlicht wird es auch mittels Sanktionen, durch die Eltern und andere Erziehungspersonen.

Moralische Werte sind in Überzeugungen eingebunden. Ihre Missachtung wird bestraft, sobald sie sich im Verhalten äußern, aber nur bei anderen. Hierzulande geschieht das überwiegend durch die Sanktionierung sprachlicher Äußerungen. Bestimmte Worte dürfen nicht ausgesprochen, bestimmte Zusammenhänge nicht verbal hergestellt werden. Wenn andere eine Verbindung zwischen der eigenen Religion und Gewaltanwendung behaupten, führt das zu Zorn und Empörung, manchmal tatsächlich zu gewaltsamen Aktionen.

Wenn Sanktionen das Verhalten beeinflussen, ist das durchaus im Sinne der jeweiligen gesellschaftlichen Moral. Werden antisemitische Äußerungen in der Öffentlichkeit verfolgt, verringert sich die Wahrscheinlichkeit ihres Auftretens. Wer höfliches Verhalten durch Belohnung gelernt hat, etwa durch freundliches Benehmen des Kommunikationspartners, wird es bei passenden Gelegenheiten immer wieder zeigen. Aber Moral zielt ja auf Überzeugungen ab. Und so verwendet man in der Moralerziehung auch gern andere Methoden, die zur Verinnerlichung von Wertzusammenhängen führen, zum Beispiel Vorbilder, die sprachlich und bildlich dargeboten werden, Erzählungen, Verheißungen und die Vermittlung von Sinnmustern. Dies geschieht alles in sozialen Zusammenhängen (Familien, Gruppen), die für die Existenz des moralisch zu steuernden Individuums unerlässlich sind.

Beide Sanktionsformen, die Belohnungen und die Bestrafungen sowie deren Ankündigung, führen nicht notwendig zu den gewünschten Wirkungen. Belohnungen können Verhaltensweisen, die man aus Spaß an der Sache betreibt, unterminieren. Was aus eigenem Antrieb passiert, kann unter die Kontrolle äußerer Anreize gelangen (Ehrungen, Prämien), etwa unentgeltlich Sozialarbeit verrichten, und wird dann von diesen abhängig. Bestrafungen führen zu Hemmung und Unterdrückung von Handlungstendenzen, aber nicht zu ihrer Auslöschung. Hier sind Grenzen der moralischen Steuerung durch Sanktionen. Erwünschtes Verhalten kann durch negative Sanktionen nicht erzeugt werden. Generell gilt die Belohnung als aussichtsreicheres Vorgehen zur Verhaltenssteuerung anderer Menschen, aber sie lässt sich nicht immer und bei jedem anwenden. Einer Lehrerin, die mit einem verhaltensgestörten Schüler nicht fertig wurde, empfahl ein Gutachter, sie möge dem Kind Erfolgserlebnisse verschaffen. Darauf entgegnete sie: „Wie soll ich das machen, wenn er dauernd gefährlichen Unsinn treibt?"

Interessant ist die Tatsache, dass bei Erziehungsversuchen, die erwünschtes Verhalten betreffen und die Erfolg versprechen sollen, niemals nur bestraft wird. Sogar in der Strafgerichtsbarkeit, die ja, wie der Name sagt, auf Bestrafung angelegt ist, gibt es positive Sanktionen: Kronzeugenregelung, geringere Strafen bei Entgegenkommen gegenüber den Ermittlungen, Deals zwischen Staatsanwaltschaft und Verteidigung zugunsten des Angeklagten oder vorzeitige Entlassung bei vielversprechendem Verhalten im Strafvollzug.

Moralisch verpöntes und juristisch verbotenes Verhalten kann unter bestimmten Bedingungen als Belohnung angeboten werden, wenn erwünschtes Verhalten sonst nicht zu erzeugen ist. Auch in gesellschaftlichen Verhältnissen extremer Unterdrückung und Entwürdigung werden dann Belohnungen in Aussicht gestellt. Selbst in den Konzentrationslagern der Nazis wurde auch positiv sanktioniert, jedenfalls solange wie man die Gefangenen als Arbeitskräfte benötigte.

Im nationalsozialistischen Deutschland war Prostitution nicht nur verpönt, sondern auch verboten und konnte mit Haft in Konzentrationslagern bestraft werden. Aus einem Befehl Himmlers aus dem Jahre 1943 geht hervor, dass in insgesamt zehn Lagern von den Nazis Bordelle für Häftlinge eingerichtet wurden. Er erließ „eine Prämien-Vorschrift für das System der Konzentrationslager, um die Arbeitsproduktivität der Häftlinge zu erhöhen. Besondere Arbeitsleistungen wurden mit Prämien belohnt, etwa mit der Erlaubnis, einen militärischen Haarschnitt zu tragen, häufiger Briefe zu erhalten oder Lebensmittel und Zigaretten in der Lagerkantine zu kaufen. Auch der Besuch in einem Lagerbordell gehörte dazu. In Mauthausen und Gusen waren bereits im Juni und Oktober 1942 Bordelle eröffnet worden. Nun entstanden Häftlingsbordelle auch in acht weiteren großen Konzentrationslagern; in Mittelbau-Dora wurde sogar noch im Januar 1945 ein Bordell eingerichtet“ (Diese Informationen entstammen einer Ausstellung der Gedenkstätte des Konzentrationslagers Ravensbrück, März 2017.).

Die in Ravensbrück zur Prostitution gezwungenen weiblichen Häftlinge werden übrigens von männlichen Zeitzeugen als gut ernährt beschrieben. Die „Sex-Arbeiterinnen“ haben das KZ Ravensbrück in der Regel überlebt.

Weshalb muss menschliches Verhalten sanktioniert werden? Weil die Rückmeldung, was erwünscht ist und was nicht, durch andere Menschen erfolgt und nicht durch den Zusammenprall menschlichen Handelns mit den Gegebenheiten, wie wir sie in der Natur und der menschlichen Umgebung vorfinden. Es kommt somit zu Widersprüchen zwischen beiden Arten von Handlungswirkungen. Es kann sein, dass ich für etwas bestraft werde, was vorteilhaft für andere Menschen sein könnte. Es kann vorkommen, dass ich für schädliches Verhalten gegenüber anderen Menschen belohnt werde, etwa wenn ich einen Orden erhalte, weil ich viele „Feinde vernichtet“ habe.

Wenn moralische Einwirkungsversuche durch Sanktionen geschehen, zeigt sich ein grundlegendes Dilemma von Moral: der Unterschied zwischen dem Handelnden und dem beobachtenden Beurteiler. Der Handelnde strebt nach positiven Anreizen und versucht, Bestrafungen zu vermeiden. Dahinter muss keine moralische Überzeugung stehen. Der Beobachter oder Beurteiler hält mehr von Bestrafung als der Handelnde. Er fordert moralisch einwandfreies Verhalten vom Handelnden aus Überzeugung. Ist das nicht zu erwarten, muss Zwang her. Lässt sich der Handelnde nicht zwingen und möchte der Beurteiler seine Mitwirkung, werden Belohnungen in Aussicht gestellt.

Moral ist ein evolutionäres Resultat, das auf Lernen beruht. Lernen ist eine sehr breit angelegte menschliche Disposition. Nicht nur Belohnung und Bestrafung beeinflussen das Lernen, sondern auch Nachahmung sowie Vorbilder. Lernen kann unbewusst vor sich gehen. Das ist bei Nachahmung gewöhnlich der Fall. Bedingte Reflexe im Sinne von I.P. Pawlow werden häufig unbemerkt erworben, so wird etwa ein Zusammenhang zwischen bestimmten Lebensmittel-Verkaufsstellen und gesunder Lebensweise („Frischemarkt") unwillkürlich gelernt. Die Sprache ist ein unerschöpfliches Reservoir, solche bedingten Reflexe zu erwerben und formt auf diese Weise unsere Moral (s. den Abschnitt „Die Mitteilung der Moral durch Sprache, Bilder und Symbole"). Erlernte Zusammenhänge können wieder gelöscht werden. Dies kann sehr schwierig und manchmal unmöglich sein. Die Vorstellung, was schnell oder unwillkürlich gelernt wurde, sei ebenso leicht wieder loszuwerden oder zu ändern, ist psychologisch falsch.

Lernvorgänge sind abhängig von biologischen Prädispositionen (Neigungen, Anlagen). Deren Formbarkeit ergibt sich aus den Lebensbedingungen der Menschen. Sind wir auf Unterstützung von anderen angewiesen, auf Kooperation mit Gruppen- und Gesellschaftsmitgliedern, auf Informationen von ihnen, ist die geistige Ausrichtung auf die Gruppe stärker als bei geringerer Gruppenabhängigkeit. Dies untersuchten Glowacki und Molleman (2017) experimentell bei drei verschiedenen Kategorien von Bewohnern im Südwesten von Äthiopien. Die Bewohner gehören der gleichen ethnischen Gruppe an und sprechen die gleiche Sprache. Sie sichern ihren Lebensunterhalt entweder als Hirten, durch gärtnerische Tätigkeit oder im städtischen Umfeld. Die Hirten sind als Nomaden am stärksten von der Kooperation mit anderen Gruppenmitgliedern abhängig, die Gärtner am wenigsten. Im Experiment sollten die Äthiopier einfache Zuordnungen vornehmen, wobei sie sich verbessern konnten (lernen), wenn sie das jeweilige Ergebnis der vorangegangenen Entscheidung berücksichtigten. Den Teilnehmern der Untersuchung war es überlassen, ob sie sich lieber an den eigenen vergangenen Entscheidungen oder denen ihrer eigenen Gruppe (Hirten, Gärtner, Stadtbewohner) orientierten. Die Hirten waren am stärksten an den Reaktionen ihrer Gruppe ausgerichtet, die „Gärtner" (die auch als „Sammler" arbeiteten) am wenigsten. Zwar handelte es sich um kognitive Aufgaben und nicht um moralisch relevante. Es liegt nahe, dass auch die moralische Ausrichtung an den Sitten der eigenen Gruppe dann stärker ist, wenn man um des Überlebens willen zur Kooperation gezwungen ist. Diese Neigung, sich an der eigenen Gruppe mehr oder weniger zu orientieren, ist erlernt, ähnlich wie das Gewissen in der frühen Kindheit.

Die Abhängigkeit der Moral von Lernvorgängen zeigt sich besonders deutlich bei biologisch notwendigen menschlichen Verhaltensweisen wie Sexualverhalten und Nahrungsaufnahme. Auch die Neigung zur Gegenseitigkeit und der Schutzinstinkt haben moralische Bedeutung für uns, indem und wenn wir diese Impulse beherrschen und steuern. Die Neigung, Gleiches mit Gleichem zu vergelten, finden wir auch bei Tieren, ebenfalls den Schutzinstinkt.

Untersuchen wir erlerntes moralisches Verhalten bei der Nahrungsaufnahme und bei der Neigung zur Gegenseitigkeit.

2.7 Moralisch geformte unwillkürliche Neigungen

2.7.1 Essen, Ekeln, Hygiene

„Erst kommt das Fressen, dann die Moral" lässt uns Brecht in der „Dreigroschenoper" wissen. Aber das stimmt nicht. Die Nahrungsaufnahme ist sehr eng mit der Moral verknüpft. Sie bestimmt, was wir essen und was nicht. Wir essen nicht alles Essbare, selbst wenn wir großen Hunger haben. Wir bekommen potenzielle Nahrung „nicht hinunter", wir können sie nicht schlucken, wenn wir uns vor ihr ekeln. Schuld ist der Hirnstamm, wo die archaischen Instinkte unserer Urahnen gespeichert sind.

Der Ekel ist eine neurophysiologisch im Hirnstamm und im Zwischenhirn lokalisierbare unwillkürliche Reaktion. Ekelreaktionen sind angeboren, können aber modifiziert werden. Ihnen können wir uns bei entsprechenden Reizen (Brechreizen) nicht entziehen. Ekelempfindungen sind an Geruchs- und Geschmacksreize gebunden, können aber auch visuell oder akustisch ausgelöst werden. Der Geruchssinn soll der älteste menschliche Sinn sein, seiner Wirkung können wir nicht bewusst entgehen. Wir können entsprechende Reaktionen nicht willentlich beeinflussen. Zwischen den Sinnesorganen und dem Hirnstamm und von diesem zum Zwischenhirn bestehen neuronale Verbindungen, natürlich auch zum Großhirn. Wir können so lernen, was wir essen können und sollten und was nicht. Bloße Vorstellungen können Ekel erzeugen, wobei es nicht gleich zum Erbrechen kommen muss.

Die Urmenschen lernten, zwischen genießbaren und ungenießbaren Stoffen zu unterscheiden, zwischen potenziellem Futter und Gift. Dabei müssen auch Fehler vorgekommen sein. Wir merken nicht immer beim Essen, was uns schadet. Süßes schmeckt den meisten Menschen, Bitteres lehnen viele ab, wenn solche Reize als zu stark empfunden werden. Anscheinend haben wir die Geschmacksvorlieben unserer Vorfahren weitgehend beibehalten. Da ging es nicht nur darum, sich nicht zu vergiften, sondern auch um ausreichende Kalorienzufuhr.

Das Reagieren auf Ekelempfindungen kann modifiziert werden, durch soziales Lernen. Die Ernährungsgewohnheiten in verschiedenen Teilen der Erde sind andere, nicht nur wegen des unterschiedlichen Nahrungsangebotes, sondern auch aufgrund erlernter Traditionen. In Mitteleuropa ekeln wir uns vor dem Verspeisen von Insekten oder Maden. Diese werden nicht in erster Linie durch den Geruchssinn wahrgenommen. In manchen Gegenden der Erde gelten solche Organismen als Delikatessen. Uns wird unbehaglich, wenn wir erfahren, dass in Teilen Chinas Hundefleisch gern gegessen wird. Auch innerhalb Deutschlands gibt es unterschiedliche Speisevorlieben. Was in manchen Kreisen wie in Frankreich Delikatessen sind, so Weinbergschnecken, Froschschenkel oder Austern, wird in anderen Milieus als widerlich empfunden. Dort bevorzugt man „ein ordentliches Schnitzel" oder vegane Würstchen. Die Unterscheidung zwischen „essbar" und „ungenießbar", zwischen schmackhaft und eklig kann also nicht allein auf biologischen Faktoren beruhen.

Manche Zeitgenossen versuchen, die im Gefühlsleben verankerten Nahrungsaversionen auf rationale Gründe zurückzuführen. Aber diese reichen nicht, das Phänomen des Verbots bestimmter Nahrungsmittel zu erklären. So kann der Hinweis auf die in früheren Zeiten unzureichenden Möglichkeiten der Konservierung nicht erklären, weshalb Schweinefleisch abgelehnt wird, Rindfleisch oder Hammel aber nicht (oder umgekehrt). Gelernt wurden entsprechende Zusammenhänge in Zeiten, als die Religion die moralische Handlungssteuerung allein beherrschte, deshalb werden die Essvorschriften gern religiös begründet (heilige Kühe, unreines Schweinefleisch, koschere Nahrung).

Wir lernen, Dinge, Vorgänge oder Personen zu verabscheuen, die keinerlei Beziehung zur Nahrungsaufnahme oder anderen viszeral (durch unsere Eingeweide) erzeugten Reaktionen haben. Nach Erkenntnissen der psychologischen Lernforschung sind zur Erzeugung physiologischer Reaktionen wie beim Ekeln besondere biologische Voraussetzungen vonnöten, was durch das Lernen bedingter Reflexe allein nicht erklärt werden kann. Wenn ein kleines Kind unbedingt etwas essen soll, obschon ihm schlecht ist, kann es das Übelsein auf die Speise beziehen, die es unbedingt schlucken soll. Es lernt unwillkürlich und augenblicklich, zwischen der Speise und dem

Ekeln einen Zusammenhang zu knüpfen. Was hat das mit Moral zu tun? Wenn uns übel ist, lernen wir sehr schnell Zusammenhänge. Ein einmaliges Zusammentreffen von Übelkeitsgefühl mit Reizen, die keinen direkten Zusammenhang mit dem Empfinden von Widerlichkeit haben, kann ausreichen, damit man sich ekelt. Er kann auf Menschen bezogen werden, auf Gruppen oder soziale Kategorien. Um den Abscheu zu erweitern, muss er in größere Zusammenhänge eingeordnet werden.

Abscheureaktionen lassen sich durch gewöhnliche bedingte Reflexe weitergeben. Verbale Reize oder Bilder vermögen Ekel zu erzeugen, auch wenn nichts Verdorbenes, Stinkendes oder Schmutziges zu sehen oder zu riechen ist. Die bei bedingten Reflexen erlernten Reaktionen laufen sehr schnell ab, unwillkürlich.

Unsere Anlage zum Ekeln kann für moralische Zwecke ausgenutzt werden, „im Guten wie im Schlechten". Die Modifizierbarkeit der menschlichen Antriebe macht es möglich, diese für moralische (und weltanschauliche) Zwecke dienstbar zu machen. Für den Menschen förderliche Zwecke z. B. in abschreckenden Bildern bei Anti-Raucherkampagnen. Für menschenverachtende Zwecke z. B. durch die Nazis in ihrer antisemitischen Propaganda. Die nationalsozialistische Propaganda verbreitete ihren Antisemitismus, indem sie bedingte Reflexe zwischen Abscheureaktionen auf Ungeziefer und Abbildern von Juden herzustellen versuchte. Filmische Darbietungen von Juden (oder als Juden dargestellten Gestalten) wurden in kurzer zeitlicher Abfolge mit Rattenschwärmen gezeigt. So wurde versucht, eine bestimmte Menschengruppe als verabscheuungswürdig, minderwertig und gefährlich darzustellen. Was die antisemitischen Filme bewirken sollten, war die Verknüpfung von Vorstellungen über Ratten mit denen von Juden. Diese sollten als Ungeziefer erscheinen.

Ekel hat laut Haidt (2012) evolutionär noch eine weitere Funktion neben der Steuerung der Nahrungsaufnahme: die Vermeidung von Krankheitserregern (Ansteckungsgefahr) durch Schmutz. Er bezieht den Abscheu auf eine allgemeine moralische Dimension, die „Unberührbarkeit" oder „Heiligkeit" (sanctity), auf die wir noch zu sprechen kommen.

Die Formung bestehender Neigungen (Vorlieben oder Abneigungen) in moralische Vorstellungen wird von Rozin (1999) Moralisierung genannt. Dabei werden Gefühlserlebnisse, eingeschlossen physiologische Reaktionen, mit moralischen Begriffen belegt. Neben Ekel sind Zorn, Trauer, Verzückung entsprechende Beispiele.

Auch das Verhalten untereinander ruht beim Menschen wie bei anderen Tieren auf instinktiven Reaktionen, die zu steuern wir lernen können. Dazu gehört die gefühlsmäßige Gegenseitigkeit.

2.7.2 Gegenseitigkeitsneigung

Im sozialen Zusammenleben ist uns eine Neigung zur Gegenseitigkeit angeboren. Wenn wir einen fremden Menschen anlächeln, können wir in den meisten Fällen beobachten, dass er ähnlich freundlich reagiert. „Ihr Lächeln wird erwidert" las ich einmal, als ich nach längerem Warten eine Amtsstube betrat. Säuglinge erwidern unser Lächeln, ohne Aufforderung und abseits von Amtsstuben. Natürlich bezieht sich diese Gegenseitigkeit auch auf aggressiven Ausdruck. Wir können beobachten, dass Kinder oder manchmal auch Erwachsene wütend gegen ein Hindernis treten, an dem sie sich gestoßen haben. So etwas Unvernünftiges kann nicht von unserem Großhirn ausgehen, solches Verhalten ist tiefer verankert.

Gegenseitigkeit kann Zusammenhalt fördern und Kooperation unterstützen. Das haben auch schon unsere Urahnen beim Sammeln und Jagen gespürt. „Wie du mir – so ich dir". Ein sehr einfaches Prinzip, was mit unseren heutigen Moralvorstellungen häufig nicht übereinstimmt. Wenn uns jemand einen Gefallen tut, möchten wir uns erkenntlich zeigen, aber manchmal ist dergleichen juristisch untersagt, nämlich dann, wenn unterstützendes Verhalten von einflussreichen Personen in der Bevorzugung von Freunden oder Verwandten besteht oder die Absicht erkennbar ist, Gegenleistungen zu erhalten. Wir sprechen dann von Nepotismus, Bestechung oder Korruption.

Der FDP-Politiker Jürgen Möllemann, in der Regierung Kohl Wirtschaftsminister von 1991 bis 1993, musste zurücktreten, als öffentlich wurde, dass er einen Verwandten bei einer kleinen Werbeaktion unterstützt hatte und zwar unter Verwendung des Briefkopfes des Wirtschaftsministeriums (sogenannte „Briefbogenaffäre").

Wenn ein Mensch uns oder jemandem aus unserer Familie geschadet hat, spüren wir den Wunsch nach Vergeltung. Solches Verhalten ist moralisch nicht geboten. In allen Gruppen und vor allem zwischen ihnen gibt es Auseinandersetzungen. Werden feindliche Aktionen in der Gruppe „in gleicher Münze heimgezahlt", wirkt das zerstörerisch auf den sozialen Zusammenhalt. Die Gegenseitigkeitsneigung kann sich als Rache äußern, die bis zur Blutrache gehen kann. Was bei unseren phylogenetischen Vorfahren vielleicht dem Überleben dienlich war, war später dazu nicht mehr geeignet. Neue Merkmale und Verhaltensformen entstanden, aber die archaischen Neigungen und Impulse blieben erhalten.

Die Neigung, Gleiches mit Gleichem zu vergelten, strebt nach einem moralischen Ausgleich. Dieser kann durch Strafe erreicht werden. Wir sprechen manchmal von „gerechter Strafe", der ein Verbrecher oder sonstiger Übeltäter zugeführt werden soll.

Im „Spiegel“ hat der Professor für alttestamentliche Theologie, Manfred Oemig, dargelegt, dass es sich bei dem oft als primitive Racheaufforderung interpretierten Zitat „Auge um Auge, Zahn um Zahn“ nicht um den Aufruf zur Vernichtung des Gegners handelt, sondern darum, bei der Vergeltung Grenzen zu wahren, sich zu mäßigen (Oemig 2003). Racheakte gehen häufig über dieses Prinzip hinaus, indem sie die völlige Vernichtung des anderen zum Ziel haben. Hier wird das Reziprozitätsprinzip verletzt. Die Folge sind sich wechselseitig verstärkende Aggressionen gegenüber der Gegenseite, eine „Gewaltspirale“ entwickelt sich und scheint nicht mehr aufzuhalten.

Die Vergeltung muss nicht physisch oder militärisch vor sich gehen. Wirtschaftssanktionen gegenüber Ländern und Mächten, die gegen Verträge oder das Völkerrecht verstoßen haben, werden nicht nur erwidert, sie können sich auch gegenseitig verstärken. Offenbar handeln Politiker hier nach dem evolutionären Prinzip der selbstschädigenden Bestrafung, wie es als international verbreitetes Phänomen („indirekte Reziprozität“) von Henrich et al. (2006) untersucht wurde (s. oben).

Literatur

Dahlheimer, B. (2009). „Kampf ums Dasein“ – ein Übersetzungsfehler. Science. http://sciencev2.orf.at/stories/1626683/index.html. Zugegriffen: 23. Juni 2017.

Darwin, C. (2004). *Die Entstehung der Arten.* Hamburg: Nikol (Erstveröffentlichung 1859).

Darwin, C. (1874). *Die Abstammung des Menschen.* Paderborn: Voltmedia (Nachdruck).

Glowacki, L., & Molleman, L. (2017). Subsistence styles shape human social learning strategies. *Nature Human Behaviour 1,* Art. Nr. 0098.

Haidt, J. (2001). The emotional dog and its rational tail: A social intuitionist approach to moral judgment. *Psychological Review, 108,* 814–834.

Haidt, J. (2012). *The righteous mind.* London: Penguin.

Henrich, J., McElreath, R., Barr, A., Ensminger, J., Barrett, C., Bolyanatz, A., et al. (2006). Costly punishment across human societies. *Science, 312,* 1767–1770.

Kant, I. (1947). *Grundlegung zur Metaphysik der Sitten.* Leipzig: Felix Meiner.

Kant, I. (2015). Kritik der praktischen Vernunft. In I. Kant (Hrsg.), *Die drei Kritiken. Kritik der reinen Vernunft. Kritik der praktischen Vernunft. Kritik der Urteilskraft* (S. 699–905). Köln: Anaconda Verlag.

Mesoudi, A. (2016). Cultural evolution: Integrating psychology, evolution and culture. *Current Opinion in Psychology, 7,* 17–22.

Oemig, M. (2003). Auge um Auge, Zahn um Zahn. Der Spiegel, Ausgabe 3. https://www.uni-heidelberg.de/presse/ruca/ruca03-3/auge.html. Zugegriffen: 15. Mai 2016.

Oerter, R. (2014). *Der Mensch, das wundersame Wesen. Was Evolution, Kultur und Ontogenese aus uns machen.* Wiesbaden: Springer Spektrum.

Rozin, P. (1999). The process of moralization. *Psychological Science, 10*(3), 218–221.

Schreiner, K. (2013). *Würde, Respekt, Ehre. Werte als Schlüssel zum Verständnis anderer Kulturen.* Bern: Huber.

Sommer, A. U. (2016). *Werte. Warum man sie braucht, obwohl es sie nicht gibt.* Stuttgart: Metzler.

Tanaka, T., Yamamoto, T., & Haruno, M. (2017). Brain response patterns to economic inequity predict present and future depression indices. *Nature Human Behaviour, 1,* 748–756.

Van Veelen, M. (2009). Does it pay to be good? Competing evolutionary explanations of pro-social behaviour. In J. Verplaetse, J. De Shrijver, S. Vanneste, & J. Braeckman (Hrsg.), *The moral brain. Essays on the evolutionary and neuroscientific aspects of morality* (S. 185–200). Dordrecht: Springer.

Voland, E., & Voland, R. (2014). *Evolution des Gewissens.* Stuttgart: S. Hirzel Verlag.

Wuketits, F. M. (2012). Wie viel Moral verträgt der Mensch? Eine evolutionsbiologische Perspektive. In F. M. Wuketits & P. Heintel (Hrsg.), *Die (Natur-) Geschichte von Gut und Böse* (S. 11–31). Klagenfurt: Wieser.

3 Weltanschauung, Sprache, Symbole und Moral

Inhaltsverzeichnis

3.1 Die Erfindung der moralischen Geister

Der Mensch verfügt über zerstörerische moralisch gesehen schändliche Anlagen, die durch die Moral nicht ausgemerzt werden konnten. Wie sind unsere urgeschichtlichen Vorfahren mit den für ihre Gattung schädlichen Neigungen umgegangen? Unsere Ahnen führten das Geschehen in ihrer Umwelt nicht auf objektiv wirkende Naturgesetze zurück, sondern auf Kräfte und Geister, die man durch wohlgefälliges Verhalten und bestimmte Rituale beeinflussen kann. Vermutlich bedeutete es einen Überlebensvorteil, unsichtbare Kräfte als das menschliche Schicksal beeinflussende Mächte anzusehen. Man stellte Zusammenhänge her und versuchte, auf sie einzuwirken. Wie stellte man sich diese Kräfte vor? Ähnlich wie die Menschen

L. Lange, *Sollen Wollen und Lassen Sollen*, https://doi.org/10.1007/978-3-658-23371-6_3

selbst, nur mächtiger. Der Glaube an Geister und Götter wurde geboren. Die mächtigen unsichtbaren Schicksalslenker sollten durch Beschwörungs- und Opferrituale, durch Kulte und Zauberzeremonien günstig gestimmt werden. Religiöse Vorstellungen entstanden und Formen künstlerischer Darstellung als Beschwörungsversuche. Diese schöpferischen Entäußerungen gaben in der Kommunikation den Menschen Anleitung und Unterstützung in der Auseinandersetzung mit den Gefahren des Alltags. Viele Menschen greifen noch heute auf ausgedachte Zusammenhänge zurück, indem sie sich etwa nach Horoskopen richten. Nicht nur die Resultate biologischer Evolution sind in uns aufbewahrt, sondern auch die Ergebnisse der kulturellen Evolution. Weder die einen noch die anderen müssen notgedrungen die Überlebensaussichten von Menschen erhöhen.

Durch eigenes Dazutun können wir Mächte, die unser Dasein auf undurchschaubare Weise steuern (Götter, Geister, Dämonen, das „Schicksal"), günstig stimmen. Wenn es nicht gelingt, die Geister zu beschwören, müssen wir bereit sein, Opfer zu bringen; umsonst bekommt man nichts von den übermächtigen Kräften. Tieropfer können es sein, Menschenopfer sind noch wirkungsvoller, um die Vorsehung in unserem Sinne zu beeinflussen. Die künstlerische Darstellung einer solchen Prozedur sehen und hören wir im „Le sacre de printemps" von Igor Strawinsky. Schon im Alten Testament war das Opfern eine Handlung, in der der Gehorsam gegenüber Gott ausgedrückt wurde. In Mose 1, 22, finden wir die Geschichte von Abraham und Isaak:

> Nach diesen Geschichten versuchte Gott Abraham und sprach zu ihm: Abraham! Und er antwortete: Hier bin ich. Und er sprach: Nimm Isaak, deinen einzigen Sohn, den du lieb hast, und geh hin in das Land Morija und opfere ihn dort zum Brandopfer auf einem Berge, den ich dir sagen werde. Da stand Abraham früh am Morgen auf und gürtete seinen Esel und nahm mit sich zwei Knechte und seinen Sohn Isaak und spaltete Holz zum Brandopfer, machte sich auf und ging hin an den Ort, von dem ihm Gott gesagt hatte. Am dritten Tage hob Abraham seine Augen auf und sah die Stätte von ferne und sprach zu seinen Knechten: Bleibt ihr hier mit dem Esel. Ich und der Knabe wollen dorthin gehen, und wenn wir angebetet haben, wollen wir wieder zu euch kommen. Und Abraham nahm das Holz zum Brandopfer und legte es auf seinen Sohn Isaak. Er aber nahm das Feuer und das Messer in seine Hand; und gingen die beiden miteinander. Da sprach Isaak zu seinem Vater Abraham: Mein Vater! Abraham antwortete: Hier bin ich, mein Sohn. Und er sprach: Siehe, hier ist Feuer und Holz; wo ist aber das Schaf zum Brandopfer? Abraham antwortete: Mein Sohn, Gott wird sich ersehen ein Schaf zum Brandopfer. Und gingen die beiden miteinander. Und als sie an die Stätte kamen, die ihm Gott gesagt hatte, baute Abraham dort einen Altar und legte das Holz darauf und band seinen Sohn Isaak,

> legte ihn auf den Altar oben auf das Holz und reckte seine Hand aus und fasste das Messer, dass er seinen Sohn schlachtete. Da rief ihn der Engel des HERRN vom Himmel und sprach: Abraham! Abraham! Er antwortete: Hier bin ich. Er sprach: Lege deine Hand nicht an den Knaben und tu ihm nichts; denn nun weiß ich, dass du Gott fürchtest und hast deines einzigen Sohnes nicht verschont um meinetwillen.

Geister haben einen Namen (der Teufel, Engel, in der griechischen Mythologie die Furien) oder mehrere (Luzifer, Gott-sei-bei-uns, Satan) und wenn sie am passenden Ort zur passenden Zeit aufgerufen werden, dann bricht der Sturm los und die Menschen können nicht mehr an sich halten, aus Zorn, aus Abscheu, aus Mitleid, aus Trauer, aus Rache, aus Verachtung, aus dem Gefühl der Kränkung und aus Opferwillen, auch aus Begeisterung für einen Messias. Der Einzelne wächst über sich hinaus und ist in seinem sozialen Umfeld bereit, alles zu tun, um den Phantomen zu gehorchen. Er scheut nicht davor zurück, im Verbund mit Menschen, die den gleichen Geistern folgen, andere Menschen einzeln oder massenhaft umzubringen und sich auch selbst zu schädigen, ohne Rücksicht auf Verluste. Menschen opfern sich selbst. Religiöse Menschen sind imstande, sich zu opfern, wenn ihr Glaube es ihnen nahelegt. Jesus Christus soll sich geopfert haben, um die Sünde von den Menschen zu nehmen. Islamistische Selbstmordattentäter opfern sich im Glauben, einer großen und heiligen Sache zu dienen. Oder glauben sie tatsächlich, für ihr Tun im Jenseits mit 72 Jungfrauen belohnt zu werden?

Die Geister haben einen moralischen Impetus. Sie sagen uns, wie wir das Böse sofort vernichten können und drängen uns, diesen Impuls in die Tat umzusetzen. Dafür gibt es Rituale. Die moralischen Geister helfen auch bei heldenhaften Taten. Menschen wurden von religiösen Vorstellungen motiviert, ihre eigene Gruppe zu befreien und andere Gruppen zu bekämpfen. Jeanne d'Arc wurde, wie sie vor Gericht mitteilte, von der heiligen Margareta, von der heiligen Barbara und von der heiligen Katharina aufgefordert, ihr Land von den Engländern zu befreien.

Die Geister können durch Symbole sichtbar und hörbar gemacht werden, durch Bilder, Worte und abstrakte Begriffe. Die Begriffe sind die Bedeutungen der Worte. Mit Worten bezeichnen wir konkrete Gegenstände, Personen und Vorgänge, die wir sehen, hören, anfassen und/oder riechen können. Es sind Objekte und Prozesse, die es „wirklich gibt". Wort und Begriff stehen aber auch für Phänomene, die nicht unmittelbar wahrnehmbar sind: Vaterland, Ehre, Würde, Freiheit. Wer sich auf sie beruft, ist auf der richtigen Seite, auf der Seite des Guten. Um das Gute durchzusetzen, das sich in den genannten Begriffen manifestiert, muss man notfalls den Tod in Kauf nehmen, den eigenen Tod und den Tod anderer. Das Dumme ist, dass andere Menschen andere Vorstellungen von Würde, Ehre, Gerechtigkeit oder Freiheit und ein anderes Vaterland haben und dafür unter Umständen ebenfalls den eigenen Tod und den Tod anderer in Kauf nehmen oder sogar anstreben, unseren Tod eingeschlossen.

Gespenster richten sich nicht nach der Realität. Sie gehorchen auch nicht immer unserem Wünschen und Wollen.

> Herr und Meister! Hör mich rufen! Ach, da kommt der Meister! Herr, die Not ist groß! Die ich rief, die Geister, werd ich nun nicht los.

Im Unterschied zu Goethes Ballade kommt kein Zaubermeister um zu helfen. Beschwörungen und Gebete können vielleicht Trost spenden, aber ändern nichts an der Realität. So bleibt oft nichts anderes übrig, als mit dem Zwang zurechtzukommen, den die Gespenster ausüben. Geistig können wir diesen Zwang überwinden, indem wir den Phantomen nicht blindlings gehorchen und versuchen, uns die Geister auf andere Weise dienstbar machen.

Wie sind die Dämonen psychologisch zu verstehen? Sie werden von unserem Gehirn hervorgebracht, das Informationen von außen und von innen (aus unserem Körper) verarbeitet.

Solange es keine anfechtbare (kritische) geistige Auseinandersetzung mit der Natur, dem Leben und dem Tod gab, in Form von Wissenschaft und Philosophie, handelte es sich bei Mythen und Gespensterglaube um die einzigen Möglichkeiten, sich die Welt geistig anzueignen. Die Menschen lernten, was zu tun und zu lassen ist, was gut ist und was böse. Sie entwickelten moralische Vorstellungen in Form von Religionen. Später kam die Philosophie hinzu.

3.1.1 Heiliges

Moral und Heiliges sind eng miteinander verwoben. Die Ursprünge der Moral liegen im Affektiven, in einem gefühlsbestimmten Urgrund. Psychisch sind dort Phänomene angesiedelt, die wir nicht mit „kaltem Verstand" analysieren möchten, unsere Ergebenheiten und tief verwurzelten Neigungen, unsere „Libido" nach Freud. Wir wollen nicht, dass dieser Bereich angetastet wird. Es ist etwas, woran wir hängen, ohne dass wir manchmal nicht leben zu können glauben und wonach wir die gesamte Welt strukturieren. Im Alltag bezeichnen wir diesen affektiven Urgrund als Glaube, Gottvertrauen, unerschütterliche Zuversicht. Er kann mit Ideen, Kunstwerken, Menschen, gesellschaftlichen Bewegungen verknüpft sein. Im Grunde handelt es sich um eine positive Haltung, die durch Zuwendung geprägt ist.

Wenn die Moral auf solcher Basis ruht, weshalb wird dann moralisches Verhalten durch negative Sanktionen und durch Drohungen gesteuert? Weil die affektive Grundierung der Moral so mächtig ist, dass sie auf keinen Fall erschüttert werden darf. Das wäre kein Problem, wenn alle Menschen, Gruppen und weitere soziale Gebilde die gleiche moralische Grundüberzeugung hätten, wenn sie alle das Gleiche als für sich als heilig empfänden.

Heiliges darf nicht hinterfragt werden, es steht außerhalb der Vernunft. Immanuel Kant sieht die Moral im Sinne des kategorischen Imperativs als ein Gebot der Vernunft. Andererseits bezeichnet er in der „Kritik der praktischen Vernunft" das moralische Gesetz als heilig im Sinne von „unnachsichtlich" (wörtlich, Kant 2015). Das moralische Gesetz fordert Heiligkeit der Sitten, schreibt er. Unnachsichtig ist unnachsichtig, kategorisch, da gibt es weder Ausnahmen noch Erbarmen. Allerdings meint Kant die Unnachsichtigkeit nicht im Sinne von Sanktionierung. Was aber, wenn das eigene Gewissen unnachsichtig ist?

Das Heilige, Sakrale, auch das Ehrwürdige, braucht nicht begründet oder gerechtfertigt zu werden. Es ist unantastbar. Wird etwas oder jemand als heilig erklärt, dürfen sich andere nicht darüber lustig machen. Wer das Heilige nicht erkennt oder nicht anerkennt, hat zu schweigen.

Der Mensch kann durch Heiligkeitserlebnisse über sich selbst hinauswachsen. Deshalb ist die Heiligkeit für die menschliche Moral so bedeutsam. Sie ist selbst der letzte Grund, die moralische Rechtfertigung als solche. Die Kosten sind unwichtig, wenn es um die Bewahrung heiliger Vorstellungen geht. Wer meint, seine heiligen Werte würden angegriffen, der verteidigt sie, koste es, was es wolle, das kann auch das eigene Leben sein. Die Forderung an die anderen ist, die eigenen Vorstellungen von Heiligkeit zu akzeptieren.

Heiligkeit und Toleranz lassen sich vereinbaren, solange das Heilige einer Gruppe nicht von einer anderen Gruppe hinterfragt, angegriffen oder womöglich lächerlich gemacht wird. Die Empfindlichkeiten sind dabei oft niederschwellig. Man kann sich auch dann leicht angegriffen fühlen, wenn keine Absicht eines Angriffs oder Tabubruchs besteht.

Fanatische religiöse Wertvorstellungen können, wenn sie Heiliges beinhalten und tatsächlich oder vorgeblich verletzt werden, zu Mord Anlass geben, innerhalb und außerhalb der Gruppe. Im Hinduismus gelten Kühe als heilige Wesen. Die Frankfurter Allgemeine Zeitung vom 02.10.2015 berichtet über einen Lynchmord in einem indischen Dorf, etwa eine Stunde

Fahrt von Neu Delhi entfernt. Ein Moslem geriet dort in Verdacht, ein Kalb geschlachtet zu haben. Von einem Hindu-Tempel aus haben Anhänger dieser Religion den angeblichen Täter verfolgt und erschlagen. Die Berliner Zeitung vom 07.04.2017 berichtet unter der Überschrift „„Indische Kuhrächer" töten Muslim" von der Ermordung eines Milchbauern durch radikale Hindus.

„Heilige" Wertvorstellungen sind nicht auf Religionen beschränkt. Das Ausmerzen von Ungläubigen, von Gegnern oder von Abweichlern in den eigenen Reihen, mutmaßlichen oder tatsächlichen, ist typisch für totalitäre Ideologien. Man denke an die „Säuberungsaktionen" durch Stalin oder an die SS.

Heiliges kann jeder empfinden, auch ohne Glauben an Gott. Wie wir uns ein Paradies vorstellen können, ohne dabei an Adam und Eva zu denken, die es verlassen mussten, können uns auch Dinge, Geschehnisse, Erlebnisse, Produkte der Kunst heilig sein. Wir lassen nichts darauf kommen und möchten sie unangetastet lassen. Durch ästhetische oder Naturerlebnisse können wir auch ohne religiösen Glauben zu Vorstellungen von Heiligkeit gelangen. Unser Gehirn kann Heiligkeitsempfindungen auf äußere Reize hin erzeugen. Atheisten müssen auf das Gefühl der Heiligkeit nicht verzichten. In der Regel verwenden sie andere Worte als „heilig" oder „Heiligkeit", so „überirdisch", „himmlisch", „göttlich", „Ehrfurcht".

Dem, was uns heilig ist, darf vieles (bei manchen Menschen auch alles) geopfert werden. Äußeren Beobachtern können Opfer in irrational erscheinenden und schädlich anmutenden Ritualen ein Hinweis auf die Heiligkeit des dahinterstehenden Moralsystems sein. Heilige Werte sind nicht „nutzlos" für die Gruppe.

3.2 Einbettung in geistige Strukturen: Sinn

Heiliges reicht nicht, uns in der Realität zurechtzufinden. Auch die Moral ist nicht das einzige, wohl aber ein grundlegendes Muster, wonach wir die Wirklichkeit strukturieren. Wir versuchen, uns die komplexe Realität, die wir über unsere Sinnesorgane erleben, mit gedanklichen Konstruktionen anzueignen, die uns angeboten werden. Da die Realität mehrdeutig ist, muss sie interpretiert werden, um handeln zu können. Sie wird öffentlich definiert, damit wir unser Verhalten daran ausrichten können. Überindividuelle Auslegungen in Form von Weltanschauungen, Welt- und Menschenbildern können vorteilhaft für das menschliche Überleben sein, weil sie gemeinsames Handeln ermöglichen. Ob sie einen Überlebensnutzen bringen, ist nicht sicher, ebenso wenig wie biologische Varianten das Fortbestehen einer Art garantieren.

Wir benötigen Weltanschauungen bei Ungewissheit, in psychischer Not und zur Herbeiführung von Gruppenübereinkünften. Sie sind das Übergeordnete, auf das wir zurückgreifen können, auf das wir uns berufen, wenn es für uns geistig und/oder affektiv schwierig wird. Weltanschauungen bestehen grob gesagt aus einem Bild über die Welt und den anderen Menschen und einem Bild von sich selbst. Das Selbstbild umfasst die Vorstellungen von der eigenen Person und von der eigenen Gruppe. Ausgearbeitete, überindividuelle Weltanschauungen sind Religionen, Ideologien und Gesinnungen. Die Weltanschauungen dürfen nicht hinterfragt werden, weil sonst das gemeinsame affektiv verankerte Bezugssystem unsicher wird.

Weltanschauungen sind nicht angeboren, es sind keine Instinkte. Sie werden verinnerlicht, angeeignet, durch Lernen. Es ist dies kein Eintrichtern oder Einüben, obschon solche Prozesse auch eine Rolle spielen. Die Aneignung von Weltanschauungen ist emotional eingebettet, mit der Gruppenzugehörigkeit verknüpft und mit realen und fiktiven Vorbildern verflochten. Soziobiologen vermuten genetische Grundlagen für gesellschaftliche Wertsysteme (Verbeek 2004). Es spricht einiges für eine solche Annahme, ist doch menschliches Lernen biologisch fundiert. Es gibt Lernvorgänge in der frühkindlichen Entwicklung, deren Ergebnisse schwer zu ändern sind. Man denke an Prägung. Lernen ist aber nicht auf eine Lebensspanne beschränkt.

Da Moral der gefühlsgeladene Teil von Weltanschauungen ist, trägt sie wesentlich zu deren Stabilität bei. Sie ist ihr unveräußerlicher Anteil. Wir verorten sie in höheren Instanzen, die wir nicht wahrnehmen, aber uns vorstellen können. Je nach Weltanschauung wird die Moral auch an anderen Orten lokalisiert, auch außen, innen oder unten. Die jeweilige Ideologie sagt uns, wo die Ursachen und Verantwortlichkeiten für das Gute und das Böse liegen, ob in der Natur, in der Gesellschaft, im einzelnen Menschen oder in höheren Mächten. Außen sind die moralischen Werte, die vorgegeben und ewig sind und die jeder zu akzeptieren hat. Innen, im Menschen, lokalisieren wir das Gewissen. Häufig wird die Moral auch im Charakter gesehen und der ist im Individuum angesiedelt. Oben ist die Moral, wenn wir sie als von Gott vorgegeben betrachten. Und von einer Moral, die sich in unserer Vorstellungskraft unten befindet, sprechen wir, wenn wir uns auf die sogenannten Grundwerte beziehen, die die Basis alles anderen sein sollen.

Um psychologisch funktionsfähig zu sein, müssen die Welt- und Menschenbilder beständig sein (ewig, unveräußerlich), von anderen geteilt werden (verpflichtend) und leicht zu verteidigen. Die Verteidigung geschieht im Fühlen, Denken und Handeln.

Mit einem Bild von der Welt und vom Menschen, einer Weltanschauung, kommt man nicht gleich durcheinander, wenn etwas Überraschendes oder

Entsetzliches passiert, man kann solche Ereignisse in ein Sinnsystem einordnen. Wo Wissen fehlt, kann Gesinnung helfen. Die Gesinnung, die Weltanschauung ist wesentlich moralisch geprägt. Sinn und Moral bilden eine Gesamtheit. Wenn es nicht mehr „gut" und „schlecht" gibt und das Geschehen nicht auf der moralischen Skala eingeordnet werden kann, erscheint das Leben sinnlos. Man könnte verzweifeln. Moral bietet Orientierung für das, was wir nicht durchschauen, wovon wir aber abhängig sind: Schicksal, Zufall, Fügung, Leid.

Geistige Anstrengung wird uns weitgehend von der Weltanschauung abgenommen. Die moralischen Vorstellungen sind darin verwoben. Das scheinbare Chaos wird schnell durchschaut. Wir brauchen nicht nur die Moral, sondern umfassendere Systeme, in die Moral verwoben ist und die uns die Welt als ein geordnetes System erscheinen lassen. Dieses System muss aufrechterhalten werden, sonst kommen wir durcheinander. Keiner soll unser Ordnungssystem stören. Wenn er das tut, wird er bestraft. Wer gegen die eigene Weltanschauung verstößt, muss bekämpft werden. Andere Welt- und Menschenbilder werden leicht als Gefahr erlebt und Menschen, die sie vertreten, als Feinde. Man erinnere sich an die Religionskriege über Jahrhunderte, bis heute. Mit Waffengewalt werden andere weltanschauliche Positionen in Mitteleuropa heute nicht mehr bekämpft, aber viele Menschen sind sich auch hier sicher, dass die eigene Weltanschauung besser ist als andere, vor allem aus moralischer Sicht. Das Pew Research Center in den USA hat (2007) in einer internationalen Erhebung die Frage gestellt, ob man an Gott glauben müsse, um moralisch gut zu sein. In Deutschland bejahten immerhin 39 % diese Frage. Es liegt damit an der Spitze westeuropäischer Länder. In arabischen und afrikanischen Ländern sind diese Zahlen viel höher und sie verdeutlichen: Viele Menschen glauben, die eigene Weltanschauung sei anderen moralisch überlegen und mache ihre Vertreter zu besseren Menschen (Es wäre interessant zu untersuchen, ob das Atheisten und andere „Gottlose" auch meinen.).

Man könnte vermuten, dass der ideologische oder religiöse Kampf umso heftiger ausfällt, je fremder sich die jeweiligen Weltanschauungen sind. Dem ist aber nicht so. Wir erinnern uns an Säuberungsprozesse unter Kommunisten („Säuberung" ist natürlich ein Euphemismus), wir erfahren von blutrünstigen Auseinandersetzungen zwischen Moslems, nicht nur in Bürgerkriegen, sondern auch zwischen einzelnen Personen. („Zwei Jugendliche aus dem Nahen Osten geraten in der Krefelder Innenstadt in Streit. Plötzlich zückt einer der beiden ein Messer und sticht zu. Es ging wohl um die richtige Auslegung des Islam". Meldung aus der „Welt" online vom 04.03.2018.)

Was die bessere, wertvollere, einzig richtige Ideologie oder Religion ist, lässt sich von ihren Verkündern und Anhängern nicht so leicht feststellen, deshalb muss Gewalt her. Stimmen alle überein, ist es gültig. Wer etwas anderes behauptet, muss „ausgeschaltet“ werden. Handelt es sich um „sinnlose“ Gewalt? Nur vom Verstand her. Gewalt wird angewendet, um gefühlten Sinn durchzusetzen, willkürlich, mit der einzigen Legitimation, die im verspürten Sinn selbst liegt.

Weltanschauungen bieten Sinn, die Realität für sich kann das nicht. Die Moral ist der besonders gefühlshaltige Teil unseres Sinnsystems. In unserem Kulturkreis wird Moral häufig mit christlichen Werten gleichgesetzt. Allerdings gab es bei der Entstehung des Christentums noch keine moralischen Werte in unserem heutigen Sinne. So ist es nicht verwunderlich, wenn bestimmte unserer moralischen (und politischen) Werte nicht mit christlichen Idealen übereinstimmen. Barmherzigkeit als christlicher „Wert“ kann z. B. leicht mit der Forderung nach Gerechtigkeit als zeitgemäßem moralischem Wert in Konflikt geraten.

Ein Ergebnis der Zivilisation im Prozess der kulturellen Evolution ist die Alternative der gewaltfreien Auseinandersetzung bei unterschiedlichen Weltbildern. Diese Möglichkeit menschlichen (gesellschaftlichen) Handelns wirkt dem Hang zur Abschreckung aus archaischen Impulsen entgegen.

Weltbilder schließen als umfassende geistige Muster Auffassungen über den Ursprung allen Geschehens ein, über das Weltall und seine Entstehung, über die Natur, die Gesellschaft, den Menschen und auch für das, was gut und was schlecht ist, über die Moral. Die Moral will nicht nur das Gute erreichen, sondern zuerst das Böse bekämpfen oder vernichten. Das Böse ist das Vordringliche an der Moral. Es kann unterschiedlich verortet werden. Wir können uns den Teufel vorstellen, wir können das Böse in gesellschaftlichen Systemen oder in ihren Einrichtungen suchen, es kann in der menschlichen Natur, speziell in der Hirnstruktur, gesehen werden oder im Charakter von Menschen, die in ihrem Verhalten von unserem Moralempfinden abweichen. Bestrafung und Vernichtung gehören zur Moral. Wir sollen das Böse fürchten. Damit wir das schaffen, gibt es Drohungen und Strafen.

Die Moral muss immer gesteuert werden, selbst wenn sie als etwas Höheres erlebt wird, als von Gott vorgegeben. Wenn wir die Moral als etwas Ewiges, Unveränderliches auffassen, brauchen wir lediglich dieses Ewige zu erkennen. Das geschieht durch Offenbarung. Da die Moral Lernvorgängen unterworfen ist, hängt sie von äußeren Bedingungen ab. Versuche, Moral auf diese Weise zu erzeugen, gibt es von Anfang an. Schon Adam und Eva wurde angedroht, sie würden aus dem Paradies geschmissen, sollten sie vom Baum der Erkenntnis essen. Und das geschah dann auch.

Andererseits zielt die Moral auf Verinnerlichung der Gesinnung. Ist sie erfolgreich, sprechen wir vom Gewissen. Das Gewissen funktioniert unwillkürlich, automatisch, so wie Gewohnheiten. Es ist wie diese nicht angeboren, sondern erlernt. Ist die Moral verinnerlicht und muss nicht von außen gesteuert werden, ist das praktisch für die Gesellschaft und außerdem kostengünstig, hat aber auch Nachteile, wie wir noch sehen werden.

3.3 Die Mitteilung der Moral durch Sprache, Bilder und Symbole

Die Moral ist gefühlsgeladen und wird mithilfe der Sprache kommuniziert. Das kann durch bewusstes Lernen geschehen oder unwillkürlich. Ein Objekt oder eine Tätigkeit können gezielt mit Attributen verknüpft werden, die für „gut" oder für „böse" stehen, etwa „ … ist gut für die Gesundheit"; Trump bezeichnete die Medien als Feinde des Volkes. „Die Juden sind unser Unglück". Menschen, die solche Botschaften aufnehmen, sollen Moral durch bedingte Reflexe lernen, so, wie Pawlows Hunde auch ohne sprachliche Zeichen lernten, bei einem Klingelton in Erwartung von Fleisch Speichel abzusondern. Wir lernen so durch die Sprache, welche Gefühle und Empfindungen wir haben dürfen oder sollen. Gott wird das Attribut „lieb" zugefügt. Wir sollen uns ihm zuneigen.

Eine weitere Möglichkeit moralischer Kommunikation besteht in der Verwendung von Sprache, die die Bewertung indirekt enthält. Moralische Beeinflussung muss nicht beabsichtigt sein, sie kann unwillkürlich stattfinden. So ist das Adjektiv „dunkel" negativ konnotiert, d. h. es erweckt eher negativ getönte Vorstellungen als positive. Man spricht von der „dunklen Seite der Liebe" und damit meint man nichts Gutes. „Hell" hat dagegen eine positive Bedeutung. Wir sprechen von einer „hellen Zukunft", wenn wir optimistisch sein wollen. Solche Wortbedeutungen können wir nicht generell vermeiden, sonst könnten wir uns nicht sprachlich verständigen.

Wenn die moralische Kommunikation die Sprache benötigt, und ohne sie geht es nicht, benutzt sie gewollt oder ungewollt die affektiven Bedeutungen, die sprachlichen Zeichen eigen sind. Denken wir an die „Rabenmutter". Diese hat vielleicht nur deshalb einen schlechten Ruf, weil sie schwarz ist. Biologisch begründet ist dieses Image weiblicher Raben nicht. Und wenn wir aus dem Spiel „Wer hat Angst vorm schwarzen Mann" „Wer hat Angst vorm weißen Hai" machen, so hakt es an verschiedenen Stellen. Wer begegnet schon beim Versteckspielen einem Hai? Schornsteinfeger sind zwar schwarz, bedeuten aber Glück. Kompliziert. Vielleicht sollten wir bei der sprachlichen

Etikettierung von Personengruppen bedenken, was wir damit anrichten können. „Dunkeldeutschland" – da könnten sich Menschen mit dunkler Haar- oder Hautfarbe angegriffen fühlen.

Moralische Sprache ist gefährlich. Personengruppen oder -kategorien muss man sprachlich zusammenfassen, sonst könnte man nichts über Menschen mit gleichen Merkmalen oder Interessen mitteilen. Wir haben gelernt, dabei vorsichtig zu sein, um niemanden zu diskriminieren. Sieht man sprachliche Bezeichnungen auf moralischem Hintergrund, so lauern überall Fallen.

Um keine ungewollten moralischen Wirkungen durch die Sprache zu erzeugen, wird empfohlen, auf das sogenannte „framing" in der politischen Sprache zu achten (Elisabeth Wehling 2016). Unter framing versteht man die unwillkürliche, nicht bewusste Erzeugung von Vorstellungen durch sprachliche Bezeichnungen. Um ein Beispiel zu erwähnen, das von Elisabeth Wehling stammt: Das Wort „Flüchtling" erzeugt Assoziationen von Schwäche und ist nicht mit positiver Bedeutung verknüpft, auch wenn der Kommunikator dergleichen nicht ausdrücken möchte. Man kann gewünschte gefühlshaltige Vorstellungen natürlich auch durch entsprechende Bezeichnungen absichtlich erzeugen. In der politischen Propaganda wird beispielsweise gern das Wort „Rentner" in Zusammensetzungen verwendet, um Akteure herabzusetzen. So wurde kürzlich in einer Tageszeitung der Europa-Abgeordnete Stoiber als „Polit-Rentner" bezeichnet.

Unbeabsichtigte Anklänge durch sprachliche Bezeichnungen lassen sich nicht generell verhindern, zumindest nicht beim Sprechen, man käme sonst ins Stottern. Auch haben die gleichen Ausdrücke bei verschiedenen Gruppen häufig unterschiedliche gefühlsmäßige Bedeutungen. So ist das Wort „Neger" im Deutschen wohl deshalb verpönt, weil es an das amerikanische Schimpfwort „nigger" erinnert. Ursprünglich war „Neger" im Deutschen nicht unbedingt ein Wort mit negativen Anklängen. Viele alte Menschen in Deutschland haben bei Gruppenbezeichnungen wie „Neger" oder „Zigeuner" keineswegs negative Gefühlseindrücke, man denke an die früher von kleinen Kindern begehrte „Negerpuppe", die als besonders niedlich galt, oder an „Zigeunermusik" („Zigeunerbaron", „Zigeunerlieder", „Die Liebe vom Zigeuner stammt"). Die beste Bezeichnung für Menschengruppen ist aus psychologischen Gründen diejenige, die diese Gruppe selbst akzeptiert. Manchmal ist es auch ein ehemaliges Schimpfwort, man denke an die Schwulen.

Durch sprachliche Umbenennungen kann man nicht nur Bedeutungen, sondern auch moralische Verantwortlichkeiten verändern. So bezeichnete Ben Carson, Minister für Wohnungsbau der Trump-Regierung, Afroamerikaner, die als Sklaven bis ins 19. Jahrhundert aus Afrika verschleppt und in den USA verkauft wurden, als Einwanderer („Die Zeit", 07.03.2017).

3.3.1 Die Gefühlsstruktur der Sprache und moralische Bedeutungen

Sprachliche Begriffe enthalten drei emotionale Komponenten, von denen die wertende Komponente die stärkste ist. Die anderen beiden verkörpern Kraft (Stärke) und Geschwindigkeit. Herausgefunden hat das der Psychologe Charles E. Osgood (Osgood et al. 1957). Er unterscheidet drei voneinander unabhängig darstellbare und universelle Bedeutungsfaktoren der Sprache: Valenz (Bewertung, repräsentiert etwa durch die Adjektive gut – schlecht), Potenz (beispielhaft: stark – schwach) und Aktivität (schnell – langsam). Der Bewertungsfaktor, die „Valenz", macht dabei den größten Anteil aus, insofern lässt sich die Moral gut sprachlich wiedergeben. Anders ausgedrückt, die Moral hat es leicht, sich auszubreiten, weil die Sprache, die sie hierfür benötigt, stark valenzhaltig ist.

Die werthaltigen Bedeutungsgehalte sind nicht erschöpfend, aber für moralische Werte bestimmend. Die drei Osgood'schen Sprachdimensionen entsprechen in etwa den drei Grunddimensionen der menschlichen Gefühle, wie sie der Begründer der experimentellen Psychologie, Wilhelm Wundt, gefunden hat: Lust – Unlust (Bewertung), Spannung (und Lösung) sowie Erregung (und Beruhigung.)

Da emotionale Bewertungen unbewusst erfolgen, ist die Verknüpfung von Valenz mit Moral evolutionspsychologisch interessant. John Bargh stellt aufgrund seiner Forschung zu automatischem Denken ebenfalls eine Verbindung zwischen dem Osgood'schen Valenzfaktor und unwillkürlichem Handeln her (Bargh 2018). Er findet, dass die blitzschnelle Orientierung in Richtung Zuwendung oder Ablehnung lebenswichtig sein kann, jedenfalls dürfte das für unsere Vorfahren so gewesen sein. Evolutionspsychologisch aufschlussreich ist die Tatsache, dass unsere Sprache vom Valenzfaktor dominiert wird und dass die Moral auf diese archaische Weise auch unser bewusstes Denken steuert.

Die Strukturierung der Valenz in zwei Richtungen vereinfacht unsere Denkweise und fördert manichäisches Urteilen: entweder – oder. So funktioniert moralisches Denken. Unsere Moral ist durch Attribute charakterisiert, die Gegensätze kennzeichnen: gut – schlecht, schön – hässlich, angenehm – unangenehm, wertvoll – wertlos, anziehend – abstoßend, frisch – abgestanden, tugendhaft – sündig. Abstufungen oder Kontinua sind nicht möglich, wenn etwas oder jemand moralisch bewertet wird.

Das Gegenteil von „gut" ist „schlecht" oder „böse". Zwischen den beiden Adjektiven mit negativer Bedeutung besteht insofern ein Unterschied, als

„böse" eher moralisch getönt ist als „schlecht", aber das ist nicht immer so. Dies zeigt sich vor allem dann, wenn wir diese Adjektive zu Verben oder Substantiven machen. So sprechen wir zwar von schlechten Menschen und unterscheiden sie nicht von bösen Exemplaren der Gattung homo sapiens, aber die Verschlechterung kann ein Vorgang abseits der Moral sein. Das Wetter kann sich verschlechtern, der Gesundheitszustand oder die Berufsaussichten. Dagegen darf das Finanzamt nach Vorankündigung eine Verböserung vornehmen („Verböserung" ist ein Fachterminus aus dem Steuerrecht.).

Dinge und Ereignisse, die uns berühren, empfinden wir als angenehm oder unangenehm. Aufbauend auf dieser Affektstruktur ist es leicht, sprachliche Bewertungen mit Objekten oder Ereignissen zu verknüpfen. Angenehmes ist gut (oder umgekehrt: Gutes ist angenehm), Unangenehmes ist schlecht (oder umgekehrt). So kann mithilfe der Sprache das Gefühlsleben aufgeladen werden. Natürlich können sprachliche Zeichen mehr ausdrücken als nur positive und negative Bewertungen. Sie formen und ermöglichen Denkvorgänge durch die sprachliche Syntax, die begriffliches Denken, Über- und Unterordnungen von Vorgestelltem möglich macht.

Nicht nur in einzelnen Worten, auch in Sätzen drücken sich die drei emotionalen Dimensionen der Sprache aus und das hat für moralische Kommunikationen Bedeutung. Sollen-Sätze sind Ausdruck von Potenzbeziehungen (Machtverhältnissen). Sie teilen uns mit, was zu tun ist. Man lässt sich dergleichen nicht von jedem sagen. Der bekannte Satz „Schau mir in die Augen, Kleines" etwa ist eine Aufforderung von Humphrey Bogart an Ingrid Bergman in „Casablanca". (Angeblich handelt es sich hier um einen Synchronisierungsfehler bei der Übersetzung aus dem Englischen. Immerhin wird auch im Original die Bergman von Bogart mit „kid" angesprochen.) Der Mächtigkeitscharakter dieser Situation wird nicht nur durch das Verb in Befehlsform ausgedrückt, sondern auch durch das Ansprechen der Kommunikationspartnerin als „Kleines" (Diese Filmszene wirkt etwas komisch, wenn man weiß, dass Humphrey Bogart deutlich kleiner war als Ingrid Bergman.).

Natürlich können durch sprachliche Kommunikationen auch mehrere emotionale Dimensionen gleichzeitig angesprochen werden. In dem Satz „Der Hölle Rache kocht in meinem Herzen" stechen zwei davon hervor: die (negative) Valenz und die Aktivitätsdimension. „Hölle" und „Rache" schaffen es mit ihren unangenehmen Anmutungen, die ansonsten positiv besetzte Metapher „Herz" zu übertönen. Und wenn die Rache dann auch noch kocht, ist ein hohes Maß an Erregung/Aktivierung erreicht. (Als ich mir die betreffende Arie über YouTube anhören wollte, meldete mir mein Antiviren-Programm, dass das Stück ungefährlich sei, also keine Schadprogramme enthalte, und dass es zur Kategorie „Obszönität" gehöre. Was ist an dieser Arie obszön? Augenscheinlich die Figur, die sie singt. „Königin der Nacht", das kann doch nur etwas Unmoralisches sein. Eine Frau im Zusammenhang mit „Nacht"!)

Bewertungen sind nicht nur moralischer Natur. Es gibt ästhetische Bewertungen (schön – hässlich, geschmackvoll – geschmacklos, ansprechend – abstoßend), Leistungsbewertungen (richtig – falsch), Fähigkeitsurteile, Geschmacksurteile (gefällt mir – gefällt mir nicht). Aber alle diese Beurteilungen haben einen moralischen Beigeschmack. Man soll das Schöne wollen und nicht das Hässliche, das Richtige und nicht das Falsche. Besonders deutlich wird der sprachliche Moraleinfluss bei der Dimension richtig – falsch. Im Grunde handelt es sich um logische oder erkenntnistheoretische Urteile, wenn wir etwas richtig oder falsch finden. Aber die Moral hat dieses Begriffspaar okkupiert und verwendet „richtig" anstelle von „gut" und „falsch" anstelle von „böse". Entweder ein Objekt oder ein Ereignis verkörpert einen positiven Wert oder einen negativen. Leider verwenden wir solche Attribute wie Wahrheitsurteile. Was gut ist, das ist richtig, was böse ist, das ist falsch. Auf diese Weise werden moralische und logische Kategorien miteinander vermischt.

Moral ist unbescheiden und die Sprache hilft ihr dabei. Sie tut so, als könne sie die Welt erkennen. Auf diese Weise lenkt sie unser Denken und hilft diesem bei Wunschvorstellungen. Das moralisch Gute ist „richtig", also die Wahrheit. Das Böse ist „falsch", somit das Unwahre. Wenn es doch so einfach wäre.

Psychologisch und für das Handeln bedeutsam ist die unterschiedliche Intensität von positiven und negativen Emotionen. Negative Gefühle werden als intensiver erlebt als positive und sind schwerer zu beherrschen. Man denke an Wut oder Angst gegenüber Freude oder Liebe. Auch in der Mitteilung von Moral finden wir diese Asymmetrie. Das psychologische Gewicht positiver und negativer Sollensvorschriften ist nicht gleich stark oder symmetrisch. Geforderte Unterlassungen („Du sollst nicht…") haben ein größeres Gewicht, sind psychologisch eindrücklicher als positive. Die negative Bewertung, die Abwertung, ist vorrangig gegenüber der positiven Einstellung und Achtung. Dies ist bei der Etikettierung von einzelnen Menschen, von Gruppen oder Handlungen zu beachten. Fanatismus richtet sich immer gegen etwas, meistens gegen Menschen und ihre Produkte. Euphorie und Begeisterung sind nicht auf Vernichtung aus, wenngleich sie zu unbeabsichtigten negativen Handlungskonsequenzen führen können (durch Leichtsinn und Überschwang).

Wir urteilen abstrakt, indem wir werthaltige Kategorien auf Menschen, Gruppen oder Objekte anwenden („die Ausländer", „der FC Bayern", „Apple-Produkte"). Das geschieht assoziativ (reflexhaft). Die moralische

Beurteilungsweise funktioniert schnell. Sie ist schneller als es Schlussfolgerungen und Abwägungen vor Entscheidungen sind. Wie wir die Wertzuweisung auf Konkretes anwenden sollen, kann uns von Kommunikatoren mitgeteilt werden. Wir lernen dann assoziativ, Werturteile abzugeben und Handlungsbegründungen vorzunehmen. In früheren Jahrhunderten wurden Menschen anderer religiöser Herkunft mit Bezeichnungen negativer Konnotation belegt. (Natürlich gibt es das heute auch noch.) Juden z. B. wurden mit allen möglichen verdammenswerten Handlungsweisen und Eigenschaften in Verbindung gebracht. Als ich nach historischen Beispielen für die psychologische Herstellung solcher Verknüpfungen suchte, spürte ich körperlich, wie stark solche affektiven Anklänge sind, in diesem Falle als emotionalen Widerstand. Ich brachte es nicht fertig, bei Wikipedia nach dem Wort „Judensau" zu suchen, das mir ein historisch versierter Mensch als Vorschlag für meine Suche vorgeschlagen hatte, und wählte lieber eine Umschreibung. Und dann erschien die „Judensau" tatsächlich auf dem Bildschirm, als bildliche Darstellung aus dem Brandenburger Dom (Abbildung von Juden, die an einer Sau saugen). Inzwischen darf sogar von einer „Luthersau" geschrieben werden (Christoph Dieckmann in der „Zeit" vom 07.06.2017).

Gesellschaftliche Verhältnisse ändern sich, manchmal abrupt, manchmal allmählich. Eingeschliffene, an Begriffsbezeichnungen geknüpfte Bewertungen werden nach gesellschaftlichen Veränderungen ausgelöscht, indem bestimmte Worte und Namen verpönt werden. Auf diese Weise soll die negative Bewertung von Menschengruppen verhindert werden oder sie wird in das Gegenteil verkehrt. Beispiele aus der jüngsten deutschen Geschichte sind nicht schwer zu finden. Noch heute scheuen sich viele Menschen, insbesondere Politiker, von „Juden" auch zu sprechen, wenn sie diese meinen. Sie reden deshalb bei Gedenkveranstaltungen lieber von „Menschen jüdischen Glaubens". Diese Bezeichnung ist aber falsch, wenn damit die Verfolgung und Vernichtung in der Nazizeit gemeint ist. Der Glaube spielte bei der Verfolgung der Juden nicht die entscheidende Rolle. Die Nazi-Ideologie war eine Rassenideologie und keine Religion. Sie nutzte den im Christentum historisch verankerten Antisemitismus zur Rechtfertigung ihrer Verbrechen gegen die Juden. Viele Juden waren entweder konfessionslos oder längst zum Protestantismus oder Katholizismus übergetreten. Das schützte sie in keiner Weise.

Moral erleichtert die geistige Orientierung in eine vorher festgelegte Richtung. Das bedeutet geistige Voreingenommenheit. Sie schränkt die Fähigkeit ein, der eigenen Haltung widersprechende Informationen aufzunehmen und zu verarbeiten. Voreingenommenheit kann helfen, uns schnell zu entscheiden, dies ist im Alltag häufig nötig. Um zu begreifen, was vor sich geht, muss das Geschehen benannt werden. Die Soziologen sprechen von „Situationsdefinition". Deutlich wird das bei unerwarteten Geschehnissen. Bei einer plötzlichen Explosion fragt man zuerst „Unfall oder Anschlag"?

Vorurteile und Stereotype sind ökonomisch beim Reagieren, sie helfen, geistige Anstrengung zu vermeiden. Um moralische Werte aufrecht zu erhalten, ist geistiger (nicht unbedingt politischer) Konservatismus vonnöten, sonst landet man beim „Werterelativismus". Moral reduziert psychischen Aufwand durch Übernahme der zur Verfügung gestellten und indoktrinierten geistigen Muster. Wenn wir uns darauf beschränken, Menschen und Vorkommnisse in gut und schlecht einzuteilen, haben wir die Welt moralisch bewältigt. Wir scheinen zu wissen, was wir zu tun haben.

3.3.2 Moralische Symbolik

Indem Moral dem Gruppenzusammenhalt dient, wird sie nicht allein verbal kommuniziert, sondern durch verschiedene Formen der Verhaltenseinübung aufrechterhalten und ergänzt. Damit Patriotismus, Unterstützung Hilfsbedürftiger, Ehre, Menschenwürde, Gottesfurcht Einfluss auf menschliches Handeln gewinnen, gibt es etablierte gesellschaftliche Vorrichtungen, die die Verbindung zwischen wertender Sprache und Tun befördern. Es gibt strenge und milde Übungen. Gruppen und Institutionen versuchen, moralisches Handeln über Traditionspflege, Zeremonien und Rituale am Leben zu erhalten. Da sprachliche Bewertung und Verhalten keine psychische Einheit bilden, sondern durch verschiedene psychische Prozesse gesteuert werden können, geht der Zusammenhang zwischen ihnen manchmal verloren. Es werden dann Prozeduren vollführt, deren moralische Relevanz nicht mehr hervorstechen muss.

In der Öffentlichkeit werden traditionell Zeichen für moralische Bedeutungen verwendet. Diese Symbole sind Bestandteile von Weltanschauungen (Religionen, Ideologien, Gesinnungen), speziell dessen, was man wollen soll, ja, was man muss. Sie sind dermaßen gefühlsgeladen, dass ihre Verwendung gefährlich sein kann. Denken Sie an das Hakenkreuz oder den Sowjetstern. Die Symbole zeigen, welche weltanschaulichen und moralischen Vorstellungen zu schätzen und zu achten und welche verboten sind. Es gibt rechtliche Auseinandersetzungen, wo religiöse Symbole, die ja einen moralischen Wertebezug haben, gezeigt werden dürfen und wo nicht. Das Kruzifix ist ein solches Symbol oder das muslimische Kopftuch. Das christliche Kreuz gelangte kürzlich (im April 2018) in die politische und theologische Diskussion, als der bayrische Ministerpräsident Söder und sein Kabinett beschlossen, dieses in den Behörden Bayerns aufhängen zu lassen. Moralgetränkte religiöse Symbole haben auf diese Weise die Funktion, öffentliche Räume zu besetzen und dort moralische Ansprüche durchzusetzen. Sie sind Ausdruck von Machtbestrebungen. Söder meinte zunächst, das Kreuz sei ein Symbol für Bayern und kein religiöses Zeichen. Mehrere Bischöfe sprachen sich gegen eine Verwendung des Kreuzes in Landesbehörden aus. Sie wollen keine politische Instrumentalisierung des christlichen Symbols.

Moralische Orientierungen und Werte kann man zwar nicht sehen, aber bildlich darstellen: Freiheit (Freiheitsstatue), Gerechtigkeit (Frauenfigur mit Waage und verbundenen Augen), Reinheit und Unschuld (Jungfrau Maria mit Kind) und das Gute überhaupt (Engel). Eine besondere Bewandtnis hat es mit der Heiligkeit. In manchen Religionen ist die bildliche Darstellung des Heiligsten verboten. Weder Allah noch der Prophet Mohammed dürfen in Bildern dargestellt werden. Freilich darf man sie nennen, sonst wäre es ja schwierig, ihre Botschaft zu verkünden. Wer gegen das Verbot der bildlichen Darstellung verstößt oder gar das Heiligste karikiert, entweiht und schändet es und muss bestraft werden. Im Judentum darf Gott noch nicht einmal genannt werden, man muss ihn umschreiben. Im Christentum darf der Name Gottes nicht „unnütz geführt“ werden (Erstes Gebot), wie in populären Flüchen, aber bestraft wird ein solcher Verstoß in Mitteleuropa inzwischen nicht mehr. Das Böse wird von jeher im Christentum gern bildlich dargeboten, als Teufel mit Hörnern, Schwanz, Pferdefuß und Dreizack. Auf jeden Fall sehr hässlich, kaum zu glauben, dass das mal ein Engel gewesen sein soll. Böse werden macht hässlich und abstoßend.

Alexander bezeichnet die moralische Symbolik als eine Möglichkeit, kulturelle Willkür auszuüben. Sie ermöglicht, „realitätsferne Botschaften zu übermitteln, die nur dem Interesse des Individuums oder einer Gruppe dienen.“ (Alexander 1987, S. 471).

3.3.3 Moralische Darstellung

Mit der Sprache und durch Symbole können wir Moral anderen mitteilen. Deutlich wird das bei Metaphern, die wir gern bei gefühlsgeladenen Botschaften verwenden. Das Herz muss für alles Mögliche als Bild herhalten. Es gilt als Inbegriff positiver und moralisch akzeptierter Gefühle.

Auf moralischem Gebiet sind uralte Darstellungs- und Inszenierungsformen des Gruppenzusammenhalts erhalten geblieben. Die Moral lässt sich neben sprachlichen und bildlichen Zeichen auch durch Tonsequenzen, bewegten Ausdruck und Handlungsabfolgen darstellen. Diese gründen häufig in religiösen Bräuchen, wie bei der Taufe oder dem Abendmahl. Auch der Trost wird moralisch inszeniert, in der Öffentlichkeit, wenn es entsetzliche Ereignisse gegeben hat, die selbst für daran Unbeteiligte schwer zu verkraften sind. Kerzen werden am Tatort aufgestellt, wenn ein Kind ermordet worden ist, Würdenträger sprechen auf Trauergottesdiensten.

Die Methoden moralischer Darstellung haben sich gegenüber früheren Jahrhunderten erweitert. Moralische Übermittlung nutzt die technische Entwicklung, wodurch die Erreichbarkeit des Publikums, die Geschwindigkeit zu kommunizierender Inhalte und die gleichzeitige Ansprechbarkeit verschiedener sensorischer Kanäle (Sinnesorgane) gesteigert werden.

Darstellung bedeutet die Möglichkeit der Inszenierung. Wir sind durch moralische Darstellung beeinflussbar und versuchen selbst, andere mit unseren moralischen Aufforderungen und Vorführungen zu beeindrucken und zu beeinflussen. Im Englischen gibt es neuerdings dafür den Ausdruck „virtue signalling" (Tugendmeldung).

Man kann Moral nicht nur signalisieren, verkünden und vor sich hertragen, man kann sie sich auch einritzen lassen. So wurden die Menschenrechte mit einer besonderen Aktion in Berlin verbreitet, als Teil einer internationalen Kampagne. Ein Tattoostudio mit dem bezeichnenden Titel „No Pain No Brain" installierte durch Tätowierung sämtliche Artikel der Menschenrechtscharta der Vereinten Nationen auf menschliche Haut. In der „Berliner Zeitung" vom 26.03.2014 ist dazu Folgendes über den Künstler Sander von Bussel zu lesen: „Er ist der Initiator der Kampagne. Die Idee kam dem 42-Jährigen vor zwei Jahren, als der kenianische Künstler Steven „Nyash" Nygah ermordet wurde. Van Bussel hatte ihn 2010 in Kenia kennengelernt. Seit Juni 2012 wurden bisher bei 23 Events in den Niederlanden, Spanien, Kenia und Südafrika 1458 Tattoos gestochen. Amnesty International unterstützt die Kampagne. Die Bezahlung ist freiwillig." Die Kunden lassen ihre Tattoos fotografieren und geben eine kurze Erklärung zu ihrer Motivation ab. Beides wird dann auf der Internetseite „Human Rights Tattoo" veröffentlicht. Und weiter heißt es in der „Berliner Zeitung" dazu: „Sander van Bussel hofft, dass die Tattoos deren Träger dazu bewegen, sich automatisch mehr für die Menschenrechte zu engagieren."

Literatur

Alexander, R. D. (1987). Natürliche Selektion und Kultur. In K. D. Scherer, A. Stahnke, & P. Winkler (Hrsg.), *Psychobiologie. Wegweisende Texte der Verhaltensforschung von Darwin bis zur Gegenwart* (S. 461–474). München: dtv.

Bargh, J. (2018). *Vor dem Denken. Wie das Unbewusste uns steuert.* München: Droemer.

Kant, I. (2015). Kritik der praktischen Vernunft. In I. Kant (Hrsg.), *Die drei Kritiken. Kritik der reinen Vernunft. Kritik der praktischen Vernunft Kritik der Urteilskraft* (S. 699–905). Köln: Anaconda Verlag.

Osgood, C. E., Suci, G., & Tannenbaum, P. (1957). *The measurement of meaning.* Champaign: University of Illinois Press.

Pew Research Center (2007). Pew research global attitudes project 2007. http://pewglobal.org/2007/10/04/chapter-3-views-of-religion-and-morality. Zugegriffen: 30. Jan. 2018.

Verbeek, B. (2004). *Die Wurzeln der Kriege. Zur Evolution ethnischer und religiöser Konflikte.* Stuttgart: S. Hirzel Verlag.

Wehling, E. (2016). *Politisches Framing. Wie eine Nation sich ihr Denken einredet – und daraus Politik macht.* Köln: Halem.

4 Moralische Werte psychologisch betrachtet

Inhaltsverzeichnis

4.1 Kant und moralische Werte: Freiheit und Menschenwürde

Moralische Werte und der kategorische Imperativ unterscheiden sich im Steuerungsort der Moral. Die Werte sind gesellschaftliche Ansprüche, der kategorische Imperativ ist ein Vermögen des Individuums. Zum kategorischen Imperativ ist auch der praktische Imperativ zu rechnen. Da zum Teil die gleichen Worte für die Moral nach Kant und für einige moralische Werte gebraucht werden, ist es sinnvoll, deren Bedeutungsgehalt in beiden Bezugssystemen zu untersuchen. Dies empfiehlt sich für die Begriffe „Freiheit" und „Würde". Als moralischer Wert heißt die Würde „Menschenwürde".

L. Lange, *Sollen Wollen und Lassen Sollen*, https://doi.org/10.1007/978-3-658-23371-6_4

4.1.1 Freiheit

Freiheit ist ein Begriff mit moralischer, politischer, psychologischer und philosophischer Bedeutung. Die politische und die moralische Bedeutung überschneiden sich. Wenn der Ruf nach Freiheit erschallt, heißt das meistens, die Menschen fühlen sich der Willkür des herrschenden Systems ausgeliefert. Aber zunächst zur philosophischen Freiheit.

Kant hat den Freiheitsbegriff eng mit der Moral verknüpft, durch das „Sittengesetz". Moral ist seiner Auffassung nach nur möglich, wenn der Mensch frei entscheiden kann. Nur ein freier Mensch kann dem Sittengesetz folgen, sich moralisch verhalten. Bemerkenswert ist die Bestimmung des Freiheitsbegriffs aus subjektiver Sicht, vom denkenden Individuum aus. Das eigene Verhalten kann man nur am moralisch Guten ausrichten, wenn man der Vernunft folgt. Freiheit ist eine Eigenschaft des Willens aller vernünftigen Wesen, schreibt er in der „Grundlegung zur Metaphysik der Sitten". Der Mensch muss imstande sein, der Vernunft zu folgen, sonst ist er nicht frei. Diese Definition geht nicht von der Beseitigung äußeren Zwangs aus, um Freiheit zu verwirklichen, sondern von der Ausrichtung des Verhaltens an der selbst erkannten Pflicht. Der Gruppeneinfluss bleibt bei Kant außen vor. Nur ein freier Mensch kann gemäß seiner Auffassung nach dem Sittengesetz handeln. Dieser freie Mensch muss von fremden Einflüssen unabhängig sein. Wie wir inzwischen wissen, sind auch vernünftige Menschen, die das Kant'sche „Sittengesetz" erkannt haben, nicht von Gruppeneinflüssen frei. Sie können sich diesen nicht entziehen.

Frei ist ein Handelnder nach Kant nur dann, wenn er unabhängig von Überredungsversuchen, Drohungen und Versprechungen ist. Der Gruppeneinfluss, aus evolutionspsychologischer Sicht die Quelle der Moral, kann nicht helfen, die Pflicht zu erkennen, das kann nur die Vernunft des Individuums.

Die Freiheit ist innen, nicht außen. „Die Gedanken sind frei, wer kann sie erraten?" Die eigene Glückseligkeit reicht nicht, Freiheit zu gewinnen. Anders ausgedrückt und auf die Gegenwart bezogen: mit Drogen und Alkohol wird man nicht frei (Kant hätte aber vielleicht gebilligt, wenn sich Georg Elsner vor seinem Attentat auf Adolf Hitler Mut angetrunken hätte.).

Diese Definition von Freiheit unterscheidet sich grundsätzlich von der Freiheit als moralischem Wert. Moralische Werte, auch die Freiheit als ein solcher, sind Forderungen nach außen. Es wird formuliert, was andere tun und lassen sollen. Und wollen sie nicht, so ist auch Zwang und Gewalt gerechtfertigt. Befreiungskampf.

Die Kant'sche Freiheit setzt voraus, das sich der Einzelne seines eigenen Verstandes bedient und seinen Willen danach ausrichtet. Dieses Prinzip lässt sich nicht immer verwirklichen. Anscheinend hat Kant seine Aufgabe nicht darin gesehen, die Grenzen der menschlichen Vernunft zu untersuchen und der Fähigkeit nach dieser zu handeln. Dies ist eine psychologische Frage. Bei Kant hängt die Freiheit, den eigenen Verstand zu gebrauchen, nicht von der Bildung oder der Intelligenz ab. Dies ist für moralische Entscheidungen zweifellos zutreffend. Freiheit als moralischer Wert sieht, dass in jeder Gesellschaft die individuelle Freiheit unterschiedlich verteilt ist. Politisch muss man sich die Freiheit erkämpfen, wenn man sie moralisch schätzt.

Als moralischer Wert ist die gesellschaftliche Freiheit unbegrenzt. Freiheit wird als Selbstbestimmung (Autonomie) verstanden, die der Staat zu sichern habe. Ob der Bürger sie nutzt oder nicht, ist seine Sache. Er kann auch zu weit gehen in seinem Freiheitsdrang oder aus Rücksichtslosigkeit, dann greift das Gesetz ein (manchmal auch nicht). Das ist eine juristische Frage und weniger eine moralische.

Den Begriff „Freiheit" als moralischen Wert kann man konkretisieren wie alle „höheren Werte". Gesetzlich garantiert sind Meinungsfreiheit, Informationsfreiheit, Freiheit des religiösen Bekenntnisses. Hinzu kommen solche gesellschaftlichen Vorzüge wie Reisefreiheit oder die Freiheit der Wahl des Wohnortes. Das sind Anforderungen an den demokratischen Staat. Offen bleibt bei diesen Verpflichtungen des Staates gegenüber seinen Bürgern, was diese mit ihrer Freiheit anfangen. Nutzen sie ihre Informationsfreiheit? Wenn nicht, wenn sie sich von politischer Propaganda oder von Versprechungen der Werbung verführen lassen, sind sie im Sinne von Kant nicht frei.

Freiheit sei ein Menschenrecht, wird behauptet. In der Allgemeinen Erklärung der Menschenrechte vom 10.12.1948 heißt es in Artikel 3:

> Jedermann hat das Recht auf Leben, Freiheit und Sicherheit der Person.

Hier zeigt sich ein Dilemma, das auch für andere moralische Werte gilt.

Freiheit kann moralisch begründet werden in dem Sinne, dass sie das eigentliche Ziel politischen Handelns sei. Dieses Ziel sei etwas Gutes, weil es dem Menschen diene. Aber die gesellschaftlichen (politischen, wirtschaftlichen, technischen) Alternativen sind nicht unendlich. Unbeschränkte Freiheit fühlt sich zwar gut an, ist aber nicht zu erreichen und führt, wenn angestrebt, zu schädlichen Konsequenzen, für den Handelnden selbst und für andere. Da kann Kant helfen mit der Notwendigkeit, die eigene Vernunft zu verwenden.

Kant zieht eine scharfe Grenze zwischen der „Sinnenwelt" und der Vernunft als Vermögen des Verstandes. Die Vernunft schwebt über allem, über der menschlichen Natur, sogar über Gott. Seine Unterscheidung zwischen der unteren Sinnlichkeit und dem oberen Verstand, der allein die Sittlichkeit lenken soll, ist problematisch für die Umsetzung von moralischen Imperativen. Natürlich kann sich der Mensch mittels der Vernunft über die Schranken erheben, an die Tiere gebunden sind, er muss nicht instinktiv handeln. Dieses Vermögen ist aber an Voraussetzungen gebunden, so an die Funktionsweise des menschlichen Gehirns. Immerhin gibt es die Möglichkeit, die Vernunft gesellschaftlich zu unterstützen.

Politische Freiheit

Freiheit bedeutet, dass man selbst auswählen kann. Dazu muss man die Fähigkeit besitzen und die Möglichkeit haben. In einem Land, das von Stacheldraht umgeben ist, ist die Freiheit sehr eingeschränkt, auch für die Herrschenden. Es wird immer auch Menschen geben, die sich in einer Diktatur frei fühlen (oder solche, die, aus dem Gefängnis entlassen, wieder dorthin zurück wollen). An dem moralischen und politischen Wert „Freiheit" zeigt sich deutlich, dass moralische Werte Forderungen an andere sind. Gewöhnlich sind Ansprüche an die Freiheit an den Staat und seine Institutionen gerichtet. Die Bedingungen für die Freiheit der Bürger hat der Staat zu schaffen und zu erhalten. Individuen, die Staatsbürger, unterscheiden sich in ihren Bedürfnissen und Zielen. In unserer Zeit möchten sie möglichst nicht vom Staat eingeschränkt und bevormundet werden. Solche Einschränkungen muss es aber geben, damit nicht die Stärksten und Rücksichtslosesten ihre Interessen auf Kosten anderer durchsetzen. Das zu verhindern, ist Aufgabe des Rechtssystems. Ohne Recht wird Freiheit gesellschaftlich zur Anarchie.

Historische Beispiele verdeutlichen uns, dass endlich erlangte Freiheit für bestimmte Menschengruppen deren Elend und Unglück vergrößert hat, wenn es keine „flankierenden Maßnahmen" (begleitende gesetzliche Regelungen) gab.

Die Leibeigenschaft der Bauern wurde in Russland 1861 durch Zar Alexander II. abgeschafft. Die leibeigenen Bauern waren nun frei, 23 Mio. sollen es gewesen sein. Wie uns die Historiker berichten, ging es ihnen nun schlechter als vorher. Waren sie vor der Abschaffung der Leibeigenschaft weitgehend rechtlos, hatten sie nun gar keinen Rechtsschutz mehr, und das Land gehörte nach wie vor den Gutsbesitzern. Bauern, die es kaufen wollten, mussten Schulden machen. Die Verelendung der Bauernschaft nahm zu, es kam zu Hungersnöten. Die Not war so groß, dass Aufstände ausbrachen und 1905 eine auch von Bauern getragene Revolution.

In mancher Hinsicht ähnlich und vielleicht noch entsetzlicher war die Situation der einstigen schwarzen Sklaven in den USA nach dem amerikanischen Bürgerkrieg, der etwa zur gleichen Zeit tobte, als in Russland die Leibeigenschaft beseitigt wurde, von 1861 bis 1865, und als dessen Ergebnis schließlich die Sklaverei in den Südstaaten abgeschafft wurde. Der amerikanische Soziobiologe Robert Trivers schreibt hierzu:

> Der Bürgerkrieg war … in erster Linie ein moralischer Kreuzzug zur Beendigung einer Praxis, die als moralisch verwerflich galt. Die Opfer waren vorwiegend Amerikaner europäischer Abstammung, und zwar in ungefähr gleicher Zahl auf beiden Seiten, den Kämpfern für und gegen Gerechtigkeit. Die Geschichte der Afroamerikaner war infolge des Bürgerkrieges in mancherlei Hinsicht noch schrecklicher als während der Sklaverei: Nachdem sie nun kein „Eigentum" mehr waren, konnten sie von der Menschenmenge gehängt oder „gelyncht" werden – eine Form der sozialen Kontrolle (Trivers 2013, S. 324).

Es dauerte noch etwa hundert Jahre, ehe vor allem durch die Befreiungsbewegung der Afroamerikaner juristische Gleichstellung erkämpft werden konnte.

Was wir aus diesen Ereignissen lernen können: die bloße „Freiheit" nützt politisch und gesellschaftlich wenig, wenn nicht gleichzeitig gesetzliche Rahmenbedingungen geschaffen und durchgesetzt werden, um den bisher Unterdrückten und Ausgebeuteten staatlichen Schutz zu gewährleisten. Allein mit Moral geht das nicht.

Psychologische Freiheit: Entscheidungsfreiheit

Einschränkungen, frei zu sein oder sich zu fühlen, kann es aus kognitiven Gründen geben. Man kann etwa vorhandene Alternativen des Entscheidens und Handelns nicht erkennen, so die Möglichkeit „nein" zu sagen, wenn einem Angebote gemacht werden, die bei näherem Hinsehen zweifelhaft erscheinen. Man ist dann nicht frei im Kant'schen Sinne. Politik allein kann Freiheit nicht erzeugen oder gewährleisten, wenn die Menschen nichts damit anzufangen wissen.

Psychologisch können wir Freiheit als das Ausmaß realisierbarer Wahlmöglichkeiten definieren (Entscheidungsfreiheit). Aber die Anzahl der Alternativen, die wir zur Verfügung haben, ist nur ein grobes und noch dazu häufig irreführendes Maß. Psychologisch ist Freiheit eingeschränkt wegen der begrenzten Kapazität des menschlichen Gehirns. Dies gilt insbesondere im Zusammenhang mit der Variablen Zeit. Wir können in einem bestimmten Zeitraum nur eine begrenzte Anzahl von Entscheidungsalternativen übersehen und noch weniger verwirklichen. Psychologisch stimmt es also nicht, dass die Freiheit umso größer ist, je mehr Entscheidungsmöglichkeiten zur Verfügung stehen.

Mit der Anzahl der zur Verfügung stehenden Auswahlmöglichkeiten wächst zwar die Zufriedenheit der Menschen, aber die Qualität der Entscheidung nimmt von einer relativ kleinen Zahl an ab (sieben Alternativen). Dies erforschten Iyengar und Lepper (2000) in drei experimentellen Untersuchungen zum Konsumverhalten. In einem der Versuche fanden Probanden die Auswahlmöglichkeit zwischen 24 Konfitüren zwar angenehmer als andere Versuchsteilnehmer die Wahlmöglichkeit zwischen sechs Konfitüren. Gekauft wurden aber mehr Konfitüren bei der begrenzten Wahlmöglichkeit. Dieses Ergebnis sagt natürlich noch nicht viel über die Qualität der getroffenen Entscheidungen. In einem weiteren Versuch konnten die Versuchspersonen wählen, ob sie einen kurzen Aufsatz schreiben wollten. Wenn ja, konnten sie entweder aus sechs oder aus dreißig vorgeschlagenen Themen eins auswählen. In der Bedingung mit begrenzten Alternativen (Themenvorschlägen) entschieden sich mehr Versuchsteilnehmer, einen Aufsatz zu schreiben als in der Bedingung mit dreißig Alternativen. Und was auch noch interessant ist: insgesamt gesehen, war die Qualität der geschriebenen Aufsätze in der Sechs-Themen-Bedingung höher als in der anderen (beurteilt durch unabhängige Experten). Iyengar und Lepper schließen aus ihren Ergebnissen, dass die „intrinsische Motivation" etwas zu tun größer ist, wenn die geistige Anstrengung bei der Entscheidungsfindung nicht zu hoch ist. Wahlmöglichkeiten müssen begrenzt sein, wenn wir sie überschauen wollen.

Das Experiment von Iyengar und Lepper bezieht sich auf Konsumentscheidungen und auf geistige Leistungen, nicht auf moralische Entscheidungen. Auf moralischem Gebiet sind die angebotenen Alternativen deutlich reduziert. Jeder, der Ratschläge zu ethisch einwandfreiem Handeln gibt, sei dies ein Bischof oder seien es Politiker, die sich dazu berufen fühlen, empfiehlt nur eine einzige Alternative. Folgt man ihr, braucht man nichts mehr zu entscheiden. Viele Menschen merken nicht, dass sie nichts mehr zu sagen haben, wenn etwas als „alternativlos" dargestellt wird. Dergleichen bekommt nur unreflektierte Moral fertig.

Die angebliche Alternativlosigkeit ist dann fragwürdig, wenn der Handlungsausgang unsicher ist. Die anscheinend unbegrenzte Entscheidungsfreiheit stärkt unser Wohlbefinden, das aus dem Gefühl der Grenzenlosigkeit entsteht. Unbeschränkte Entscheidungsfreiheit können wir nicht nutzen, Alternativlosigkeit macht Entscheidungen überflüssig. Nichtsdestotrotz können wir uns moralisch entscheiden, indem wir die zu erwartenden Konsequenzen unseres Tuns berücksichtigen. Das kann uns niemand abnehmen.

Wenn wir auch die Konsequenzen für später und für andere Menschen beachten, gelangen wir in den Bedeutungsraum eines weiteren moralischen Wertes, der Gerechtigkeit.

Zunächst zu einem anderen moralischen Wert, der psychologisch relevant ist und zu dem uns die Philosophie durch Immanuel Kant Wichtiges zu sagen hat.

4.1.2 Menschenwürde

Sie ist gegenwärtig ein besonders hoch gehaltener Wert, speziell in der Politik. Im Alltag spielen die Umstände eine große Rolle, in der die Menschenwürde zu beachten für nötig erachtet wird („menschenunwürdige Umstände"). Menschenunwürdig sind Demütigung oder Ausbeutung anderer. Auch unhygienische Zustände, unzureichende Ernährung, kein Dach über dem Kopf kann man als menschenunwürdig betrachten. Es geht hier um die Achtung der Menschen voreinander.

Die Menschenwürde ist ein wichtiger Verfassungsgrundsatz. Moderne Verfassungen berufen sich auf die Menschenwürde als generelles Prinzip. Gern wird auf das Grundgesetz der Bundesrepublik verwiesen, nach der die Menschenwürde unantastbar sei. Im Artikel 1, Absatz 1 heißt es hierzu:

> Die Würde des Menschen ist unantastbar. Sie zu achten und zu schützen ist Verpflichtung aller staatlichen Gewalt.

Natürlich kann man etwas ganz Allgemeines nicht antasten, Menschen aber sehr wohl. Im Grunde handelt es sich um eine Aufforderung, was zu tun und wie gesetzlich zu urteilen ist. Formuliert ist dieser Grundgesetz – Artikel aber wie eine Feststellung.

Viele Menschen glauben, bei der Menschenwürde handele es sich um eine Art gesetzlicher Vorschrift. Es gibt aber kein Gesetz zur Menschenwürde, lediglich die gesetzliche Anordnung, dass niemand wegen seiner Überzeugung, seines Geschlechts, seiner Religion oder Herkunft diskriminiert werden darf. Gemeint ist, dass alle Menschen den gleichen Wert haben sollen. Sie dürfen nicht der Willkür anderer unterworfen werden. Von diesem Grundsatz sind die Gesetze und Verwaltungsregeln abzuleiten. Es handelt sich um einen moralischen Wert für die Gesellschaft, für die Öffentlichkeit.

Auffallend ist bei diesem moralischen Wert, dass er ausdrücklich auf Menschen bezogen wird. Ist der Begriff „Würde" nicht ausreichend? Der Philosoph Joas hat dafür eine Erklärung: „Während der Begriff der Würde häufig dazu dient, Individuen oder sozialen Gruppen einen spezifischen Rang zuzusprechen und sie somit in eine Rangordnung zu bringen, zielt der Begriff der Menschenwürde auf eine allen Menschen und der Menschheit insgesamt zukommende Qualität." (Joas 2012, S. 1). In der Amerikanischen Unabhängigkeitserklärung von 1776 wird die Menschenwürde allen Menschen zugesprochen, nicht nur bestimmten Kategorien von Menschen.

Weshalb sprechen wir nicht von „Menschenfreiheit" und von „Menschenehre"? Diese Werte sollen doch auch alle Menschen einbeziehen. Wenn „doppelt gemoppelt" wird, stimmt häufig etwas nicht. Man denke an den „gesunden Menschenverstand". Wer hat noch einen Verstand außer manchmal wir Menschen? Um diesem Verdacht nachzugehen, fragen wir Immanuel Kant.

Kant unterscheidet zwischen Zweck und Mittel. Er hat sich nicht auf den kategorischen Imperativ beschränkt, sondern auch mitgeteilt, wie er sich dessen praktische Anwendung vorstellt:

> Handle so, daß du die Menschheit, sowohl in deiner Person als in der Person eines jeden anderen, jederzeit zugleich als Zweck, niemals bloß als Mittel brauchst (Grundlegung zur Metaphysik der Sitten 1947, S. 54).

Diesem Satz fügt Kant eine interessante Bemerkung hinzu: „Wir wollen sehen, ob sich dieses bewerkstelligen lasse."

Der Mensch darf nicht das Mittel zum Zweck sein, sondern soll als Ziel des menschlichen Handelns dienen. Ohne Sollen kommen wir auch hier nicht aus, es bezieht sich auf das konkrete Tun. Die Ziele können ganz großartig sein, entscheidend ist, welche Methoden angewendet werden, um sie zu erreichen. Die Unterscheidung zwischen dem Mittel einerseits und dem Zweck oder Ziel andererseits ist nicht nur moralphilosophisch relevant, sondern vor allem psychologisch.

Bemerkenswert ist die Einschränkung, die der Philosoph formuliert: niemals bloß – sondern zugleich. Das Handlungsziel, der andere Mensch, muss einbezogen werden. Psychologisch bedeutsam ist die Tatsache, dass wir spüren, ob wir das Ziel der Handlungen anderer sind oder allein als Mittel zum Zweck dienen.

Und ein zweiter Gesichtspunkt ist hier wichtig. „… sowohl in deiner Person als in der Person eines jeden anderen" soll der Mensch nicht nur Mittel zum Zweck sein, sondern auch Ziel des Handelns. Der praktische Imperativ von Kant ist kein moralischer Wert in dem Sinne, dass er gesellschaftliche Forderungen nur an andere aufstellt. Er enthält ein Handlungsprinzip, das auf alle Menschen anwendbar ist, auch auf die eigene Person. Wir sollen uns auch selbst nicht als bloßes Mittel für die Zwecke anderer verwenden lassen!

Wir sind nicht willenlose Geschöpfe, die allein der Zielerreichung anderer Akteure dienen. Kant spricht davon, dass wir uns des eigenen Verstandes bedienen sollen, um moralisch zu handeln. Wenn wir Menschenwürde im Sinne von Kant auffassen, dann ist sie nicht allein eine Forderung an andere, sondern auch an jeden von uns selbst.

Menschen verhalten sich manchmal so, dass sie unser Bild von der menschlichen Gattung empfindlich stören. Es entspricht nicht unseren Vorstellungen von Menschenwürde, wenn wir Stockbetrunkene in ihrem eigenen Dreck auf Bürgersteigen und Radwegen liegen sehen. Verrichtung der Notdurft oder sexuelle Betätigung in der Öffentlichkeit finden empfindliche Menschen ebenfalls als menschenunwürdig.

Nicht nur im Sinne von Kant, sondern auch unter Beachtung psychologischer Erkenntnisse sollte die Menschenwürde nicht allein als moralischer Wert aufgefasst, sondern im Sinne des praktischen Imperativs als Anleitung für das eigene Handeln interpretiert werden.

Philosophen sehen den praktischen Imperativ als eine Form des kategorischen Imperativs an (z. B. Bettina Stangneth 2016). Ist der praktische Imperativ wirklich so kategorisch? „… zugleich als Zweck, niemals bloß als Mittel" soll uns der Mensch dienen. Dieses Sowohl – Als auch ist nicht kategorisch, zumal vorher „niemals **bloß** als Zweck" steht. Kant verlangt nicht, dass wir jeden Menschen allein als Ziel moralischen Verhaltens sehen, er darf dabei **auch** Mittel zum Zweck sein. Ein Arbeitgeber muss seine Mitarbeiter nicht allein aus Gründen ihres Wohlergehens einstellen, um ihnen etwas Gutes zu tun. Er sollte auch deren Eignung für die jeweiligen Aufgaben berücksichtigen. Der Mensch soll jedoch nicht allein das Mittel zum Zweck sein. Er soll nicht bloß das Mittel eigener Profitvermehrung sein. Niemand verlangt, dass Ärzte Diagnostik und Therapie ihrer Patienten „umsonst" betreiben, ohne Entgelt. Aber die Patienten sollen nicht allein Mittel zum Zweck des Gelderwerbs sein, sondern „eigentliches" Ziel ärztlichen Tuns. Der Arzt soll Menschen mit gesundheitlichen Problemen helfen, dabei auch Geld verdienen und seine Existenz aufrechterhalten können. Dieser Grundsatz gilt immer, auch für die eigene Person. Jeder von uns soll sich selbst (eingeschlossen den eigenen Körper) nicht bloß zum Zwecke eigenen Lustgewinns verwenden, nicht allein als Mittel benutzen, sondern auch als Ziel persönlicher Würde.

„Menschenwürde" im Sinne von Kant bedeutet, wir sollten in der Lage sein oder in sie versetzt werden, uns so zu verhalten, dass wir von anderen geachtet werden und Selbstachtung haben können. Dies zu ermöglichen, ist gesellschaftliche und politische Aufgabe, die aber die Selbstverantwortung nicht außer Kraft setzen kann.

Auch die Menschenwürde ist interpretierbar. Ist der Mensch das Ebenbild Gottes, die Krönung der Schöpfung? Oder ist er ein profanes Erdenwesen, ein Produkt von Prozessen ohne Ziel und Plan? Wir wissen alle, dass Menschen sich in der Regel nicht gottähnlich verhalten. Es wäre angebracht, nicht in Selbstverklärung zu verfallen, wenn wir von Menschenwürde sprechen. Wenn Ärzteverbände ihre Aufgabe allein im Heilen sehen und andere medizinisch relevanten Aufgaben ablehnen, tun sie nicht nur den Pathologen und Gerichtsmedizinern Unrecht, sondern auch den Patienten, die nicht mehr geheilt werden können und denjenigen, die bald sterben werden und auch nicht mehr leben wollen.

Leider können wir Kant nicht mehr zum Verbot der Sterbehilfe befragen. Wir wissen allerdings, dass er Suizid moralisch verwerflich fand.

Was ist das Psychologische an der Menschenwürde?

Menschen dürfen nicht herabgewürdigt werden. Was ist das, „Herabwürdigen"? Man fühlt sich herabgesetzt oder sogar in der geistigen Existenz bedroht. Jeder Mensch hat ein Bild von sich selbst, das möglichst positiv sein sollte. Wie sollen wir in einer unsicheren Welt bestehen, wenn wir uns nichts zutrauen und nichts von uns halten? Eine wichtige psychologische Größe bei moralisch relevantem Verhalten ist das Selbstbild.

Die Menschen merken, wenn sie als Mittel zu einem anderen Zweck dienen sollen und das nehmen sie übel. Anders ausgedrückt: wer glaubt, lediglich als Instrument für andere und für etwas anderes benutzt zu werden und nicht selbst gemeint zu sein, verhält sich entsprechend. Überall und immer dort, wo Menschen allein als Mittel zum Zweck dienen oder sie diesen Verdacht haben, wird sich das auf ihr Verhalten auswirken (auf ihre Motivation) und die Zielerreichung bei der jeweiligen Einrichtung beeinträchtigen. Schlussfolgerungen, die darauf hinauslaufen, man sei lediglich das Mittel für die Zwecke anderer, können unbewusst ablaufen. Als Konsequenz nimmt man sich zurück, konterkariert die Erwartungen, Ansprüche und Aufforderungen der Kommunikationspartner, wird gleichgültig oder entwickelt psychischen Widerstand, bis zur offenen Aggression.

Versucht ein gewählter Politiker, die Interessen seiner Wähler zu vertreten oder sieht er im „Wahlvolk" diejenigen, die seine Wiederwahl betreiben sollen? Zielt die öffentliche Ehrung einer bekannten Persönlichkeit darauf ab, sie als Mensch zu würdigen und sich bei ihr zu bedanken oder will die würdigende Organisation mit ihrer angeblichen Nähe zur Prominenz für sich selbst Propaganda machen? Wenn Menschen sich anderen Menschen „ausliefern", das heißt deren Entscheidungen unterwerfen, müssen sie erkennen können, dass der Entscheidende und in ihrem Namen Handelnde dies zu ihrem Wohle tun möchte. Das trifft neben Ärzten und Politikern auf viele andere Berufsgruppen und Einrichtungen zu: auf Werbefachleute, Sportfunktionäre, Anwälte, die öffentliche Verwaltung, Banken, Verkehrsunternehmen, Militärs, Wissenschaftler. Sobald die Patienten, Klienten, Kunden, Wähler merken oder auch nur den Verdacht haben, dass sie selbst nicht gemeint sind, wenn andere mit ihnen in Kontakt treten, sondern sie allein als Mittel zum Zweck dienen sollen, fühlen sie sich „herabgewürdigt". Dies führt zu Gegenreaktionen wie Apathie, generellem Misstrauen, Aggressivität gegenüber Entscheidungsträgern oder Selbstaufgabe und Hoffnungslosigkeit.

4.2 Noch mehr Werte: Gerechtigkeit, Gleichheit, Ehre, Reinheit

Moralische Werte gibt es historisch betrachtet noch nicht lange. Wie gesagt, sieht der Philosoph Andreas Urs Sommer moralische Werte im 19. Jahrhundert aufkommen (Sommer 2016). Diese zeitliche Lokalisierung bezieht sich auf die philosophische Untersuchung von Moral. Die Wertediskussion kam recht spät in der Kulturgeschichte auf. Vorher ging es und geht es zum Teil auch heute noch um Moral in der Form des Glaubens. Die Religionen hatten die Moral hervorgebracht und vereinnahmt, so wie vieles andere auch. Wenn wir die Werte-Philosophen außer Acht lassen, werden wir moralische Werte spätestens im 18. Jahrhundert finden. „Freiheit, Gleichheit, Brüderlichkeit" waren und sind ja nicht nur politische Ziele, sondern auch moralische Werte. Sie sind Ideale. Und wenn heute von „unseren christlichen Werten" gesprochen wird, sind nicht Freiheit und Gleichheit gemeint, sondern vielleicht Barmherzigkeit und Solidarität, die auch mit „Brüderlichkeit" nicht gleichzusetzen sind.

4.2.1 Gerechtigkeit

Der Wert „Gerechtigkeit" ist eine gesellschaftliche Erfindung, die auf evolutionär angelegten Neigungen (Reziprozitätsprinzip) gründet. Dieses Prinzip wirkt immer noch bei uns, denn Übeltäter müssen der „gerechten Strafe" zugeführt werden. Man kann der Strafe entgehen, wenn man, nachdem man etwas Böses getan hat, dies anschließend wieder gut zu machen versucht.

Wenn nicht, sorgt vielleicht das Schicksal dafür oder die gesellschaftliche Umgebung, dass der Böse seiner Strafe nicht entgeht. Denn es gibt Leute,

Die, anstatt durch weise Lehren
Sich zum Guten zu bekehren,
Oftmals noch darüber lachten
Und sich heimlich lustig machten.

So etwas muss geahndet werden und irgendwann kommt die Gerechtigkeit und verhilft der Moral zum Sieg, indem der Schurke gefasst wird, jedenfalls im Kriminalfilm. Ob er dann auch verurteilt wird, ist in der Wirklichkeit eine andere Frage, deshalb enden Filme mit der Ergreifung des Täters. Im obigen in Form von Reimen dargestellten Fall handelt es sich nicht um einen Krimi, deshalb geht die Sache nach vielen Übeltaten so aus, dass die Delinquenten vom Müller in seine Getreidemühle geschüttet werden:

Her damit! Und in den Trichter
Schüttelt er die Bösewichter.

Das ist Selbstjustiz, die unser Rechtssystem ablehnt. Den Verbrechern hat es nichts geholfen, dass sie Kinder namens Max und Moritz waren. Warum hat es der Autor der Geschichte trotzdem nicht zu einem guten Ende kommen lassen? Weil sie eine Moral haben muss. Und diese Moral heißt: Böses muss bestraft werden. Das ist Gerechtigkeit.

Ob wir etwas als gerecht empfinden oder als ungerecht, hängt davon ab, wen oder was wir für den jeweiligen Zustand oder das Ereignis als verantwortlich ansehen. Käme uns heute eine Geschichte wie die von Max und Moritz in der Zeitung unter die Augen oder im Fernsehen zu Gesicht, würden wir nach den Eltern fragen. Auf den Zeichnungen von Wilhelm Busch sehen sich die Übeltäter nicht ähnlich, somit handelt es sich vermutlich nicht um Geschwister. Nehmen wir an, der Vater von Max ist Trinker und schlägt Frau und Kinder. Moritz' Mutter ist alleinerziehend und kommt mit ihren vier Kindern nicht zurecht. So ist klar: die bösen Taten von Max und Moritz sind auf die gesellschaftlichen Umstände zurückzuführen. Aber vielleicht sind die Familien der beiden Knaben intakt? Dann kann die Schule versagt haben.

Nur in der menschlichen Gesellschaft kann es den Versuch geben, Gerechtigkeit zu schaffen. Lässt man alles laufen und greift möglichst wenig in die gesellschaftlichen Strukturen ein, regiert in der Gesellschaft das Matthäus-Prinzip: „Wer hat, dem wird gegeben." Gerechtigkeit lässt sich somit ohne Machtausübung, ohne Zwang, nicht annähernd erreichen. Von der Natur können wir nicht viel erwarten, wenn wir Gerechtigkeit wollen. Wir sind von der Natur abhängig, einschließlich unserer eigenen. Wer „zurück zur Natur" möchte, sollte auf Gerechtigkeitsvorstellungen verzichten. In der Natur herrschen weder Gerechtigkeit noch Frieden, Eintracht oder Harmonie, sondern Gewalt und Gleichgültigkeit.

Unterschiedliche Populationen (Gruppen, Schichten, soziale Kategorien) haben unterschiedliche Interessen und Bedürfnisse und beurteilen die Lage danach, ob sie angemessen behandelt werden und zum Zuge kommen. Nur dann finden sie etwas gerecht.

Der moralische Wert „Gerechtigkeit" kann zum Problem werden, wenn er als Waffe benutzt wird, als Waffe gegen tatsächlich oder vermeintlich Schuldige in der Weise, dass diese vernichtet, bestraft und/oder ausgegrenzt werden. Man spricht dann vom Volkszorn, der sich entlädt. Auch der Lynchjustiz liegt verletztes Gerechtigkeitsempfinden zugrunde.

In Polen gibt es eine Partei namens „Recht und Gerechtigkeit" (PiS). Seit sie bei den Parlamentswahlen 2015 die absolute Mehrheit gewonnen hat und die Regierung stellt, gibt es in dem Land zahlreiche Demonstrationen und Proteste von polnischen Bürgern, die die Gesetze zur Entmachtung des Verfassungsgerichts und der Medien keinesfalls als gerecht und auch nicht einem Rechtsstaat adäquat empfinden.

Ungerechtigkeitserleben als Folge von Vergleichsurteilen

Gerechtigkeit ist, wenn sie handlungsleitend werden soll, wie alle moralischen Werte von subjektiven (psychologischen) Voraussetzungen abhängig. Wie bei allen moralischen Werten spielen auch bei dem Wert „Gerechtigkeit" kognitive Vorgänge eine wesentliche Rolle, die von Emotionen gelenkt werden. Entscheidend ist unser Beurteilungsmaßstab. Das Gerechtigkeitsempfinden beruht auf Vergleichsurteilen. Gerechtigkeit wird psychologisch relevant, wenn wir Vergleiche anstellen, die zum eigenen Nachteil oder auch zum Nachteil anderer ausfallen. Es handelt sich um doppelte Vergleiche. Verglichen werden Inputs (Leistung, Anstrengung, Spenden und Geschenke, aber auch Übertretungen und Gemeinheiten) mit Outputs (Entlohnung, Entgegenkommen, aber auch Bestrafung und Ausgrenzung) bei der eigenen Person oder Gruppe mit den Inputs und Outputs bei anderen. Entscheidend für das Ergebnis des Gerechtigkeitsvergleichs ist die Bezugsgröße, die ich auswähle. Welchen Beurteilungsmaßstab benutze ich? Mit wem vergleiche ich mich? Hinzu kommt eine weitere kognitive Größe: die Zuschreibung von Verantwortung. Wer oder was ist verantwortlich, wenn der doppelte Vergleich für mich negativ ausfällt?

Für Gerechtigkeit können wir, ähnlich wie für Freiheit, verschiedene konkrete Ausdrucksformen dieses Wertes unterscheiden: soziale Gerechtigkeit, Leistungsgerechtigkeit, Gerechtigkeit auf der Grundlage von Bedürfnissen, z. B. Reifegrad von Heranwachsenden, Gleichheit. Wenn man versucht, Orientierungen zur Herstellung von mehr Gerechtigkeit zu formulieren, merkt man, wie unterschiedlich Gerechtigkeitsvorstellungen sein können:

Jedem nach seiner Leistung (Eine Variante davon: Wer nicht für die Rente eingezahlt hat, soll auch nichts bekommen.).

Jedem nach seinen Bedürfnissen (Flüchtlinge haben andere Bedürfnisse als Einheimische.).

Jeder nach seinen Fähigkeiten (Alle sollen sich anstrengen, das Ergebnis kann verschieden sein.).

Alle sollen die gleichen Chancen haben.

Psychologische Ungerechtigkeitsreduktion und Wiedergutmachung

Gerechtigkeit kann nicht immer hergestellt werden. Das Vergangene kann nicht rückgängig gemacht werden. Im Bestreben, dem Gerechtigkeitsempfinden „gerecht" zu werden, versuchen wir es mit „Wiedergutmachung" bei den Opfern und, wenn diese bereits gestorben sind, mit symbolischen Handlungen.

„Wiedergutmachung" kann bei den Angehörigen und Nachkommen der Opfer versucht werden. Liegen die Verbrechen Jahrhunderte zurück, gibt es einen symbolischen Ausgleich. Menschen, die auf dem Scheiterhaufen verbrannt wurden, werden später heiliggesprochen. Jan Hus wurde zwar nicht heiliggesprochen, aber man erinnerte sich am Ort des Geschehens, in Konstanz, seiner Vernichtung durch das Feuer vor sechshundert Jahren, indem die Stadt 2015 als „Jahr der Gerechtigkeit" ausrief. Jan Hus war 1415 zum Konstanzer Konzil gefahren, nachdem er dazu eingeladen worden war. Er war ein böhmischer Theologe, der zu den Geistlichen gehörte, die im 15. Jahrhundert von der offiziellen Kirche abweichende Auffassungen vertraten. Auf dem Konzil wollte er seine Lehre verteidigen. Verschiedene Persönlichkeiten, u. a. Papst Johannes XXIII, hatten versprochen, ihm Schutz zu gewähren. Hus wollte seine Auffassungen nicht widerrufen. So wurde er als Ketzer verurteilt und am 6. Juli 1415 in Konstanz verbrannt. Im Gedenken an Hus gedachte man in Konstanz 2015 auch gleich der aus dieser Stadt durch die Nazis deportierten Juden. Die Dinge sollen wieder in das moralische Gleichgewicht gebracht werden, indem das, was damals geschah, als Unrecht anerkannt wird.

Bestimmte Ereignisse erlauben weder eine Wiedergutmachung gegenüber den Opfern noch eine angemessene Bestrafung der Schuldigen. Es sind ausgerechnet die schrecklichsten Vorkommnisse, die einen völligen Ausgleich unmöglich machen: Unfälle, Mord, Totschlag, fahrlässige Tötung, medizinische Kunstfehler, Justizirrtümer. Hier zeigt sich ein Paradoxon. Gerechtigkeit als moralischer Wert kann angestrebt werden, ist aber nicht grundsätzlich erreichbar.

Wer unter unerträglichen und hoffnungslosen Lebensumständen zu leiden hat, dem sind Illusionen über spätere Gerechtigkeit nach dem eigenen Tod zu gönnen. Die menschliche Natur und Kultur ermöglichen und fördern solche Illusionen. Sofern diese nicht anderen aufgezwungen werden, durch Missionierung, Indoktrinierung und Gewalt, sondern helfen, das eigene Leiden zu vermindern, kann der Glaube an die Unantastbarkeit moralischer Werte das menschliche Leben erleichtern. Dies trifft in Sonderheit zu für den Wert Gerechtigkeit. Gerechtigkeit ist der moralische Wert, wo Illusionen vielleicht besonders tröstlich sind, sofern sie nicht zu Verbissenheit führen. Wer glaubt, im Jenseits für erlittenes irdisches Unrecht entschädigt zu werden, kann dieses im Hier und Jetzt leichter ertragen, ohne auf Rache zu sinnen.

Die Gesellschaft kann dafür sorgen, dass Menschen und Gruppen gedacht wird, unabhängig von ihrem Glauben an das Jenseits, wenn sie Opfer unmenschlichen Verhaltens geworden sind, Opfer von Willkür und Irrglauben. Wer eines ungerechten Todes sterben muss, verursacht durch Verbrecher, der soll hoffen können, dass man seiner in Ehrfurcht gedenken wird.

Ist das Gerechtigkeit oder beseitigen wir auf diese Weise lediglich unser Unbehagen? Immerhin kann die Möglichkeit, die Erinnerung an das aufrecht zu erhalten, was als „himmelschreiende Ungerechtigkeit" empfunden wird, vielleicht künftigen Generationen helfen, sich anders zu verhalten als ihre Vorfahren. Viele Opfer des Holocaust und ihre Angehörigen und Nachkommen begrüßen Gedenksymbole in der gesellschaftlichen Öffentlichkeit.

Hilfreich kann es sein, wenn man erkennt, woher die empfundene Ungerechtigkeit kommt und wen man verantwortlich machen kann. Dies ist auf bequeme Weise möglich, indem man Kräfte ausmacht, die das Elend und die Ungerechtigkeiten dieser Erde verursachen und die die Wurzel allen Übels sind. Oder wir meinen, im Grunde sei das zunächst als Unrecht erscheinende Ereignis der Ausgleich für frühere Verfehlungen. Wir können auch glauben, in Wirklichkeit sei das, was geschieht, in höherem Sinne doch gerecht („Gottes Wille"). Der Sozialpsychologe Melvin J. Lerner hat (1971) die Forschung zum menschlichen Glauben an die gerechte Welt begründet. Dieser Glaube beinhaltet, dass jeder schließlich das bekommt, was er verdient, und jeder das verdient, was er bekommt. Der Glaube an die gerechte Welt kann dazu führen, dass dem Opfer die Schuld oder eine Mitverantwortung an seinem Missgeschick zugeschrieben wird („selbst schuld"). Voland (2007) sieht auf evolutionstheoretischem Hintergrund Zusammenhänge zwischen bestimmten religiösen Vorstellungen und dem Glauben an eine gerechte Welt: Gottes Strafe und göttliche Belohnung sind das Ergebnis eigenen entweder sündhaften oder gottgefälligen Verhaltens.

Eine weitere Möglichkeit zur Reduzierung erlebter Ungerechtigkeit ist Hilfe und Unterstützung. Wenn wir Ungerechtigkeit nicht ertragen, kann uns das motivieren, andere Menschen zu unterstützen, die anscheinend unverschuldet von Missgeschick betroffen sind. Die bereits erwähnte Untersuchung von Tanaka et al. (2017) hat gezeigt, dass bestimmte Menschen neurophysiologisch nachweisbare Reaktionen zeigen, die als Schuldgefühle erlebt werden, wenn sie die unverschuldete Benachteiligung anderer bemerken. Solche Menschen sind bereit, auf eigene Kosten diese Benachteiligung reduzieren zu helfen, für die sie selbst nicht verantwortlich sind. Andere bleiben gleichmütig. Wir schätzen das Verhalten der Opferwilligen. Problematisch unter dem Gesichtspunkt sozialer Gerechtigkeit kann es erscheinen, wenn die Appelle, Opfer zugunsten sozial Benachteiligter zu bringen, sich ausgerechnet an diejenigen wenden, die Schuldgefühle bekommen und depressiv werden, wenn sie nicht helfen. Bei den individualistisch Eingestellten lohnen sich die Appelle nicht.

Der Rechtsstaat vermag es nicht, Ungerechtigkeit grundsätzlich zu beseitigen und Gerechtigkeit herzustellen, ist er doch verpflichtet, nicht nur die Rechte des Opfers zu berücksichtigen, sondern auch die des Täters. Recht und Gerechtigkeit überschneiden sich zwar, sind aber nicht identisch.

Varianten von spontan auftretendem Gerechtigkeitsempfindens sind Gerechtigkeit als Gleichheit und Gerechtigkeit als Vermeidung von Benachteiligung.

4.2.2 Gleichheit

Die Vorstellung, dass alle Menschen gleich sind oder werden sollen, ist illusorisch. So ist denn der Satz „Alle Menschen sind vor dem Gesetz gleich" so zu verstehen, dass alle Menschen von staatlicher Seite gleich behandelt werden sollen, unabhängig von ihrer Herkunft, vom Geschlecht oder vom Alter. Von diesem Verfassungsgrundsatz weicht der Staat aber gleich wieder ab, indem er alters-, geschlechts- und herkunftsabhängige gesetzliche Vorschriften formuliert. So gibt es Alterseinschränkungen für die Berufung von Schöffen. Diese müssen mindestens 25 Jahre alt und dürfen nicht über 70 sein.

Gerechtigkeit als Gleichheit zu verwirklichen gelingt nicht, weil die Ungleichheit zwischen den Menschen von Anfang an existiert, bereits im Mutterleib. Da unser Leben von Zufällen beherrscht wird, ist es ungerecht.

Wir haben unterschiedliche Erbausstattungen. Die Eine erbt die musikalische Hochbegabung ihrer Eltern, der Andere die Neigung zu Diabetes, Bluthochdruck oder anderen Krankheiten. Behandelt man die ungleichen Menschen gleich, werden sie dadurch nicht gleicher, sondern noch verschiedener. Das Streben nach sozialer Gerechtigkeit ist ein politisches Ziel in Richtung von mehr Gleichheit zwischen den Menschen. Dieses Ziel erreichen zu wollen ist aufwendig, weil nicht nur die Natur, sondern auch gesellschaftliche Prozesse in die Gegenrichtung wirken (s. Taleb 2008).

Faktische Gleichheit zwischen Menschen erreichen zu wollen, ist aus einem weiteren Grunde ein Problem. Wenn Menschen als soziale Wesen sich in und durch die Gruppe behaupten, muss die Gruppe gegliedert sein, nach Aspekten des sozialen Ranges. Strukturierte Gruppen sind unstrukturierten überlegen. Evolutionstheoretiker sehen auch für unsere Neigung zur sozialen Rangbildung einen phylogenetischen Ursprung (Haidt 2012; Oerter 2014). An dieser unserer Anlage setzt der kulturelle (gesellschaftliche) Einfluss an. Die menschlichen Ranghierarchien bilden sich nach anderen Kriterien als im Tierreich, auch wenn es metaphorische Bezeichnungen aus der Tierwelt gibt, um den Rang von Menschen zu charakterisieren („Platzhirsch", „Leitwolf"). Reichtum, Macht, Klugheit, Leistung, das sind Merkmale, nach denen sich menschliche Gruppierungen differenzieren. Auch Tugendhaftigkeit gehört dazu. Zusammenhänge zu biologischen Eigenschaften gibt es ebenfalls: Schönheit, Körperkraft, Jugend, das sind Attribute, die im sozialen Zusammenleben vorteilhaft sind, je nach sozialer Umgebung.

Hierarchisch gegliederte Gruppen sind grundsätzlich im Vorteil gegenüber solchen ohne Rangordnung. Wonach sich die Rangstruktur gliedert, hängt von den Aufgaben der Gruppe ab. Es kann die intellektuelle Leistung sein, die Schönheit der Stimme oder die Schnelligkeit auf dem Sportplatz.

Das Ansehen in der Gruppe ist ein Grund für die Rangstruktur. Es gibt keine funktionierenden Gruppen, Institutionen oder Organisationen ohne Hierarchie. Wohin die Forderung nach Hierarchiefreiheit speziell in der Politik führt, beschrieben kürzlich ehemalige Politiker der Piratenpartei: „Durch die Abwesenheit von Strukturen wurde die Piratenpartei faktisch die hierarchischste Partei Deutschlands." (Lauer und Lobo 2014, S. 46) Anarchie ist tödlich für soziale Gebilde.

Den Ergebnissen sozialpsychologischer und soziologischer Forschung nach müssen bestimmte Bedingungen erfüllt sein, damit die Vorteile sozialer Hierarchien für die Gruppe selbst zum Ausdruck kommen können. Diese Bedingungen sind in der Dynamik der Gruppe zu suchen, in der Art und Weise ihrer Entstehung und den Möglichkeiten der Hierarchieveränderung. Wichtig für die Gruppe und die Gesellschaft ist, ob und wie sich die Rangstruktur in der Gruppe ändern lässt, mit Gewalt oder auf andere Art und Weise.

Wer Moral will, der kann nicht gleichzeitig Hierarchiefreiheit fordern. Denn der Wunsch nach Anerkennung in der Gruppe ist ein wichtiges Motiv, sich moralgemäß zu verhalten. Und das Ansehen in der Gruppe ist ein Grund für die Rangstruktur.

Hinter der Forderung nach Gleichheit steckt in der Regel nicht die Forderung nach Gleichmacherei, sondern nach Chancengleichheit.

Chancengleichheit zu erreichen, kann ein politisches Ziel sein. Gesetzliche Möglichkeiten dazu können hilfreich sein. Spätere Chancengleichheit soll durch Bildung von Kindheit an gefördert werden. Dies ist schwer zu erreichen, solange die Bildungsmöglichkeiten von Heranwachsenden vom sozialen Status der Eltern abhängen. Dass die Eltern bestimmen, welche Bildung ihre Kinder erhalten sollen, ist in der Menschenrechtserklärung vom 10.12.1948 festgelegt. Im Artikel 26 heißt es:

> Die Eltern haben ein vorrangiges Recht, die Art der Bildung zu wählen, die ihren Kindern zuteilwerden soll.

Es dürfte nicht wenige Heranwachsende geben, deren Bildungschancen sich ohne Eltern besser gestalten würden als mit Eltern. Deutlich ausgedrückt: wer bornierte Eltern hat, hat Pech gehabt.

Um mehr Chancengleichheit zwischen den Menschen zu ermöglichen, muss von politischer Seite in wirtschaftliche und andere gesellschaftliche Strukturen eingegriffen werden. Diese sind historisch gewachsen und weisen deshalb eine starke Beharrungstendenz auf. Bei gleichen Voraussetzungen sollen Merkmale, die die Menschen nicht selbst beeinflussen können, die ihnen zufällig oder unverschuldet zukommen, nicht über ihr Schicksal oder ihre Behandlung entscheiden. Sind zwei Kinder gleich begabt, stammen aber aus unterschiedlichen gesellschaftlichen Schichten, soll die soziale Herkunft nicht über ihre Bildungschancen entscheiden.

Um Chancengleichheit anzustreben, sind Einschränkungen in der Freiheit bestimmter Gruppen, Schichten und Individuen vonnöten. Das geht nicht ohne Zwang und staatliche Gewalt. Keine Moral ohne Zwang.

Von soziologischer Seite wird auf die Bedeutung sozialer Ungleichheit verwiesen. Für diese gibt es ökonomische Kriterien, nicht allein psychologische. Soziale Ungleichheit lässt sich mit ökonomischen und soziologischen Kriterien messen. Gelingt das, handelt es sich nicht allein um einen moralischen Wert, sondern, wenn die soziale Ungleichheit reduziert werden soll, um ein politisches Ziel. Psychologische Faktoren sind ebenfalls wirksam. Soziale Ungleichheit in einer Gesellschaft fördert unerwünschte Massenerscheinungen wie Isolation, politische Verdrossenheit, Kriminalität und sie beeinträchtigt die Gesundheit der „Abgehängten".

4.2.3 Ehre

Die Ehre ist ein zentraler moralischer Wert, weil er mit Sinnfragen verwoben ist. Sinnfragen sind wichtig für unser Selbstbild. Wird das, was wir für wertvoll halten, woran wir glauben, was uns Sinn vermittelt, kritisiert oder gar verspottet, fühlen wir uns leicht in unserer Ehre getroffen. Und wo die Ehre verletzt wird, besteht das Bedürfnis sich zu wehren. So ergibt sich eine Abfolge Sinn – Ehre – Ehrverletzung – Rache. Um den moralischen Furor zu bremsen, hat die Zivilisation zwischen Ehrverletzung und Rache das Recht geschoben. Die Sühne kann nun geregelt und ohne Vernichtung des Ehrverletzers vor sich gehen. Aber das ist gegenwärtig noch keineswegs überall der Fall. Karin Schreiner schildert in ihrem internationalen Vergleich der Wertvorstellungen den Zwiespalt zwischen Ehre und Gesetz „in einigen Ländern Europas und des Nahen Ostens" (Schreiner 2013, S. 28). Ehrenkodizes existieren dort parallel zum jeweiligen Rechtssystem.

Die Ehre gilt seit Jahrtausenden als ein besonders wichtiges moralisches Attribut. Sie war an Völker, Stände (Adlige) und die höchsten Repräsentanten (Kaiser, Könige) geknüpft. Heutzutage wird allen Menschen eine Ehre zugesprochen. Noch in der ersten Hälfte des 20. Jahrhunderts wurden in Europa Werte wie Patriotismus, Gottesfurcht und Ehre hochgehalten. Die Ehre galt als ein Wert, von dem die *Wert*schätzung und das Selbst*wert*gefühl nicht nur von Personen, sondern von Nationen abhing. Angeblich wurde der Erste Weltkrieg aus Gründen verletzter Ehre infolge der Ermordung des österreichischen Thronfolgerpaares ausgelöst. Es gab auch „die deutsche Ehre": So wurde am 15.09.1935 das „Reichsbürgergesetz und Gesetz zum Schutze des deutschen Blutes und der deutschen Ehre" beschlossen. Die Nazis beriefen sich besonders gern auf die Ehre. „Meine Ehre heißt Treue", dieser Spruch stand auf der Uniform-Koppel der SS-Mitglieder.

Friedrich Schiller sah im 18. Jahrhundert in der Ehre einen besonders wichtigen literarischen Stoff. „Nichtswürdig ist die Nation, die nicht ihr alles freudig setzt in ihre Ehre", aus der „Jungfrau von Orleans". Weniger heroisch erscheint „Der Verbrecher aus verlorener Ehre" (ebenfalls von Schiller), nach einem realen Gerichtsfall gestaltet. Bereits aus dieser Geschichte können wir lernen, dass sich die Gefährlichkeit von Waffenbesitz immens verstärkt, wenn die Ehre ins Spiel kommt.

Die Ehre als moralischer Wert ist gruppenbezogen. Man kann seine Ehre verlieren, wenn man die Normen der eigenen Gruppe verletzt und dies offenbar wird. Die Wahrscheinlichkeit des Ehrverlustes hängt ab vom Status der Gruppe und vom eigenen Rang darin. Nachgewiesene Plagiate in Dissertationen können nachteilige Folgen für den Akteur haben, wenn dieser ein hohes öffentliches Amt ausübt, wie wir am Beispiel des einstigen Verteidigungsministers Freiherr zu Guttenberg oder der FDP-Europa-Abgeordneten Koch-Mehrin sehen konnten. Beide mussten von ihren Ämtern zurücktreten. Sie mussten „Satisfaktion" leisten, das heißt, zwangsweise einem Ausgleich für ihr moralisches Fehlverhalten nachkommen.

In früheren Jahrhunderten gab es ritualisierte Sanktionen gegen Personen, die die Ehre der Gruppe oder des Standes verletzt hatten. Ehrverletzungen wurden geahndet durch regelrecht ausgeführte Duelle oder nahegelegten Suizid. Im preußischen Offiziersmilieu etwa wurde der Delinquent unter Hausarrest gestellt und ihm wurde „diskret" eine Pistole auf den Tisch gelegt. Auf diese Weise wurde eine „entehrende" Hinrichtung vermieden. Für die „Familienehre" gibt es in einigen muslimischen Ländern entsprechende Sanktionen, speziell für Frauen und Mädchen, die die Ehrvorschriften angeblich nicht eingehalten haben. Sie sind aber nach dem dort herrschenden Ehrenkodex nicht satisfaktionsfähig, deshalb muss ein anderes Familienmitglied die Ehre der Gruppe wiederherstellen. So kommt es manchmal zu den sogenannten Ehrenmorden.

Die Ehre spielte in Kriegen immer eine Rolle, um den Bezug zur eigenen Gruppe herzustellen. Dazu wurden das Vaterland und eine Identifikationsperson an der Spitze der Gruppe angeboten. „Für König, Volk und Vaterland" oder „für Führer, Volk und Vaterland". Es gab dann auch gleich die tröstende Formulierung „Gefallen auf dem Felde der Ehre". Diese Mitteilung als Todesanzeige gab es nicht erst bei den Nazis, sondern bereits im Ersten Weltkrieg. „Ehre" kann eine leere Floskel sein oder dazu werden, wie alle Begriffe, die moralische Werte verkörpern sollen. Deutlich wird das an dem Spruch „Ehre, wem Ehre gebührt".

Der Evolutionspsychologe Steven Pinker legt in seinem Buch „Gewalt" (2011) dar, dass die meisten Kriege in der Menschheitsgeschichte aus Gründen (oder zumindest mit der Begründung) der Ehre geführt worden sind. Der Spruch „Viel Feind, viel Ehr" erscheint uns heute fremd. Auch regelrecht ausgeführte Duelle gibt es nicht mehr. Vielleicht hat der Untergang des Adels als herrschende gesellschaftliche Kraft damit zu tun.

Wenn wir die Bedeutung erkennen, die die Ehre, besonders wenn sie verletzt wurde, historisch hatte, wundern wir uns vielleicht, dass die Ehre in unserem Rechtswesen immer noch wichtig ist. Sie wird zu den Persönlichkeitsrechten gezählt und gilt als geschütztes Rechtsgut. Ehrverletzungen im juristischen Sinne sind Verleumdung, Beleidigung und üble Nachrede. Sie sind durch das Strafrecht definiert. Und die Ehre wird als ein Recht aller Menschen definiert. Im Artikel 12 der Menschenrechtserklärung von 1948 heißt es:

> Niemand darf willkürlichen Eingriffen in sein Privatleben, seine Familie, seine Wohnung und seinen Schriftverkehr oder Beeinträchtigungen seiner Ehre und seines Rufes ausgesetzt werden. Jeder hat Anspruch auf rechtlichen Schutz gegen solche Eingriffe oder Beeinträchtigungen.

Die Ehre überschneidet sich in ihrer moralischen Bedeutung mit einem anderen moralischen Wert, der Würde, die als Menschenwürde in die Formulierung von Menschenrechten Eingang fand.

4.2.4 Reinheit

Bei der moralischen Reinheit werden der evolutionäre Ursprung und die historische Entwicklung zu moralischen Werten besonders deutlich.

Der Bedeutungsgehalt von „Reinheit" erweckt Hygienevorstellungen. Archaische Ursprünge haben sich in unserer Gefühlsstruktur erhalten, die auf Nahrung und Krankheitsvermeidung ausgerichtet sind. Das Attribut „rein" wird in diesem Sinne gern metaphorisch verwendet, so in der Werbung. „Rein" ist das Gegenteil von schmutzig, dreckig, verunreinigt. Nahrungsmittel sind frei von Zusätzen, deutsches Bier unterliegt dem Reinheitsgebot, Getränke sind nicht mit Leitungswasser verdünnt, Gewässer und Seelen können rein sein. Ein Mensch hat einen reinen Charakter, wenn er frei von Sünden ist. „Reinheit" hatte historisch betrachtet auch eine sexuelle Bedeutung, speziell für Frauen. Jungfrauen galten als rein. Junge Frauen sollten „unberührt" sein. Das hatte einen familienpolitischen evolutionär begründbaren Sinn im Hinblick auf die soziale Regulierung von Abstammungs- und Eigentumsfragen für die Nachkommen.

Vom biologisch Sinnvollen zum Religiösen, es gibt kaum einen moralischen Wert, wo sich biologische und kulturelle Evolution so verquicken. Die Katharer (auch Albigenser genannt), eine religiöse Bewegung, die als ketzerisch galt, weil sie den Schöpfungsgedanken ablehnte, werden im westlichen Europa erstmals im 12. Jahrhundert erwähnt. Ihr Name kann auf das griechische Wort für „Reinheit" zurückgeführt werden (Oberste 2014). Sie wurden von der katholischen Kirche verfolgt und ausgelöscht. Laut der katharischen Lehre sind die Menschen gefallene Engel. Obschon die Menschen sündhaft sind, haben sie noch einen Funken göttlicher Reinheit. Durch Buße, so glaubten die Katharer, könnten sie die sündhafte Welt überwinden und „als Seelenwesen wieder von Gott in das verlorene Paradies aufgenommen werden" (Oberste 2014, S. 25). Sie fürchteten sich deshalb auch nicht vor dem Feuertod, der ihnen bei Verfolgung drohte.

Die beim Vatikan angesiedelte Glaubenskongregation wacht heute über die „Reinheit des Glaubens". Sie ist die Nachfolgeeinrichtung der „heiligen Inquisition".

Reinheit hat in Gesetzen Niederschlag gefunden. Historisch interessierte Menschen wissen, dass es die „Rassenreinheit" gab und die „Reinheit des Blutes". Am 16.06.1943 wurde Berlin von den Nazis als „judenrein" erklärt. Unter der „Reinheit des Blutes" wurde nicht etwa die Abwesenheit von Blutvergiftung oder Infektion im medizinischen Sinne verstanden. „Durchdrungen von der Erkenntnis, daß die Reinheit des deutschen Blutes die Voraussetzung für den Fortbestand des deutschen Volkes ist…" So beginnt das bereits erwähnte „Reichsbürgergesetz und Gesetz zum Schutze des deutschen Blutes und der deutschen Ehre" vom 15.09.1935. Ideologische Reinheit ist aber kein Merkmal allein faschistischer Ideologie. Moshe Zimmermann schreibt in der Berliner Zeitung vom 15.07.2014 unter der Überschrift: „Unsere europäischen Wurzeln. Zum Stellenwert des gegenwärtigen Rassismus im Nahost-Konflikt":

> Der Jerusalemer Fußballclub Betar verpflichtet keine arabischen Spieler, weil seine „Ultra"-Fans es nicht zulassen. Auf einem Transparent auf der Tribüne im Stadion hieß es: „Betar bleibt auf ewig rein".

„Reinheit" hat nicht nur biologische, medizinische, chemische und theologische Bedeutung, sondern auch psychologische. Reinheitsvorstellungen haben psychische Folgen, so, wenn Versündigungsgedanken zu Schuldgefühlen führen.

Unter Mitteleuropäern hat sich die Reinheit als moralische Vorstellung weitgehend verflüchtigt. Statt „Reinheit" verwenden wir lieber das Adjektiv „pur", das wir dem Substantiv nachstellen, nicht „pure Natur" oder „pure Armut", sondern „Natur pur", „Armut pur" oder „Unfähigkeit pur". Dieses Adjektiv hat keine moralische Bedeutung mehr, sondern soll eine Steigerung des Substantivs ausdrücken. Und die „Reinheit" erzeugt in unserem Sprachgebrauch bereits negative Konnotationen. „Die reine Lehre" erscheint vielen von uns verdächtig, nämlich als ein Hinweis, dass es sich um fundamentalistische Ansichten handeln könnte, die in die entsprechende Lehre Eingang gefunden haben. „Rein" hat die Bedeutung von „bloß" erlangt, so wird das entsprechende Phänomen abgewertet („das ist reine Theorie").

Literatur

Allgemeine Erklärung der Menschenrechte vom 10.12.1948.

Haidt, J. (2012). *The righteous mind.* London: Penguin.

Iyengar, S. S., & Lepper, M. R. (2000). When choice is demotivating: Can one desire too much of a good thing? *Personality Processes and Individual Differences, 79*(6), 995–1006.

Joas, H. (2012). Würde und Menschenwürde. Werte und Politik. Kongress der Friedrich–Ebert–Stiftung 2012. www.werteundpolitik.de. Zugegriffen: 12. Nov. 2014.

Kant, I. (1947). *Grundlegung zur Metaphysik der Sitten.* Leipzig: Felix Meiner.

Lauer, C., & Lobo, S. (2014). *Aufstieg und Niedergang der Piratenpartei.* Hamburg: SoBooks.

Lerner, M. (1971). Observers' evaluation of a victim: Justice, guilt and veridical perception. *Journal of Personality and Social Psychology, 20,* 17–35.

Oberste, J. (2014). Furchtlos ins Jenseits. *„Zeit" Geschichte, 3,* 21–27.

Oerter, R. (2014). *Der Mensch, das wundersame Wesen. Was Evolution, Kultur und Ontogenese aus uns machen.* Wiesbaden: Springer Spektrum.

Pinker, S. (2011). *Gewalt. Eine neue Geschichte der Menschheit.* Frankfurt a. M.: S. Fischer.

Schreiner, K. (2013). *Würde, Respekt, Ehre. Werte als Schlüssel zum Verständnis anderer Kulturen.* Bern: Huber.

Sommer, A. U. (2016). *Werte. Warum man sie braucht, obwohl es sie nicht gibt.* Stuttgart: Metzler.

Stangneth, B. (2016). *Böses Denken.* Reinbek: Rowohlt.

Taleb, N. N. (2008). *Der Schwarze Schwan.* München: Hanser.

Tanaka, T., Yamamoto, T., & Haruno, M. (2017). Brain response patterns to economic inequity predict present and future depression indices. *Nature Human Behaviour, 1,* 748–756.

Trivers, R. T. (2013). *Betrug und Selbstbetrug. Wie wir uns selbst und andere erfolgreich belügen.* Berlin: Ullstein Buchverlag.

Voland, E. (2007). *Die Natur des Menschen. Grundkurs Soziobiologie.* München: Beck.

5 Spezielle Moral

Inhaltsverzeichnis

5.1 Alltagsmoral

Moralauffassungen unterscheiden sich nicht nur danach, wo ihr Ursprung gesehen wird, sondern auch nach Intensität und Abstraktionsniveau. Mit der Intensität ist die Höhe der moralischen Ansprüche gemeint, mit dem Abstraktionsniveau die Konkretheit der Anforderungen. Im Alltag sind moralische Forderungen konkret, greifbarer als bei philosophischen Erörterungen und in politischen Grundsatzprogrammen. Was tut man, wenn es konkret wird, wenn man handeln muss oder möchte?

Wie verhält es sich mit der Moral, die mit dem Zusatz Arbeit, Sexualität, Bezahlen, Steuern oder Kampf versehen wird? Wir sprechen von Arbeitsmoral, Sexualmoral und von Zahlungsmoral. Anscheinend konzentriert sich die moralische Aufmerksamkeit im Alltag auf Sex, Geld und vielleicht noch das Kämpfen.

Überall, wo Geld eine Rolle spielt, wird die Moral Handelnder durch Beobachter in Zweifel gezogen. Die Steuermoral wird nur erwähnt, wenn sie schlecht ist. Geld korrumpiert, so die gängige Meinung. Beispiele dafür gibt es genug, im Sport (Fifa, Doping), auf sexuellem Gebiet, auch bei der Arbeit?

L. Lange, *Sollen Wollen und Lassen Sollen*, https://doi.org/10.1007/978-3-658-23371-6_5

Wenn jemand etwas gern tut, im Chor singen, den Garten pflegen, Fußball spielen, hat das mit Moral nichts zu tun. Aus dem Bereich der Moral fällt auch alles heraus, wofür man bezahlt wird. Ehrenamtlichkeit, sie ist moralisch vorbildlich. Aber gibt es dafür nicht Aufwandsentschädigungen, gesellschaftliche Anerkennung, Vergünstigungen?

Tut jemand etwas gesellschaftlich Nützliches, ist das nur dann moralisch positiv zu bewerten, wenn es ihm keinen Spaß macht, wenn er sich dazu überwinden muss. Hier ein Beispiel aus früheren Jahrzehnten. An einer DDR-Universität wurde ich einmal Zeugin der Diskussion einer FDJ-Seminargruppe über Anträge für Leistungsstipendium. Bei einer aussichtsreichen Kandidatin stand in der Begründung für den Antrag, die Studentin zeige neben ihren guten Prüfungsergebnissen eine umfangreiche „gesellschaftliche Tätigkeit" (das war üblich für solche Anträge). Da stand u. a. zu lesen, dass sie im Universitätschor mitwirke. Einige Kommilitonen aus der Gruppe äußerten dazu folgenden Einwand: „Aber das macht ihr doch Spaß!"

Was hat die Arbeitsmoral mit Geld zu tun? Hängt sie von der Entlohnung ab? Arbeiten gut bezahlte Leute besser als schlecht bezahlte oder ist es umgekehrt, weil schlecht Bezahlte durch Fleiß, Eifer und Pünktlichkeit eine Höherstufung zu erhalten hoffen? Sollten Beschäftigte, so sie dem kategorischen Imperativ folgen, nicht immer so arbeiten, wie sie es von anderen hoffen und erwarten, egal, wie viel sie dafür bekommen? Wenn etwas gut bezahlt wird, wird keine hohe moralische Einstellung bei der Arbeit vermutet, wenn etwas Spaß macht, auch nicht. Wenn etwas Spaß macht und sei es die Arbeit, braucht man sich nicht zu überwinden. Die Moral wird überflüssig.

Und die Steuermoral? Menschen, die einer gemeinnützigen Einrichtung Geld spenden oder eine Stiftung gründen, tun vielleicht etwas Gutes, aber sie haben auch selbst etwas von ihrer guten Tat, nämlich Steuererleichterungen. Solche Spender werden von Beurteilern negativer bewertet als Menschen, die nicht spenden. Das stellten Newman und Cain fest (2014). Ähnlich verhält es sich mit unseren Werturteilen, wenn Prominente und Privilegierte öffentlich Wohltaten erbringen. Wir haben den Verdacht, dass sie es zur Pflege ihres Images tun. So geschah es dem facebook-Gründer Mark Zuckerberg, als er ankündigte, einen Teil seines Vermögens für eine Stiftung zur Verfügung stellen zu wollen. Viele Menschen waren empört darüber und sahen in diesem Vorhaben lediglich eine PR-Aktion für die eigene Firma. (Hinzu kommt, dass Zuckerberg zuerst die gute Absicht verkündete und die gute Tat später erfolgen sollte, also nicht „Tue Gutes und rede darüber", sondern „Rede darüber, dass du Gutes tun wirst".) Anders erscheinen uns Menschen, die im Stillen und Geheimen im Sinne unserer moralischen Werte handeln.

Da war Kant weitherziger mit seinem Imperativ. Er fand, Glückseligkeit durch Pflichterfüllung sei das eigentliche moralische Gebot. Wenn „gesellschaftliche Tätigkeit" Pflicht ist, um ein Leistungsstipendium zu bekommen, so ist es moralisch vorbildlich, wenn man beim Chorsingen Spaß hat, hätte er vielleicht der FDJ-Gruppe gesagt.

Noch mal zum Geld. Die Zahlungsmoral sei allgemein schlecht, klagen viele Firmen. Kunden bezahlen ihre Rechnungen nicht oder verspätet. Häufig hört man diesen Vorwurf gegenüber öffentlichen Auftraggebern. Wer für öffentliche Institutionen arbeitet, sollte aufpassen, dass ihm keine ehrenamtliche Tätigkeit untergeschoben wird. Für Arbeitsverhältnisse gelten Verträge, nicht der kategorische Imperativ.

Und die Sexualmoral? Heute verlangen nicht mehr viele Menschen in Mitteleuropa, dass das Sexualverhalten allein einem höheren gesellschaftlichen Zweck zu dienen hat. Solche Auffassungen hatten sich in früheren Zeiten im Rechtswesen niedergeschlagen. Nicht allein die gesetzlichen Grenzen, auch die akzeptierten moralischen, sind inzwischen viel weiter. Verantwortliches Umgehen mit der eigenen Sexualität reicht aus, d. h. niemanden mit der eigenen Geschlechtskrankheit anstecken, keine Minderjährigen zu sexuellen Handlungen veranlassen, andere Menschen nicht sexuell belästigen und ohne Zustimmung des Partners keine Gewalt anwenden. Etwas anders sieht es schon aus bei der Verhütung und bei Abtreibungen.

Die „Kampfmoral" stammt aus kriegslüsternen Zeiten. Auch im Sport hat man es mit Gegnern zu tun und so wird die Kampfmoral im Mannschaftssport für wichtig erachtet. Gemeint ist der Durchhalte- und Siegeswillen, weniger so etwas wie Ritterlichkeit und Fairness, Verhaltensweisen, die vor der öffentlichen Vermarktung des Profisports als moralisch wichtig erachtet wurden.

Im Alltag begegnen uns Menschen mit besonderem moralischem Anspruch, die sich häufig, wenngleich nicht immer, durch ausgeprägten Überzeugungseifer bemerkbar machen. Einige stehen still an U-Bahnhöfen und verteilen Schriften, in denen wir zur „Umkehr" aufgefordert werden, andere wenden Gewalt an. Letzteres ist bei uns strafbar. Wie entsteht Supermoral?

5.2 Supermoral durch Entbehrung und Schmerzen

Die Supermoral ist ein Gruppenphänomen besonderer Art. In der Gruppe kann jeder die anderen moralisch übertreffen, wenn es das moralische Bezugssystem zulässt oder fördert. So finden wir die Supermoral insbesondere in religiösen Gruppen und generell bei der Legitimierung der Gruppenideologie durch Moral.

Moral soll den Gruppenzusammenhalt stärken. Das gelingt nicht nur durch Belohnungen, Vergünstigungen und Privilegien für Gruppenmitglieder, auch nicht allein durch Abgrenzung von Außengruppen. Der Gruppenzusammenhalt wird auch durch moralische Einschränkungen und Entbehrungen gestärkt. Freiwilliger Verzicht stärkt das Gefühl der moralischen Überlegenheit. Ist Entsagung und Beschränkung in der Befriedigung eigener Bedürfnisse wirklich freiwillig, wenn sie durch Gruppenzugehörigkeit bewirkt wird? Nicht unbedingt. Gläubige Moslems unterwerfen sich dem Fasten, katholische Priester dem Zölibat. Verstößt man gegen diese religiös begründeten Verpflichtungen, hat man die Gruppenmoral verletzt. Es ist nicht allein der Gruppendruck, der die meisten Mitglieder von Gruppen mit strengen Moralauflagen zur Einhaltung der Anforderungen zwingt. Es ist auch das Gefühl, zu einer moralisch überlegenen Gruppe zu gehören. Hinzu kommen Begründungen und Rechtfertigungen für die strengen Vorschriften. Nur auserlesene Menschen und Gruppen können die unbedingten Gebote einhalten und ich gehöre dazu! Hinzu kommen Versprechungen und Verheißungen für die Erfüllung der strikten Pflichten.

Im Christentum wird den Gläubigen Buße abverlangt. Sie sollen durch Erkenntnis der eigenen Schuld zur inneren Umkehr gelangen und ihr Verhalten entsprechend ändern. Buße tun wird nicht als Bestrafung verstanden. Es sind einzuhaltende Beschränkungen, aufwendige Bräuche und schmerzhafte Rituale, die die Identifikation mit der Gruppe festigen und moralische Verpflichtungen ihr gegenüber bewirken. Sie sind durch oft peinigende Zeremonien geprägt. Bußrituale gibt es in allen Religionen. Schmerzhafte Riten oder das Verzichten auf menschliche Grundfunktionen (Essen, Sexualität) sind nicht auf Religionen beschränkt, auch wenn Askese generell religiös erwünscht zu sein scheint. Heute wird den Askese-Ritualen eine andere Bedeutung unterlegt. Fasten gehört dazu.

Initiationsriten (Aufnahmezeremonien) kommen in Religionsgemeinschaften vor, aber auch in anderen Gruppierungen (Militär). Ein religiös verankerter Initiationsritus ist die Knabenbeschneidung, die in der Bundesrepublik „unter Auflagen" erlaubt ist.

Auf diese Weise erzeugt man eine Auswahl der moralisch Vorbildlichen und verhindert Opportunismus durch Vorteilsnahme. Es wird Exklusivität vermittelt. Man gehört zu der jeweils moralisch überlegenen Gruppe nur, wenn man etwas für die Gruppe erträgt, vielleicht sich auch für sie opfert. Schmerzhafte Rituale und das Erbringen von Opfern können nicht vorgetäuscht werden. Die Gruppe kann so prüfen, ob das jeweilige Mitglied oder die Verwandten die Gruppenmoral verinnerlicht haben und keine Opportunisten oder Trittbrettfahrer sind.

Norenzayan et al. (2016) berichten in einem Überblicksartikel, dass die Teilnehmer an (religiösen) Bußritualen strengere Moralvorstellungen haben als andere Menschen. Je strenger die Riten, desto anspruchsvoller (strenger, unerbittlicher) die Gruppenmoral. Unbeteiligten erscheinen die feierlich vorgenommenen kollektiven Riten leicht irrational. Bei den Teilnehmern selbst haben sie jedoch starke psychische Wirkungen. In den entsprechenden Untersuchungen wurden die zeitlichen Beziehungen zwischen beiden Größen, rituelle Teilnahme und Strenge des Moralurteils, berücksichtigt. Was kam zuerst? Rituelle Teilnahme führte zu strengerer Moral. Es war nicht etwa so, dass Menschen mit strengen Moralvorstellungen sich eher den Riten unterwarfen. Ganz kann man diese Möglichkeit nicht ausschließen, denn die Ritenunterwerfung ist nicht immer freiwillig. Die Beschneidung männlicher Säuglinge wird von religiösen jüdischen und moslemischen Eltern erwartet, aber kaum von nichtreligiösen Eltern veranlasst, es sei denn bei Phimose in späterem Alter.

Neben der Knabenbeschneidung und dem Fasten gehören und gehörten zu den religiösen Riten das Sich-Geißeln und das Opfern. Nicht immer ist die durch Moral erzwungene Einschränkung ritueller Natur, sie kann als Abstinenzgebot lebenslang gelten: Zölibat, Beschränkung der Sexualität auf die Erzeugung von Nachkommen, Fleischverbot an Freitagen und andere Speisegesetze, asketische Lebensweise. Manche Beschränkungen können nur für kurze Zeit eingehalten werden, sonst wären sie kaum auszuhalten.

Man unterzieht sich Prozeduren, die schwer vorgetäuscht werden können. Die schmerzhaften oder entbehrungsreichen Riten sollen, wie gesagt, keine Bestrafungen sein. Sie zeichnen sich außer durch Erleiden durch weitere Merkmale zur Förderung der Gruppenidentifikation aus. Sie werden feierlich ausgeführt und dürfen nur von ausgewählten Personen vorgenommen werden.

Natürlich gibt es die Supermoral nicht nur auf religiösem Hintergrund. Andere ideologisch sich auserwählt dünkende Eliten erheben sich ebenfalls mit Hilfe moralisch begründetem Zwang nicht nur über gewöhnliche Menschen, sondern auch über die eigenen Mitglieder.

In Diktaturen wird die Moral durch strenge Strafen auch gegen Mitglieder der eigenen Eliten durchgesetzt. Die SS vollstreckte die Todesstrafe nicht nur bei Angehörigen von Außengruppen, sondern verhängte sie bei Verfehlungen auch gegenüber ihren Kumpanen. So wurde der Kommandant des KZ Buchenwald und weiterer Konzentrationslager, Karl Otto Koch, von einem SS-Gericht zum Tode verurteilt und im April 1945 hingerichtet, weil er eigenmächtig jüdische Häftlinge zum Zwecke persönlicher Bereicherung getötet hatte. Todesurteile gegen eigene Mitglieder sind auch vom „Islamischen Staat" bekannt geworden.

Interessant ist die Tatsache, dass in Organisationen und Gruppierungen mit Supermoral die führenden Personen, die Diktatoren, die Gurus in Sekten, die Führer und „Befreier" der eigenen Rasse, der eigenen Klasse, auch der „gesamten Menschheit", den Vernichtungsurteilen durch die Gruppe nicht unterliegen. Man kann sie nicht loswerden, nur durch den natürlichen Tod oder durch Attentate.

Da absolute moralische Vorstellungen immer auf eine diskrepante soziale Wirklichkeit treffen, kann die Moral nur mit Zwang und Gewalt verwirklicht werden. Eine Abkehr von den eigenen Superwerten ist nicht möglich. Supermoral ist mit einem verfestigten Ideologiemuster verbunden, wie es sich im Nationalismus, Rassismus, Antisemitismus, Fundamentalismus, Fanatismus, Dogmatismus äußert.

Überleben Gruppen leichter mit Supermoral? Vermutlich nicht. Das verhindern die Realität und andere Gruppen.

Welche Bedingungen fördern Supermoral oder verursachen sie vielleicht? Psychologisch gibt es mehrere Erklärungen, die sich nicht unbedingt gegenseitig ausschließen. Es kann sich um einen Auswahlprozess handeln, der die Bindung an die Gruppe stärkt. Hilft die Moral dem evolutionären Ausleseprozess? Wer die Riten einhält, der fühlt sich der Gruppe verpflichtet und stärkt sie so. Eine etwas andere Interpretation bietet die Theorie der kognitiven Dissonanz. Die schmerzhafte oder anstrengende Prozedur, der man sich bei rituellen Abläufen anscheinend freiwillig unterwirft, enthält mindestens zwei „kognitive Elemente", die unbewusst als antagonistisch zueinander erlebt werden. Das eine Element (oder Erlebnis) ist der anstrengende oder schmerzhafte Ritus, der der betroffenen Person nichts oder nicht das Erhoffte einbringt, das andere die Tatsache, dass man sich womöglich freiwillig der Prozedur unterzogen hat. Die in Widerspruch zueinander stehenden Erlebnisse werden in Übereinstimmung gebracht, indem man sich mit der Gruppe und ihrem Welt- und Menschenbild eng identifiziert.

Norenzayan et al. nennen noch eine weitere Hypothese für das Zustandekommen eindrucksvoller, aufwendiger und schmerzhafter Riten, eine Erklärung aus der biologischen Evolutionstheorie: die Hypothese der teuren Signale (s. unten).

Aber es sind nicht nur psychologische Faktoren, die zur Supermoral führen. Hier spielen immer die Nachbarn eine wesentliche Rolle, die Grenznachbarn, die wirtschaftlichen Konkurrenten, die Andersgläubigen. Sie werden als Bedrohung für die eigene Gruppe wahrgenommen. Politische und wirtschaftliche Bedingungen bilden verbunden mit historisch gewachsenen kulturellen Gegebenheiten die Grundlage, die den unbedingten Zusammenhalt der eigenen Gruppe als Antwort auf die erlebte Bedrohung geeignet erscheinen lassen. Schlechte, vor allem sich verschlechternde wirtschaftliche und Lebensbedingungen, politische und militärische Niederlagen, Zusammenbruch der gesellschaftlichen Strukturen (staatlicher Institutionen) und die damit verbundene Auflösung von alltäglichen Ordnungszusammenhängen, das kann die Zuspitzung der Moral in Richtung Gruppenfanatismus fördern. Wenn der Zusammenbruch jeglicher gesellschaftlicher Steuerung erlebt wird, ist die als heilig empfundene Gruppenmoral das Einzige, was noch übrig bleibt und woran man sich halten kann. Es handelt sich um einen Rückfall in die Hordenmoral.

Literatur

Newman, G. E., & Cain, D. M. (2014). Tainted altruism: When doing some good is evaluated as worse than doing no good at all. *Psychological Science*. https://doi.org/10.1177/0956797613504785.

Norenzayan, A., Sharif, A. F., Gervais, W. M., Willard, A. K., McNamara, R. A., Slingerland, E., et al. (2016). The cultural evolution of prosocial religions. *Behavioral and Brain Sciences, 39,* 1–65. https://doi.org/10.1017/s0140525x14001356,e0.

6 Moralische Schlussfolgerungen psychologisch betrachtet

Inhaltsverzeichnis

6.1 Psychologische Voraussetzungen für Moralbeurteilungen: Absicht, Verantwortlichkeit, Selbstbild

6.1.1 Absicht und Verantwortlichkeit

Wir betrachten den Menschen als grundsätzlich für sein Handeln und dessen Folgen moralisch verantwortlich, es gibt nur wenige einschränkende Bedingungen. Die Verantwortlichkeit ergibt sich aus der möglichen Vorhersehbarkeit der Konsequenzen. Auf diese können wir uns einstellen. Dabei können wir uns täuschen.

Die Verantwortlichkeit wird moralisch durch die Absicht gestärkt. Ich übernehme Verantwortung für mein Tun, wenn ich eine Entscheidung öffentlich

L. Lange, *Sollen Wollen und Lassen Sollen*, https://doi.org/10.1007/978-3-658-23371-6_6

verkünde oder begründe. Andere schreiben mir Verantwortung zu, wenn sie eine Absicht zu erkennen glauben oder die Folgen vorhersehbar sind. Wird die Absicht von anderen erkannt, kann man nicht mehr zurück. So helfen dem Heerführer Wallenstein seine Skrupel nicht mehr, nachdem er im Dreißigjährigen Krieg dem bisherigen Feind, den Schweden, ein geheimes Angebot gemacht hat, gemeinsam gegen den Kaiser zu kämpfen. Friedrich Schiller beschreibt die Macht erkennbarer Absichten in wohlgesetzten Versen in seinem Drama „Wallensteins Tod". Er lässt den Feldherrn Folgendes in einem Monolog sagen:

> Wär's möglich? Könnt' ich nicht mehr, wie ich wollte?
> Nicht mehr zurück, wie mir's beliebt?
> Ich müsst' die Tat vollbringen, weil ich sie gedacht,
> Nicht die Versuchung von mir wies – das Herz genährt von diesem Traum,
> Auf ungewisse Erfüllung hin die Mittel mir gespart,
> Die Wege bloß mir offen hab gehalten?
> Beim großen Gott des Himmels! Es war nicht mein Ernst,
> Beschlossne Sache war es nie.
> In dem Gedanken bloß gefiel ich mir;
> Die Freiheit reizte mich und das Vermögen.
>
> Strafbar erschein ich, und ich kann die Schuld,
> Wie ich's versuchen mag, nicht von mir wälzen;
> Denn mich verklagt der Doppelsinn des Lebens.
> Kühn war das Wort, weil es die Tat nicht war.
> Jetzt werden sie, was planlos ist geschehn,
> Weitsehend, planvoll mir zusammenknüpfen,
> Und was der Zorn und was der frohe Mut
> Mich sprechen ließ im Überfluss des Herzens,
> Zu künstlichem Gewebe mir vereinen.
> Und eine Klage furchtbar draus bereiten,
> Dagegen ich verstummen muss.
> So hab' ich mit eignem Netz verderblich mich umstrickt,
> Und nur Gewalttat kann es reißend lösen.

Tomasello et al. (2005) haben nachgewiesen, dass Absichtserkennung etwas einzigartig Menschliches ist. Schimpansen und andere Primaten sind dazu nicht fähig. Die Fähigkeit zur Absichtserkennung ist eine Voraussetzung für menschliche Moral (Haidt 2012). Aus dem Verhalten von Kontrahenten versuchen wir, ihre Absicht zu erfassen. Regeln und Übereinkünfte sollen eingehalten werden, so wird wechselseitig erkennbar, ob die jeweils andere Seite die Absicht hat, diese einzuhalten. Dabei können die Moralvorstellungen der Akteure durchaus verschieden sein.

Die Absichten anderer werden erkannt, indem sie erschlossen werden. Das kann schnell und automatisch vor sich gehen. Schlussfolgerungen sind Denkvorgänge. Auch sie können durch Emotionen gesteuert werden. Das Ergebnis sieht dann aus Sicht des „Betroffenen" wie logisch abgeleitet aus. Dies ist wichtig bei unerfreulichen Erlebnissen, die uns selbst berühren. Sie können auf uns gerichtet erscheinen. Man erkennt die böse Absicht und ist verstimmt, um einen geflügelten Satz zu verwenden. Menschen beziehen gern Ereignisse auf sich und interpretieren deshalb die Handlungen anderer als auf die eigene Person bezogen. Das geschieht vorzugsweise dann, wenn sich unangenehme Begebenheiten als Resultate des Tuns anderer Menschen interpretieren lassen. Schlussfolgerungen gehorchen im Alltag oft nicht logischen Gesetzen, sondern geschehen unwillkürlich. Manches Erlebnis ist so schwer zu verkraften, dass man eine entlastende Erklärung braucht. Ist der (negative) Affekt sehr stark, ist die Absicht eines bösen Menschen eine scheinbar einleuchtende Erklärung. Auf diese Weise wird das negative Gefühlserlebnis noch intensiver und eine sachliche Erklärung wird noch schwieriger als vorher. Othello sieht das Tuch, was er Desdemona geschenkt hat, in den Händen von Cassio, auf den er nach den Einflüsterungen von Jago eifersüchtig ist. Desdemona streitet alles ab, sie will es nicht mit ihm, Othello, verderben, glaubt er, hintergeht ihn aber augenscheinlich auf perfide Weise.

Schlussfolgerungen über moralisch relevante Handlungen hängen vom Ergebnis letzterer ab. Hier unterscheiden sich Handelnde und Beobachter des Geschehens grundsätzlich. Können sich Beurteiler ein bestimmtes Verhalten anderer nicht erklären, fragen sie „Wo ist das Motiv?" Aus Sicht des (der) Handelnden ist das eine naive Frage. Die Sache liegt doch auf der Hand. Er (oder sie) hat nicht lange überlegt und muss nun eine Begründung finden.

Bei unerwünschten Ereignissen sucht man nach den Schuldigen. Es müssen Menschen für den Schaden verantwortlich gemacht werden können. Diese sehen die Situation meistens anders. Unglücksfälle, Verbrechen, Kriege, gesellschaftliche und wirtschaftliche Krisen werden nachträglich auf absichtsvoll herbeigeführte menschliche Entscheidungen zurückgeführt. Wenn keine Absicht im Spiele war, so doch mindestens Fahrlässigkeit. Hätten die Akteure, so der Glaube, moralisch einwandfrei gehandelt, wäre „das alles nicht passiert". Man geht davon aus, es reiche aus, dass alle „das Gute" wollen und tun, und schon ist die Menschheit gerettet. Negativ erlebtes Geschehen hat seine Quelle in menschlichem Handeln, auch Naturkatastrophen und kosmische Erscheinungen. Mit der Zuweisung der moralischen Verantwortung wird gedanklich der Weg frei, um dem Übel abhelfen zu können. So argumentieren nicht nur Einzelne, sondern auch kollektive Gremien.

Böse Absichten können letztlich jedem nachgesagt (oder nachgedacht) werden. Eigene unangemessene Handlungen können als Ergebnis böser Absichten anderer Menschen und auch von Tieren interpretiert werden. So kommt es vor, dass Säuglingen, wenn sie ununterbrochen schreien oder Hunden, wenn sie knurren, böse Absichten unterstellt werden.

Bei der Verantwortung spielen Machtunterschiede und soziale Repräsentation eine Rolle. Soziale Hierarchien verteilen Verantwortung entsprechend den Rangstufen. Direktoren haften für Vorgänge in Unternehmen, Eltern sind verantwortlich für das, was ihre Kinder tun oder lassen.

Verantwortlichkeit ist, wie die Absicht, nicht zu sehen, zu hören oder zu riechen, sondern muss gedeutet werden, gleichgültig, ob man sich dabei von der Religion, philosophischen Befehlen oder moralischen Werten lenken lässt. Beide, Verantwortlichkeit und Absicht, werden zugeschrieben oder abgelehnt. Handelt es sich um negativ erlebte Ereignisse, lassen sich immer Kräfte finden, denen das Unheil zugetraut werden kann. Sie werden psychologisch relevant bei den Folgen des Handelns. Dabei kann zwischen Absicht und Verantwortlichkeit differenziert werden. Verantwortlichkeit ist der Absichtlichkeit übergeordnet. Man kann etwas Entsetzliches absichtlich tun und dennoch nicht verantwortlich gemacht werden. Ein Mensch schubst einen anderen vor eine einfahrende U-Bahn, mit Todesfolge. Diese Tat kann kaum unabsichtlich geschehen sein, es war kein zufälliger Rempler. Und dann stellt sich heraus, dass der Täter ein frei gelassener Psychiatriepatient ist. Er wird als nicht verantwortlich für sein Tun eingeschätzt, dies könnte allenfalls der Gutachter sein, der den Patienten als ungefährlich für die Öffentlichkeit beurteilt hat.

Die Verantwortung unterscheidet sich in moralischer Hinsicht auch darin von der Absicht, dass sie schon vorher festgelegt werden kann, bei der Entscheidung, sodass sie nicht erst nach dem Handlungsresultat festgestellt werden muss. Manche Menschen sind qua Amt dafür verantwortlich, was in ihrer Umgebung geschieht oder sie haben entsprechende Verträge unterschrieben, dann spricht man von Haftung. Es gibt aber auch in solchen Fällen die vorherige psychische Entlastung von Verantwortung für Ereignisse, die schiefgehen können. Rechtliche Verbindlichkeit hat das nicht. Gemeint sind Vereidigungen. Man kann „so mir Gott helfe" an die Eidesformel fügen oder diesen Satz weglassen. Verantwortlich ist der den Eid Leistende selbst, auch wenn Gott ihn verlassen sollte.

Verantwortungszuschreibung ist abhängig von der Rolle, die Beteiligte am Geschehen haben. Moral erfordert nicht, dass wir selbst Verantwortung übernehmen müssen, wenn wir sie auf andere Menschen beziehen können. Wer aktiv wird, erscheint leichter als verantwortlich als der Beobachter.

6.1.2 Das individuelle moralische Selbstbild

Absicht und Verantwortlichkeit stehen in enger Beziehung zur eigenen Identität, dem Selbstbild. Ob jemand Verantwortung für negatives Geschehen übernimmt oder nicht, hängt davon ab, ob dadurch sein Selbstbild berührt wird.

Verantwortlichkeit und Absicht werden von außen zugeschrieben. Wir machen uns keine Gedanken darüber, ob wir etwas absichtlich tun werden, wenn wir uns nicht vor anderen äußern. Die Absicht schlussfolgern wir hinterher, wenn wir die Reaktion der Umgebung erwarten oder bemerken. Verantwortlichkeit kann ebenfalls von außen bestimmt werden. Gewiss können wir „Verantwortung übernehmen", aber die psychologische Tatsache, dass wir das gern tun, wenn Ereignisse positiv bewertet werden und die Verantwortung vorzugsweise bei anderen suchen, wenn sie negativ sind, zeigt doch, dass Verantwortung eine psychologische Größe ist. Sie ist außerdem an gesellschaftliche Positionen geknüpft.

Das Bild, das wir von uns selbst haben, unsere „Identität", bestimmt die Verarbeitung der von außen (soziale Umwelt) und von innen stammenden (Affekte, Neigungen) Informationen. Nach Erkenntnissen der Attributionsforschung führen wir (ausgenommen bei negativem Selbstbild) negative Ereignisse auf äußere Umstände zurück, eingeschlossen andere Menschen, positiv erlebte auf uns selbst, auf die eigene Gruppe oder auf Akteure, mit denen wir uns identifizieren („Attribution" ist ein Fachausdruck für Zuschreibung von Verantwortung oder Verursachung.). Diese Urteilsneigungen zeigen wir generell, somit auch auf moralischem Gebiet. Die Richtung, in der wir die Verantwortung suchen, hängt ab von unserem Selbstbild, das möglichst positiv sein und auch bleiben soll.

Erhellende Beispiele für den Zusammenhang zwischen negativen Ereignissen und Ablehnung von Verantwortung erlebten wir nach dem Flugzeugabsturz einer malaysischen Boeing über der Ostukraine am 17.04.2014, bei dem 298 Menschen starben. Sicher scheint zu sein, dass die Maschine MH17 irrtümlich abgeschossen wurde, dennoch absichtlich, aber von wem? Der ukrainische Ministerpräsident meinte, der Abschuss sei von russischem Gebiet aus geschehen. Andere Ukrainer, so der Präsident Poroschenko, beschuldigten die prorussischen Separatisten in der Ostukraine. Die russische Regierung war sich sicher, die ukrainische Armee habe das Flugzeug zum Absturz gebracht, weil sie es mit einer russischen Maschine verwechselt habe, womöglich mit der Präsidentenmaschine. Und die prorussischen Aktivisten verkündeten, nur die ukrainische Armee habe die technischen Möglichkeiten zum Abschuss gehabt. In den westlichen Medien wurde beklagt, dass alle Seiten nur Propaganda betrieben und wenig zur Aufklärung des Unglücks beitrügen. Aber so ist die Ursachenzuschreibung auf der Grundlage der eigenen Moral psychologisch beschaffen. Man denkt nur in eine Richtung, man sucht nach Informationen nur in diese. Hinzu kommt die Außendarstellung, die für die eigene Gruppe günstig sein soll und für die feindliche Gruppe möglichst negativ.

Die psychologische Konstruktion des Selbstbildes dient der Selbsterhaltung in der jeweiligen Umgebung. Das individuelle Selbstbild ist gruppenbezogen. Die Gruppe stellt uns ein soziales und moralisches Bezugssystem zur Verfügung. Sie sorgt dafür, dass unser Selbstbild positiv ist und bleibt, wenn wir uns nach ihren Vorgaben verhalten. Unser Bild von uns als Person hilft uns bei der Auseinandersetzung mit der gesellschaftlichen Umwelt, wenn es positiv ist. Einige Merkmale sind für unser Selbstbild von zentraler Bedeutung, andere nicht. Männliche Jugendliche und junge Männer haben bestimmte Vorstellungen von Männlichkeit, denen sie entsprechen möchten. Die meisten wollen sportlich, tough (hart im Nehmen), durchsetzungsfähig und ritterlich sein. Kratzt jemand an diesem gewünschten Image oder kränkt das großartige Ego, kommt es leicht zu aggressiven Reaktionen, die besonders gefährlich werden, wenn Waffen (Messer) vorhanden sind.

Gruppen, denen man sich zugehörig fühlt oder in die man hineingeboren wurde, dienen als Bezugsgrundlage. Werden Menschen nach ihrer Gruppenzugehörigkeit beurteilt und ist diese Zugehörigkeit wichtig für sie, schwillt das Selbstbild an. Positive Merkmale werden in der Darstellung aufgebläht, negative übergangen oder geleugnet.

Natürlich haben nicht alle Menschen zu jeder Zeit eine positive Auffassung zur eigenen Person. Es gibt selbstkritische Menschen und solche, die zu Schuldgefühlen neigen. Verfestigen sich solche Haltungen, ist die betreffende Person gefährdet. Sie kann krank werden (depressiv), lässt sich ausbeuten oder entwickelt masochistische Neigungen. Wird die eigene Ehre angegriffen, scheinbar oder tatsächlich, ist man besonders verletzlich. Othello fühlte sich im Inneren aus verschiedenen Gründen zutiefst gekränkt und verraten: „Vielleicht wohl, weil ich schwarz bin, und mir des leichten Umgangs Gabe fehlt, der Stutzer ziert; auch weil sich meine Jahre schon abwärts senken …", so sinnt er im 3. Aufzug der Shakespeareschen Tragödie. Er meint, so die Gründe für die angebliche Untreue und Heuchelei von Desdemona gefunden zu haben.

Greenwald (1980) charakterisiert unser Selbstbild als einen totalitären Akteur, dem er drei Attribute zuschreibt: egozentrisch, parteiisch, kognitiv konservativ. Das Selbstbild geht von sich selbst als Zentrum der Welt aus, es interpretiert positive Ereignisse als entweder durch die eigene Person verursacht oder wenigstens mit ihr verbunden, negative durch andere Menschen oder Kräfte bewirkt. Es ist schwer zu verändern (kognitiv konservativ). Es soll positiv bleiben, weil sonst unsere Lebenstüchtigkeit beeinträchtigt wäre. Wie kann man auf dieser Welt existieren, ohne sich selbst am wichtigsten zu nehmen? Das positive Selbstbild kann sich auch bei negativen Rückmeldungen halten, wenn es von der Gruppe unterstützt wird. Dafür muss der Einzelne etwas tun. Befriedigung, „Glückseligkeit" kann man durch Bestätigung oder Vergrößerung des positiven Bildes von sich erlangen. Moral kann so durch Moralisierung kompensiert werden. Trivers (2013) nennt die psychische Selbstvergrößerung Selbstbetrug und begründet diesen menschlichen Zug mit evolutionären Vorzügen. Wer sich selbst was vormacht, kann das leichter auch gegenüber anderen als jemand, der ehrlich zu sich selbst ist. Und wer anderen erfolgreich etwas vormachen kann, erlangt dadurch häufig Vorteile. Die Selbstaufblähung geschieht unbewusst, nicht geplant und absichtlich. Vormachen kann man sich und anderen auch moralische Vorbildlichkeit.

Gebauer et al. (2017) haben experimentelle Prüfungen über die evolutionäre Bedeutung der Vergrößerung des Selbstbildes auf moralischem Gebiet versucht. Sie verglichen Menschen mit religiösem (christlichem) und ohne religiösen Hintergrund. Die Autoren vermuteten stärkere dem christlichen Selbstverständnis entsprechende Reaktionen in relevanten Situationen bei den Christen als bei den Nicht-Religiösen. Nun dient eine Religion oder Ideologie ja nicht allein dem positiven Selbstbild. Sie hat auch weitere Vorzüge, so den der Orientierung im Leben. Christlicher Glaube kann beispielsweise dem Sich-Zurechtfinden im sozialen Zusammenleben dienen. Gebauer et al. wollten zunächst feststellen, ob die Selbstbild-Orientierung der christlichen Probanden der gruppenbezogenen Selbstbild-Vergrößerung oder zur Beruhigung gegenüber den Anfechtungen des Lebens dient. Das Christentum bietet ja mannigfache Angebote für ein sündenarmes Leben (prosoziale Haltung gegenüber jedermann, Demut, Bereitschaft zur Vergebung), die nicht zur religiösen Aufblähung dienen, sondern dem eigenen Trost dienen können (Verheißungen des Jenseits z. B.). Wie wurde das untersucht? Auf verschiedene Weise. Die befragten Christen sollten sich beispielsweise mit gewöhnlichen Christen („Durchschnitt") im Hinblick auf die Befolgung der zehn Gebote vergleichen. Das Ergebnis: Christen verhalten sich wie Autofahrer. Werden diese gefragt „Gehören Sie zur besseren Hälfte der Autofahrer", antworten die meisten mit „ja" (s. Drösser in der „Zeit" vom 05.06.2014). Solche Überschätzungen nennt man den Dunning-Kruger-Effekt und den findet man überall, wenn ein Attribut für die Selbstbeurteilung wichtig ist. Er bezieht sich auf die eingebildete eigene Überlegenheit auf Gebieten, die uns wichtig erscheinen. Was haben Christen mit Autofahrern gemein? Ein (jeweils unterschiedliches) Merkmal, das sie für wichtig halten. Christen beurteilen sich persönlich im Hinblick auf ein für sie relevantes Merkmal (die Befolgung der zehn Gebote) besser als den „durchschnittlichen" Christen. Dieses Ergebnis zeigte sich bei Gebauer et al. nur bei den religiös eindeutigen Geboten deutlich. Gebote wie „Du sollst den Feiertag heiligen" oder „Du sollst Vater und Mutter ehren" müssen nicht unbedingt in christlichem Zusammenhang befolgt werden, anders als das erste Gebot: „Ich bin der Herr, dein Gott, du sollst nicht andere Götter haben neben mir".

Eine weitere Methode zur Prüfung möglicher Selbstvergrößerung bei Christen und Nicht-Religiösen war die Einschätzung des eigenen Wissens über Aussagen des Christentums. Die Selbsteinschätzung über wissensrelevante Inhalte kann man gut feststellen, wenn Fragen zu Phänomenen gestellt werden, die es entweder gibt oder nicht gibt.

Christen gaben deutlich häufiger als Nicht-Gläubige an, über anscheinend christliche Phänomene Bescheid zu wissen, die es aber gar nicht gibt, im Vergleich zu nicht-religiösen Probanden. Bei der Antwort, welche Inhalte aus dem Neuen Testament dem Befragten geläufig seien, so die Geschichte vom barmherzigen Samariter, dann diejenige, wo Jesus den goldenen Kelch abweist (und weitere Inhalte), antworteten die Ungläubigen häufiger den Tatsachen entsprechend als die Christen. Die Ungläubigen gaben häufiger an, nur von einer der oben genannten beiden Inhalte Kenntnis zu haben (welcher wohl?) als die Christen. Letztere meinten, beide Geschichten zu kennen. Die Ungläubigen überschätzen sich auf anderen für ihr Selbstbild wichtigen Gebieten. Die Autoren interpretieren ihre Ergebnisse als Ausdruck menschlicher Neigungen generell, als evolutionär basiert. Anders ausgedrückt, die Selbstvergrößerungstendenz finden wir nicht nur bei Christen, es handelt sich um ein allgemeinmenschliches Merkmal. Die Resultate von Gebauer et al. (2017) in drei Ländern mit unterschiedlich stark verbreiteter Religiosität sprechen klar für die Selbstvergrößerungshypothese und für ihre evolutionäre Bedeutung.

Die Ego-Vergrößerung ist eine allgemeinmenschliche Neigung, sie ist „normal". Allerdings übertreiben manche Menschen, wie überall, auch auf diesem Gebiet stärker als andere. Dies ist für das Publikum lästig, insbesondere, wenn es sich um moralische Übertreibungen handelt, um verbale Aufblähung moralischer Inhalte gegenüber anderen Menschen.

Weicht die wahrgenommene eigene Großartigkeit besonders stark von üblichen Haltungen ab, sprechen die Persönlichkeitspsychologen von Narzissmus. Auch Gruppen können diesem Narzissmus verfallen. Der Gruppennarzissmus war übrigens bei Gebauer et al. (2017) am stärksten bei den Christen in einem stark religiös geprägten Land und weniger stark in einem wenig religiös geprägten Teil eines anderen Landes.

Wenn wir ohnehin zur Selbstvergrößerung neigen, was ist dann Narzissmus?

Das Selbstbild kann sich auf verschiedene inhaltliche Aspekte der eigenen Person konzentrieren, es muss nicht die gesamte Persönlichkeit betreffen. Persönlichkeitsdiagnostisch interessant war in der psychologischen Forschung bislang der kompetenz- oder wirksamkeitsbezogene Narzissmus („Ich bin der Intelligenteste", „Ich bin der Mächtigste", „Ich bin die Schnellste", „Ich bin genial" verkündete kürzlich ein Politiker.). Menschen mit starker Ausprägung dieses Persönlichkeitsmerkmals bezeichnet man als selbstdienliche Narzissten (Gebauer et al. 2012). Sie sehen sich als ausgesprochen tüchtig. Uns interessiert hier die moralische Seite des Narzissmus. Gebauer und Mitarbeiter haben einen „fremddienlichen Narzissmus" nachgewiesen. Damit ist die Aufblähung der eigenen moralischen Qualitäten gemeint. Diese moralische Dimension des Narzissmus bezieht sich auf Hilfsbereitschaft, Uneigennützigkeit und menschliche Wärme. Moralische Narzissten bilden sich ein, in moralischer Hinsicht vorbildlich zu sein und alle anderen zu übertreffen. Dies äußert sich in scharfen Moralurteilen über andere („es kann nicht sein, dass…") und in übertriebenen Moralforderungen („Alle Tiere haben eine Würde".). Der fremddienliche Narzissmus kann unabhängig vom wirksamkeitsbezogenen Narzissmus diagnostiziert werden. Fremddienliche Narzissten sehen sich als die besonders Guten. Sie vergleichen sich vielleicht mit Gandhi oder mit Jesus Christus.

Alle Narzissten haben ein im Vergleich zu durchschnittlichen Menschen noch stärker aufgeblähtes Selbstbild. Sedikides und Mitarbeiter haben durch Vergleiche von Gesellschaften unterschiedlicher kultureller Ausrichtung („individualistisch" – „kollektivistisch") festgestellt, dass die Neigung zur Selbsterhöhung universell ist, die inhaltliche Ausrichtung derselben aber vom gesellschaftlichen Umfeld abhängt (Sedikides et al. 2005). Mit Moral kann man sich über alle erheben, genauer durch moralisches Urteilen, Fordern und Verkünden. Man setzt moralische Maßstäbe an und kann nicht nur überall mitreden, sondern weiß auch immer besser als andere, was diese tun sollen. Für unerwünschte Ereignisse werden sich fremddienliche Narzissten nicht verantwortlich fühlen, schuld ist vielmehr die Schlechtigkeit anderer Menschen.

Die Bandbreite des Selbstbildes ist nicht nur interindividuell verschieden, sondern auch intraindividuell (bei derselben Person zu verschiedenen Zeitpunkten).

Nicht jeder will der größte oder der moralisch beste Mensch sein, wir sind nicht alle Narzissten, auch wenn wir alle mehr oder weniger unser Selbstbild ins Positive verzerren. Einiges spricht dafür, auch die Ergebnisse sozialpsychologischer Experimente, dass wir versuchen, ein gewisses Maß dabei einzuhalten. So haben Sachdeva et al. (2009) das Selbstbewusstsein von Probanden durch eine experimentelle Anordnung unmerklich erhöht und anschließend deren Bereitschaft zu einer moralischen Tat festgestellt. Sie prüften auf diese Weise die Hypothese, dass wir bei akut erhöhtem Selbstwertgefühl weniger bestrebt sind, uns moralisch zu verhalten als bei akut vermindertem Selbstwertgefühl. Letzteres veranlasst uns leichter zu moralisch vorbildlichem Tun, weil wir dadurch unser Tugenddefizit wieder ausgleichen und unser Selbstbild ausreichend positiv gestalten können. Die Versuchspersonen in dem Experiment von Sachdeva und Mitarbeitern glaubten, an einer grafologischen Untersuchung teilzunehmen. Sie sollten zu diesem Zweck vorgegebene Worte abschreiben. Dabei sollten sie über die Bedeutung dieser Worte nachdenken. Die Versuchsanordnung bestand aus drei Gruppen, denen die Teilnehmer nach dem Zufallsprinzip zugeordnet wurden. Eine Gruppe kopierte nur Adjektive mit positiver Bedeutung, eine mit ausschließlich negativer Bedeutung und eine Gruppe Worte neutralen Inhalts. Anschließend wurden die Probanden aufgefordert, eine kurze Geschichte über sich selbst zu schreiben, in der alle Worte vorkommen sollten, die sie kurz zuvor abgeschrieben hatten. Dabei sollten sie sich visuell vorstellen, welche Bedeutung jedes der Worte für ihr eigenes Leben hatte. Nach einer weiteren Tätigkeit zur Ablenkung der Probanden (sie sollten den eigentlichen Versuchszweck möglichst nicht bemerken) wurde die abhängige Variable erhoben, nämlich die Bereitschaft der Teilnehmer zu prosozialem Verhalten. Diese moralische Bereitschaft wurde erfasst durch eine Bitte um eine Spende für eine Wohlfahrtseinrichtung. Die Probanden konnten angeben, für welche Einrichtung sie spenden wollten und wie viel. Die Höhe der Spende galt als Maß der Bereitschaft, Gutes zu tun (Für Leser, die mit der Praxis psychologischer Experimente nicht vertraut sind, möchte ich hinzufügen, dass die Versuchsteilnehmer am Ende nicht zu spenden brauchten.). Und wie fielen die Resultate aus? Sie bestätigten die Hypothese des moralischen Ausgleichs im Selbstbild. Die Probanden mit experimentell vorübergehend reduziertem Selbstbild (negative Adjektive) wollten im Durchschnitt am meisten spenden, die mit erhöhter Selbsteinschätzung am wenigsten. Die neutrale Gruppe lag in der Mitte. Für die Gruppe mit der höchsten Spendenbereitschaft wird der Fachausdruck „moralische Sanierung" verwendet (moral cleansing), für diejenige mit der geringsten Spendenmoral der Ausdruck „moralische Selbstlizenz" (moral licensing).

Wir können aus solchen Untersuchungen schließen: Die intraindividuellen Schwankungen im Ausmaß des in der Regel positiv gefärbten Selbstbildes wirken sich auf die Bereitschaft aus, im Sinne der öffentlichen Moral zu handeln, und zwar in einer Weise, die der Selbstbilderhaltung entspricht, nicht unbedingt der uneingeschränkten Selbstbilderhöhung. Das bezieht sich natürlich nur auf kurzfristige Schwankungen im Selbstbild. Nichtsdestotrotz sind solche Versuchsresultate theoretisch und praktisch bedeutsam. Theoretisch, weil sie das Gewicht des schlechten Gewissens in der Handlungssteuerung (einschließlich von Manipulationsversuchen) zeigen, praktisch für Spendensammler und alle Menschen, die andere für gute Zwecke gewinnen wollen.

Das Selbstbild, die eigene Identität, wird in der Gruppe erworben. Identifiziert man sich mit einer Gruppe, wird die Gruppe positiv bewertet. Auch die Gruppe braucht ein positives Selbstbild. Führen gesellschaftliche und psychologische Vorgänge und Veränderungen zu einer beschädigten Identität der Gruppe (oder Nation), muss diese unbedingt wieder hergestellt werden. Dazu muss man sich von den Feinden absetzen, sie nicht nur als anders wahrnehmen, sondern als bedrohlich entlarven. Wer Moral in der Gruppe durchsetzen will, braucht dazu einen Feind. Voland (2007) spricht in diesem Zusammenhang vom „Doppelcharakter der Moral". Der Feind kann eine andere Gruppe sein, aber auch in der eigenen Gruppe sitzen.

Vorbilder

Vorbilder können das Selbstbild stärken und auf diese Weise moralisches Verhalten steuern. Sie können gleichzeitig von Verantwortung entlasten. Was das Vorbild tut und sagt, wird für moralisch erstrebenswert gehalten und nicht hinterfragt. Wir brauchen Idole. Unsere Neigung, uns mit bestimmten Menschen zu identifizieren, kann aber auch gefährlich werden, sie kann uns zu „falschem Heldentum" verführen oder zu herben Enttäuschungen Anlass geben, wenn wir erfahren, dass wir uns in unserem Ideal getäuscht haben, insbesondere bei politischen Führern.

Wird die politische und wirtschaftliche Situation schwer durchschaubar, erscheint sie gefährlich, dann wirkt es erleichternd, wenn man einen Menschen findet, der die Verantwortung übernimmt. Das kann jemand sein, der bereits Gefahren überstanden hat, der dabei einen guten Eindruck machte, der in bestimmten Bereichen des Alltags als zuverlässig gilt (z. B. im Ehe- und Familienleben) und der möglichst auch vom Äußeren her einen vertrauenswürdigen Eindruck erzeugt, weil er stark und unerschütterlich aussieht. Eine solche Figur fanden die Deutschen vor hundert Jahren im Generalfeldmarschall von Hindenburg und erhoben ihn zum Mythos. Dabei übersahen wohl die meisten, dass Hindenburg ein politisch ungebildeter Mensch war, der seinen Ruhm in Schlachten erworben hatte. Hindenburg wurde 1925 in direkter Wahl zum Reichspräsidenten gewählt. 1932 hatte sich die politische Situation dermaßen zugespitzt, dass es nur zwei rechtsgerichtete Kandidaten für den

Reichspräsidenten gab: Hindenburg und Hitler. Selbst die SPD, anscheinend politisch zu schwach, um einen eigenen Kandidaten zu nominieren, empfahl in dieser Lage die Wahl von Hindenburg, der schließlich auch von der Bevölkerung gewählt wurde. Hindenburg war alles andere als politisch klarsichtig, so ernannte er bekanntlich Hitler zum Reichskanzler.

Ähnliche legendäre Figuren gab und gibt es natürlich auch in anderen politischen Richtungen und in anderen Ländern. Man denke an Che Guevara, mit dessen Konterfei sich junge Leute auf ihrer Kleidung modisch schmücken. Auch Jesus ist ein Mythos. Auf der anderen Seite finden wir Diktatoren, die zu Lebzeiten selbst bei Intellektuellen, die eigentlich genug informiert hätten sein müssen, um zu durchschauen, wen sie bewundern. Stalin fand selbst in Westeuropa Anhänger und Bewunderer (zeitweise waren das G.B. Shaw oder J.P. Sartre). Diktatoren schaffen es oft, von vielen Menschen verehrt zu werden. Sie erscheinen stark und strahlen Sicherheit und Überlegenheit aus. Die Werte, die sie verkünden, kann man nicht ablehnen: Befreiung der Menschheit, eine sonnige Zukunft, Beseitigung des Elends auf der Welt, Beseitigung der Feinde der Menschheit. Nur die Mittel, die gewählt werden, diese hehren Werte zu verwirklichen, sind zumindest in der zivilisierten Welt nicht mehr anerkannt: Gewalt und Unterdrückung, Verfolgung von angeblich am Elend der Welt schuldigen Gruppen, Sicherung der eigenen Macht mit allen Mitteln.

6.1.3 Gruppenselbstbild und Gruppeneinfluss

Unsere individuelle Moral ist von der Gruppe abhängig, der wir uns zugehörig fühlen. Die Moral als Produkt der kulturellen Evolution hilft dem Bestehen der Gruppe und größerer gesellschaftlicher Gebilde. Sie dient dem Selbstinteresse der Gruppe. Das Selbstbild des einzelnen Menschen hängt von seinen Gruppenbeziehungen ab.

Weltanschaulich unterscheiden sich Gruppen danach, ob man als Individuum biologische oder kulturelle (erlernte) Merkmale vorweisen muss, um ihnen angehören zu dürfen. Um zu religiösen Gruppen zu gehören, benötigt man den Glauben, den kann man übernehmen. Man kann sich bekehren lassen. Auch von Ideologien kann man sich belehren lassen und ihre Grundsätze anerkennen. Das reicht aber nicht bei allen Weltanschauungen. Da man die moralischen Forderungen von Ideologien und Religionen demonstrieren kann, ohne sich an Kosten oder Opfern zu beteiligen, werden Vorkehrungen getroffen, die der Vortäuschung von Moral abhelfen sollen. Und es gibt weltanschaulich organisierte Gruppen, bei denen angeborene Merkmale darüber entscheiden, ob man zu ihnen gehören darf oder nicht. Bei den Nazis war das die „Rasse" und das Blut.

Blut ist eine stark affektgeladene Flüssigkeit. Gruppengrenzen werden über das Blut definiert. Es eignet sich als Symbol für mystische Heiligkeitsanklänge, die bei den Nazis beliebt waren. Hier ein Zitat aus einem Buch mit dem Titel „Mütter, die uns die Zukunft schenken" und dort aus einem Beitrag von E. Murr (1936) mit dem Titel „Mehr Sippensinn": „Das Volk ist die umfang- und inhaltsreichste Gemeinschaft von Menschen, die noch als Blutsgemeinschaft bezeichnet werden kann. Die kleinste und vollkommenste, zugleich die ursprünglichste und sinnenfälligste Form von Blutsgemeinschaft aber ist die Familie, die Dreiheit Vater – Mutter – Kinder. Zahlreiche artähnliche Familien in der Vielzahl ihrer wechselseitigen Blutsverbundenheit bilden ein Volk."

Die Nazis haben nichts Neues erfunden, auch nicht mit ihrer Blutsymbolik. Bereits vor den Nazis wurden Gruppengrenzen über das Blut definiert. Wie der Historiker Wolfgang Wippermann schreibt (2007), gab es die „Blutsnation" schon im 19. Jahrhundert und sie spielt noch heute eine Rolle.

Gruppeneinfluss bei moralischen Zugangsformen

Unsere moralischen Zugangsformen, also Religion, Kant'scher Imperativ, moralische Werte und Gewissen, unterscheiden sich im Hinblick darauf, ob es einen Gruppeneinfluss auf die individuelle Moral geben soll und ob sie diesen auch befürworten. Das Gruppenselbstbild ist in der Religion, in unserem Gewissen und bei den moralischen Werten die gelernte Bezugsgrundlage für unser moralisches Denken. Dieser Einfluss wird aber nicht anerkannt, sondern auf andere Kräfte zurückgeführt. Kant weicht hier von den anderen Moralinstanzen ab.

Nach Ansicht dieses Philosophen soll jeder Mensch seinen eigenen Verstand verwenden, um herauszufinden, wie er seine Glückseligkeit mit der Pflicht verbindet, die es zu erfüllen gilt. Fremdeinfluss ist dabei auszuschließen. Auch die Gruppe kann nicht als Alibi dafür dienen, die eigenen Pflichten zu verletzen. Moralisches Handeln erfolgt ohne Einfluss eines anderen. Es darf keine Diskrepanz zwischen Moral und Verhalten geben. In dieser Hinsicht stimmen Religion und Kant überein.

Bei den Religionen geht es moralisch gesehen nicht um die eigene Gruppe, sondern um Gott. Ihm ist Gehorsam zu leisten. Was Gott will, muss verkündet werden. Das geschieht über die Gruppe als Religionsgemeinschaft. Die Botschaft Jesu wird von berufsmäßigen Vertretern religiöser Institutionen, den Kirchen, interpretiert. Sie beziehen sich bei moralischen Auslegungen und Appellen nicht auf ihre Gruppe, sondern auf etwas Höheres, Unangreifbares. Religiöse Institutionen und Gruppen setzen sich von solchen ab, die nicht die gleiche Lehre vertreten. Christen setzen sich von Heiden ab, historisch gesehen von den Juden und von den Moslems. Die anderen Religionen taten und tun ein Gleiches. Ganz zu schweigen von den Konflikten innerhalb von Religionen, Katholiken gegen Protestanten, Schiiten gegen Sunniten. Erst in neuer Zeit wird versucht, zwischen den Religionen Frieden zu stiften. „Wir glauben alle an einen Gott". Da bleiben dann die Heiden, Atheisten und Ungläubigen übrig, die das nicht tun.

Nicht erkannter Gruppeneinfluss ist auch für die moralischen Werte charakteristisch. Voland (2007) weist in seiner Abhandlung über die Natur des Menschen darauf hin, dass auch „die immer bemühten gemeinsamen Werte" (S. 35) zur Abgrenzung gegenüber anderen führen. Sie werden als ein ewiges unerschütterliches Steuerungsmuster gedacht. Denken wir an den Patriotismus als moralischen Wert. Zu Beginn des Ersten Weltkrieges hat er in Mitteleuropa alle der am Krieg beteiligten Nationen erfasst, nicht nur das Militär. Die meisten Bürger waren erfüllt von Vaterlandsliebe, überzeugt davon, dass ihre Nation als ruhmreicher Sieger aus den Schlachten hervor gehen und dass der Krieg bald zu Ende sein würde.

Der Bezug auf moralische Werte kann die Lücke zwischen Moral und Verhalten auf bequeme Weise überwinden: durch Forderungen an andere. Es ist der Beobachter oder Beurteiler, der bestimmt, ob moralische Werte eingehalten werden und welche Wertvorstellungen wie und von wem zu verfolgen sind.

Und das Gewissen? Haben wir Bedenken, wir könnten falsch entscheiden und handeln und dabei schlimme Konsequenzen für andere Menschen herbeiführen, beißt uns das Gewissen. Das Gewissen ist so unbarmherzig, dass es Lücken zwischen Moral und Verhalten nicht zulässt. Gewissensbisse bedeuten einen unerquicklichen Zustand, den wir bald zu überwinden trachten. Nicht jeder kann sich dabei auf einen Fraktionszwang berufen. Das Gewissen wirkt unwillkürlich und es ist erbarmungslos.

Kleine Gruppen in größeren gesellschaftlichen Einheiten, etwa in Betrieben, Instituten, Schulen, in einer Armee, können von der Institution oder Organisation abweichende moralische Haltungen entwickeln, die dem übergeordneten Gruppengeist widersprechen. Es ist dann schwierig, die Haltung der kleinen Gruppe im Verhalten zum Ausdruck kommen zu lassen und aufrechtzuerhalten. In der kleinen Gruppe muss man nach außen Konformität gegenüber der Organisation zeigen, nach innen kollegial oder kameradschaftlich sein. So herrschte z. B. in der deutschen Wehrmacht ein ausgeprägter

Kameradschaftsgeist, wie Zeitzeugen schildern, auch abseits der Front war das häufig so. Bei allerlei Gemeinschaftsveranstaltungen und Schulungen im nazistischen Deutschland lernten die Menschen, zu ihren Mitmenschen kameradschaftlich zu sein (außer zu den Juden und Andersdenkenden allerdings), wie Sebastian Haffner berichtet („Das Gift der Kameradschaft", „Die Zeit", 16. Mai 2002).

Politisch relevant ist, wie das Gruppenselbstbild inhaltlich gestärkt wird, welche Vorgänge und Inhalte geheim gehalten werden. Wie wird die Gruppe definiert, auf die sich führende Politiker beziehen, wenn sie das Selbstwertgefühl des Publikums ansprechen wollen? Wird das Gruppenselbstbild durch Nationalismus gefestigt oder unter anderem durch demonstratives Anbiedern an Fußballmannschaften? Handelt es sich um die eigene Partei, das Bundesland, die Nation, „Europa", „der Westen" („unsere westlichen Werte"), die Arbeitslosen, die „Leistungsträger"?

Identifizieren wir uns mit einer Gruppe und ihrer Moral, hat das entlastende Wirkungen auf unsere Gefühle und Verhaltensentscheidungen. Gruppenmitglieder übernehmen das hohe moralische Selbstbild der Gruppe. Auf diese Weise erlangen sie psychisch die Lizenz, das zu tun, was die Gruppe gutheißt. Versuchseilnehmer in sozialpsychologischen Experimenten zeigten eine größere Bereitschaft zu vorurteilsbehafteten Meinungsäußerungen und Entscheidungen, wenn ihrer Gruppe vorher ein besonders hohes moralisches Niveau bescheinigt worden war (Kouchaki 2011).

Wer die moralischen Normen der Gruppe verkörpert, gewinnt soziales Ansehen. Der soziale Rang wird auch durch die uns zugeschriebene moralische Qualität bestimmt. Benehmen wir uns moralisch vorbildlich, etwa indem wir auf eigene Kosten andere Menschen unterstützen, gewinnen wir an sozialer Wertschätzung. Gibt es auch an dieser Stelle einen phylogenetischen Einfluss?

Evolutionstheoretisch kann außerordentliches moralisches Verhalten in der Gruppe durch die Theorie der teuren Signale erklärt werden. Es handelt sich um eine Theorie zur Erklärung aufwendigen und oft auch gefährlichen tierischen Verhaltens. Nach der Theorie der teuren Signale, leicht illustrierbar in der Welt der Vögel, sollen auffallende Zeichen (eindrucksvoller Federschmuck bei männlichen Singvögeln, besonders in der Paarungszeit) demonstrieren: wir können uns das leisten. In der Tierwelt hieße das sinngemäß: wir können den auffallenden Schmuck zeigen, auch wenn wir dadurch leichter durch Feinde erkennbar werden, denn wir sind stark genug und deshalb zur Fortpflanzung besonders geeignet. Was ist hier „teuer" und was sind hier „Signale"? Signale sind außer buntem Federkleid auch weitere auffallende Zeichen wie ausdauernder und lauter Gesang (nicht nur in der

Vogelwelt) oder eindrucksvolles Geweih. Sie sind im Grunde hinderlich, weil sie die Entdeckung durch Feinde fördern, sie sind kostspielig. Wer solche Zeichen gibt oder hat, zeigt Angehörigen der eigenen Art, dass er (in der Paarungszeit) ein besonders starker Sexualpartner ist. Er kann sich kostspielige Merkmale leisten. Auch für die Rangordnung in der Gruppe können teure Signale förderlich sein. Damit sind wir schon beim Menschen. Statussymbole wie ein „dickes Auto" sind teuer. Allerdings können sie, im Unterschied zum Tierreich, leicht vorgetäuscht werden (Das Auto kann gestohlen oder gemietet sein.). Zwischen dem sozialen Verhalten der Tiere und dem der Menschen gibt es aufgrund der menschlichen Moral gravierende Unterschiede. Diese Unterschiede beziehen sich unter anderem auf Merkmale, die die Ranghierarchie in Gruppen bestimmen. Zur menschlichen Moral gehört es, Täuschungen zu entlarven oder nicht akzeptierte Statussymbole zu bekämpfen.

In der menschlichen Gesellschaft können teure Signale auch noch eine andere Funktion erfüllen, die nicht unbedingt mit der Fortpflanzung in Zusammenhang steht, aber ebenfalls mit Ranghierarchien. Die Information wäre dann etwa: Wir sind so uneigennützig und mutig, dass wir keine Kosten und Mühen scheuen, für andere, für die eigene Gruppe oder Gesellschaft, einzustehen. Dafür erwarten wir keine Belohnung. Wir sind moralisch so stark, dass wir das alles problemlos aushalten können. Auf diese Weise gewinnt man an gesellschaftlichem Ansehen. Wenn wir uns in die evolutionäre Abstammungslinie einordnen, sollten wir uns nicht zu viel auf unser moralisches Tun einbilden, jedenfalls dann nicht, wenn es vor Publikum stattfindet. Voland charakterisiert diese Tatsache mit einem kurzen treffenden Satz: „Ohne Übertreibung und Verschwendung keine Kultur" (2007, S. 134). Und zur Kultur gehört auch die Moral.

Ein Experiment, das die Bedeutung der Öffentlichkeit für moralisches Verhalten auf dem Hintergrund der Theorie der teuren Signale demonstrieren kann, führten Bereczkei et al. (2010) an der Universität Pecs in Ungarn durch. Die studentischen Versuchsteilnehmer konnten sich (freiwillig) für einige Stunden zur Teilnahme an sozialer Arbeit melden. Dabei konnten sie aus sieben unterschiedlich anstrengenden Möglichkeiten auswählen. Eine Hälfte der Probanden blieb anonym bei der Auswahl, die andere traf diese vor der eigenen Gruppe, also öffentlich. Die jeweilige wohltätige Tätigkeit kostete in allen Fällen etwa die gleiche Zeit, etwa vier Stunden. Sie war aber, wie gesagt, unterschiedlich anstrengend (etwa Blutdruck messen im Vergleich zur Hilfe bei der Betreuung geistig behinderter Kinder). Konnten die

Versuchsteilnehmer vor der Gruppe anonym bleiben, wählten die meisten die am wenigsten anstrengende Tätigkeit, angesichts der Gruppe wählten sie mehrheitlich die anstrengendste. Und das lohnte sich. Der soziometrische Status (Befragung zur Beliebtheit in der Gruppe) verbesserte sich durch Wahl anstrengender Arbeit.

Es gibt Möglichkeiten, hohe Gruppenmoral zu demonstrieren und dabei „billig" wegzukommen, nämlich durch verbale Demonstration des hohen moralischen Anspruchs. Goebbels war am 18. Februar 1943 nicht an der Front, sondern im Berliner Sportpalast, als er die ausgelesene Zuhörerschaft von Nazis in einer Rede fragte: „Wollt ihr den totalen Krieg?" Das war Nazimoral: sich opfern als Aufforderung und als Befehl.

Beziehen wir das Gruppenselbstbild auf die ganze Menschheit, auf das Menschenbild, zeigen sich ebenfalls positive Verzerrungen. Der Mensch wird als etwas Besonderes gesehen, als „Krone der Schöpfung".

Verdammte dieser Erde

Wenn das Gute durch Bekämpfung des Bösen erzeugt werden soll, kann das gruppenweise geschehen. Das Böse wird konkretisiert, indem man es in bestimmten Menschengruppen lokalisiert. Diese Gruppen müssen bekämpft werden, bis zur Vernichtung. Es sind Andersgläubige, Ungläubige, Angehörige anderer Völker, anderer Herkunft. Sie verkörpern per se das moralisch Schlechte. Geht es dabei immer um Machtkämpfe, wie oft behauptet wird? Sahen sich die Nazis gezwungen, ihre Macht, nachdem sie sie errungen hatten, gegenüber den Juden zu behaupten? Häufig hat das angeblich zu bekämpfende Gruppen-Böse einen historischen Boden. Es gibt aber auch Möglichkeiten zur Gestaltung eines Bildes vom bösen Feind im jeweiligen Geschehen, wenn Konflikte auftreten. Das geschieht durch Verdammung.

Verdammung ist ein sozialpsychologischer Vorgang, der sich von negativen Sanktionen bei Moralverstößen insofern unterscheidet, als er unabhängig vom individuellen Verhalten der Geächteten abläuft. Man muss als Angehöriger einer verdammten Gruppe gar nichts Böses getan haben, das dann bestraft werden kann. Die Gruppenzugehörigkeit reicht aus. Man kann als Zugehöriger einer geächteten Gruppe nichts machen. Das geht schon lange so, seit Urzeiten.

Gott hat seinen Sohn für uns geopfert, deshalb können wir uns durch ein gottgefälliges Leben von unserer Schuld befreien. Nach christlicher Auffassung gibt es die Möglichkeit, der moralischen Verdammung zu entkommen, wenn man Gott gehorcht. Wegen einer Schandtat (Essen vom Baum der Erkenntnis) waren wir als Menschen verdammt und mussten durch das Opfer von Jesus Christus erlöst werden. Viele können das Verdammungsurteil nicht annehmen. Aber vielleicht steckt die Verdammungsneigung in uns. Sehen wir uns folgende schöne Ballade von Ludwig Uhland an.

In des „Des Sängers Fluch" gelangen zwei Sänger an einen Königshof und tragen dort ihre Künste vor. Die Gemahlin des Königs ist entzückt, das Volk ebenfalls. Aber der König ist ein böser Mensch und tötet den jüngeren der beiden Sänger aus Eifersucht. Darauf verflucht der ältere Sänger, der Meister, den König und das ganze Land. Wie im Märchen üblich, erfüllt sich der Fluch auch. So endet die Ballade:

> Und rings statt duft'ger Gärten ein ödes Heideland,
> Kein Baum verstreuet Schatten, kein Quell durchdringt den Sand,
> Des Königs Namen meldet kein Lied, kein Heldenbuch;
> Versunken und vergessen! das ist des Sängers Fluch!

Alle Zuhörer waren von den Sängern hingerissen, außer dem bösen König. Weshalb musste dann das ganze Land untergehen? Weil es von dem Meister verdammt wurde. Bestraft wird das ganze Land, obwohl es dem Sänger zugeneigt war.

Verdammung dient, wie negative Sanktionen, der Abschreckung. Sie berührt ganze Gruppen, Länder und Schicksalsgenossen. Charakteristisch ist, dass die Falschen getroffen werden. Den Verdammten hilft die Öffentlichkeit nicht, sie ist auf der Seite der herrschenden Moral. Manchmal gibt es auch keine ungesteuerte Öffentlichkeit. Vielleicht kann man sich der Verdammung entziehen, indem man untertaucht.

Verdammte eignen sich zur Abschreckung in Form stellvertretender Bestrafung. Die Nazis neigten dazu, Unbeteiligte zu bestrafen, nicht nur, wenn sie der Urheber von Sabotageakten nicht habhaft werden konnten, sondern auch dann, wenn diese bereits verhaftet worden waren. Nach dem Brandanschlag der Widerstandsgruppe Herbert Baum auf die Ausstellung „Das Sowjet-Paradies" 1942 und nachdem mehrere Widerstandskämpfer dieser Gruppe verhaftet worden waren, wurden 96 Häftlinge des KZ Sachsenhausen erschossen. (Manche Historiker meinen, es könnte sich auch um Vergeltung des Attentats auf den NS-Führer Heydrich in der Tschechoslowakei gehandelt haben.)

Gruppengrenzen und die „Weltgemeinschaft"

Die Bevorzugung der eigenen Gruppe, gefühlsmäßig und im Handeln, kann als eine angelegte archaische menschliche Disposition aufgefasst werden. In Zeiten begrenzter Nahrungs- und Wasserressourcen war sie hilfreich für das Überleben von Stämmen und Sippen. Es wurde nicht nur die eigene Gruppe bevorzugt, es wurden auch andere bekämpft. Die Moral entwickelte sich aus diesen Neigungen. Patriotismus entstand. Das Heldentum wurde geboren. Nach innen Patriotismus, nach außen Nationalismus, das sind moralische Einstellungen, die auch heute noch wirken. Inzwischen haben wir die Gefährlichkeit aggressiver Gruppenbevorzugung für das Überleben der menschlichen Art erkannt. Wir bezeichnen sie als ethnozentrisch, rassistisch, nationalistisch oder als Ausdruck von Intoleranz.

Die gruppenbezogenen moralischen Vorstellungen änderten sich bei der Begegnung mit Fremden mit der Ausdehnung des eigenen sozialen Gebildes. Die Gruppen wurden größer. Die Gruppengrößen bei den späten Steinzeitmenschen sollen etwa hundert Personen betragen haben. Aus Sippen und Stämmen entstanden Völker, später bildeten sich Staaten. Wie haben sich die Gruppengrenzen verschoben, die unsere Vorfahren als wichtig erachteten? Nicht immer wurden Fremde vernichtet, manchmal wurden auch Feinde in die eigene Gruppe einbezogen. Dabei wurden sie meistens nicht als gleichwertige Menschen betrachtet. Sie wurden für Arbeiten und in Kriegen eingesetzt, als Sklaven und als Soldaten.

Die Evolutionstheoretiker bieten verschiedene Hypothesen an, wo Gruppengrenzen psychologisch zu suchen sind. Musste die Schranke für altruistisches Verhalten ursprünglich bei den eigenen Verwandten gesehen werden? Nein, die Grenze der Eigengruppe kann auf größere Gebilde außerhalb der Verwandtschaft und ethnischen Zugehörigkeit ausgedehnt werden. Heutzutage fällt es uns schwer, in der Begünstigung der Eigengruppe eine „natürliche" (biologische, evolutionär bedingte) Neigung zu sehen. Aber nicht allein verhaltensbiologische Forschungen sprechen für eine angelegte Neigung zur Bevorzugung der eigenen Gruppe, sondern auch Ergebnisse der experimentellen Sozialpsychologie über die „minimale Gruppensituation".

Selbst in Fällen, in denen wir über andere Menschen nichts wissen außer dass sie ein für das Überleben unwichtiges Merkmal mit uns gemeinsam haben, nämlich die vorgebliche Bevorzugung der Bilder eines Malers, bevorzugen wir diese Menschen („Gruppenmitglieder") gegenüber anderen, die diese (nur vorgetäuschte) Präferenz nicht haben, wenn wir weiter nichts über sie wissen. Das wurde experimentell mit dem sogenannten minimalen Gruppenparadigma gezeigt (Tajfel et al. 1971). Diese Versuche, die später in verschiedenen Variationen wiederholt wurden, zeigen nicht nur, wie leicht sich die Bevorzugung der eigenen „Gruppe" bewerkstelligen lässt. Sie veranschaulicht auch ein anderes psychologisches Problem, das unsere Moral betrifft, nämlich, wie leicht es sein kann, durch verbale Etikettierungen Reaktionen der Hin- oder Abwendung zu erzeugen. Sprachliche Etikettierung kann Diskriminierung fördern, aber kann sie nicht auch für moralisch erwünschte Zwecke genutzt werden?

Kann man die Privilegierung der Eigengruppe aus moralischen Gründen überwinden, nicht nur rechtlich-theoretisch, sondern auch praktisch-psychologisch? Psychologisch ist das durchaus möglich. Wir können uns mit Gruppen identifizieren, denen wir nicht angehören und zu denen wir weder einen weltanschaulichen noch einen territorialen Bezug haben. Der FC Bayern hat Anhänger auf der ganzen Welt, von denen einige mit T-Shirts herumlaufen, auf denen diese Präferenz verkündet wird. Es gibt Einwohner Berlins, die lieber dem BVB Dortmund zujubeln als Hertha BSC. Und so etwas findet man nicht nur bei Fußballanhängern.

Die Identifikation richtet sich nicht allein auf die Gruppe als solche, sondern auf alles, was irgendwie mit ihr verbunden werden kann. Moll und Oliveira–Souza (2009) nennen das „erweiterte Bindung". Diese erweiterte Bindung oder Anziehung lässt sich sowohl auf soziale Gebilde (größere Gruppen) als auch auf geistige (kulturelle) Produkte beziehen. Die Bevorzugung bestimmter sozialer Gruppierungen oder Kategorien über die enge Verwandtschaft und kleine Gruppen hinaus ist ein Ergebnis der kulturellen Evolution, ebenso wie die gefühlsmäßige Bindung an Gedankengebilde, Überzeugungen und Symbole. Für die erweiterte Bindung verwendete Sigmund Freud einen Begriff mit etwa gleichem Bedeutungsgehalt: Libido. Zu Beginn des Ersten Weltkrieges soll er sich so geäußert haben: „Meine ganze Libido gehöre Österreich-Ungarn." (Zitiert nach Wikipedia.).

Bestehen Aussichten, die menschliche Fähigkeit zur erweiterten Bindung so zu nutzen, dass sie der Gattung Mensch insgesamt zugute kommt? Können alle Menschen in unsere Eigengruppe einbezogen werden? Können Gruppengrenzen so erweitert werden, dass sie verschwinden, weil die Grenze auf die gesamte Menschheit ausgedehnt wird?

„Sept milliards de voisins" heißt eine französische internationale Nachrichtensendung, sieben Milliarden Nachbarn. Bereits im 19. Jahrhundert hielt ein berühmter Wissenschaftler es für möglich, den „Sympathieinstinkt" auf die gesamte Menschheit auszudehnen: „Wenn der Mensch in der Cultur fortschreitet und kleinere Stämme zu größeren Gemeinschaften vereinigt werden, so wird das einfachste Nachdenken jedem Individuum sagen, daß es seine socialen Instincte und Sympathien auf alle Glieder der Nation auszudehnen hat, selbst wenn sie ihm persönlich unbekannt sind. Ist dieser Punkt einmal erreicht, so besteht dann nur noch eine künstliche Grenze, welche ihn abhält, seine Sympathie auf alle Menschen aller Nationen und Rassen auszudehnen." (S. 135). Das stammt von Darwin (1874).

Kann man nicht einfach die Gruppengrenzen erweitern? Solche Versuche hat es längst gegeben: Kosmopolitismus anstelle von Nationalismus, soziale Gerechtigkeit statt Standesbewusstsein, Gleichberechtigung statt Herrschaftsjustiz. Solche Orientierungen sind nicht fruchtlos geblieben, aber eine Ausdehnung der Gruppe auf die gesamte Menschheit ist trotz UNO noch nicht gelungen. Sollten wir deshalb unsere moralischen Anstrengungen verstärken? Moralisch gesehen darf es keine Grenzen geben. Ist solch ein Ziel erreichbar? Leider reicht hier „das einfachste Nachdenken" nicht. Die Interessen von Menschengruppen sind verschieden, so wie es die Interessen von Individuen sind. Allein mit Moral lassen sich diese Divergenzen nicht überwinden. Außengruppen können als Verhinderer der eigenen Glückseligkeit, als Quelle des Mangels, der Unterlegenheit, als Verursacher von Kriegen und Krankheiten dargestellt und erlebt werden. In der Gruppe lernt man, welche Außengruppen abzulehnen sind und als gefährlich gelten. Dafür gibt es moralische Begründungen. Aber in der eigenen Gruppe gibt es ebenfalls Leute, die Verfehlungen begehen, welche moralisch bewertet werden. Sind moralische Affekte stärker in oder zwischen Gruppen? Bei den Laborversuchen von Tajfel et al. wurden keine starken Affekte erzeugt, dennoch gab es eine „Gruppenbevorzugung". Man wusste von den anderen nichts außer die (angebliche) Präferenz von Malstilen. Die Situation ändert sich, wenn eigene Gruppenmitglieder vom „Gruppengeist" abweichen, von der gemeinsamen Gesinnung, den gesteckten Zielen.

Nicht nur Gruppen haben unterschiedliche Interessen, auch die Individuen innerhalb der Gruppe. Die affektive und die moralische Bindung ist stärker in der eigenen, der Binnengruppe. Der eigenen Gruppe kann man schwerer ausweichen als anderen Gruppen.

Und ist „gruppenbezogene Menschenfeindlichkeit" in der eigenen Gruppe erworben, lässt sie sich nicht so leicht verlernen, weil damit Konflikte in der Gruppe entstünden. Man will nicht als Sympathisant einer Gruppe oder Kategorie gelten, die in der Binnengruppe als Erzfeind, als Inbegriff des Bösen gilt. Die Journalistin Alexandra Berlin schildert in einem Artikel in der „Zeit" (08.01.2018), wie sie, als Jüdin unerkannt, an einer Diskussion mit Flüchtlingen aus Syrien und dem Irak in einer Flüchtlingsunterkunft teilnahm, in der es auch um Antisemitismus ging. Die Diskussionsteilnehmer wollten nicht, dass die Diskussion aufgezeichnet wird. „Dann sehen wir aus wie Judenfreunde", sagt einer, „Meine Eltern werden mich verfluchen", ein anderer. Dem Gruppendruck zu widerstehen, ist nicht so einfach. Das ginge allenfalls durch Identifizierung mit einer anderen Gruppe, die auch Druck ausüben kann.

Je näher sich Menschen in Gruppen sind, räumlich, ideologisch, in der Ranghierarchie, verwandtschaftlich, desto leichter wirken sich Gefühle aus, auch negative. Abweichler in der Binnengruppe werden manchmal von ihren Verwandten, Freunden oder Gesinnungsgenossen ermordet und das wird moralisch gerechtfertigt.

Weshalb hasst man andere Menschen, obschon man vielleicht gelernt hat, dass man sie alle lieben sollte? Weil sie die eigene Person infrage stellen können und der Befriedigung eigener Bedürfnisse (tatsächlich oder angeblich) entgegenstehen. Bei sozialer Distanz ist es leichter als bei sozialer Nähe, den negativen moralischen Affekt zu bremsen. Wenn andere Menschen uns „zu sehr auf die Pelle rücken", entstehen Abwehrreaktionen.

Allein mit Moral kann Gruppenhass nicht überwunden werden, wenn er sich moralisch rechtfertigen lässt. Was jedoch möglich erscheint, ist der Ausgleich zwischen Menschen und zwischen Gruppen mit verschiedenen Interessen. Dazu reicht Moral nicht aus. Immerhin haben wir weitere Ergebnisse der kulturellen Evolution zur Verfügung, um ungewollte Folgen auch der Moral zu vermeiden oder wenigstens zu reduzieren. Juristische Gesetze, diplomatische Bemühungen, Schlichtungsprozeduren können helfen, aber auch die „erweiterte Bindung" durch Kulturprodukte wie Kunst, Technik, Handel, Wissenschaft und Unterhaltung.

Wir brauchen Gruppen, mit denen wir uns identifizieren. Das tun wir, weil wir von Anfang an eine positive Beziehung zu Personen dieser Gruppe haben (was in vielen Familien der Fall ist), weil die Gruppe einen hohen Status hat oder weil sie uns akzeptiert und ein für uns günstiges Selbstbild anbietet. Werden wir abgelehnt, wird uns das hohe Ansehen einer gesellschaftlich anerkannten Gruppe verweigert oder fehlt uns die Akzeptanz der Gruppe, aus der wir stammen, ist unser Selbstbild in Gefahr. Dann gibt es keine Weltgemeinschaft mehr und keinen allgemeinen Sympathieinstinkt. Ob das geschieht, ergibt sich auch aus den individuellen Ansprüchen. Wer als junger Mann keinen Schulabschluss hat und Chirurg werden will, hat schlechte Aussichten, sein Selbstbild in der gesellschaftlichen Wirklichkeit bestätigt zu bekommen.

Selbst wenn es gelänge, die Gruppengrenze auf die gesamte Weltgemeinschaft zu erweitern, wären die Moralisten und manche Moralphilosophen noch nicht zufrieden. „Equal Rights for Animals", mit dieser Forderung laufen Menschen durch die Städte. Es scheint durchaus sinnvoll, unnötiges

Leiden auch von Tieren zu vermeiden oder gegen Massentierhaltung zu kämpfen, nicht allein aus moralischen Gründen. Aber „gleiche Rechte" bedeutet etwas anderes und zur Tierwelt gehören nicht nur Säuge- und Wirbeltiere. Der größte Teil unserer Tiere besteht aus Insekten (E.O. Wilson 2013). Und der Anteil von Arten tierischer Parasiten, über den Menschen als Wirt hinaus, geht in die Millionen. Es geht weniger um den Kuckuck, sondern auch um den Fuchsbandwurm, um Zecken und um Läuse. Sogar pflanzlichen Parasitismus gibt es. Offenbar handelt es sich um ein Prinzip des Lebens auf dieser Erde. Aber muss man daraus Rechte ableiten? „Gleiche Rechte für Tiere" – ein Beispiel für den illusionären Charakter besonders hoher Moralforderungen, für aufgeblasene Moralisierung, für moralischen Narzissmus.

6.2 Der Unterschied zwischen „natürlich" und „angeboren"

Viele Menschen stellen sich Neugeborene wie ein leeres Blatt vor, eine unbeschriebene Matrix, in die „das Leben" seine Spuren einritzt (s. „Das unbeschriebene Blatt" von Pinker 2003). „Das Leben", das ist die gesellschaftliche Umgebung, in den ersten Lebensjahren sind es die Eltern und andere Familienmitglieder, die Kita, die Nachbarn, das kommunale Umfeld. Geht später etwas schief im Lebenslauf eines Heranwachsenden, missachtet er mehrfach moralische Normen oder verstößt er gegen Gesetze, sucht man die Gründe dafür in der Kindheit und Jugend. Eltern stellen sich etwa die Frage „Was haben wir falsch gemacht?" Unerwünschtes Verhalten wird auf soziale Bedingungen zurückgeführt. „Fremdenfeindlichkeit" gilt als unerwünscht. Um sie zu erklären, ordnen wir diese Eigenschaft den Kategorien „erworben" oder „angeboren" zu. Dass Fremdenfeindlichkeit nicht angeboren ist, liegt auf der Hand. Sie erscheint somit als erlernt. „Schuld" an Fremdenfeindlichkeit wäre somit die gesellschaftliche Umgebung.

In den alten Bundesländern ist die Einstellung gegenüber Fremden, eingeschlossen Flüchtlinge aus anderen Kulturkreisen, häufiger aufgeschlossen und wohlwollend als in den östlichen Bundesländern, wie Umfrageergebnisse zeigen. Das kann man mit politischen Erfahrungen oder ihr Fehlen bei der jeweiligen Bevölkerung aus vergangenen Jahrzehnten erklären. Ebenfalls als Resultat historischer Lernprozesse kann die positivere Einstellung zu Russland und den Russen in Ostdeutschland im Vergleich zu den westlichen Bundesländern interpretiert werden, durch Erfahrungen etwa mit „glasnost" und „perestroika" und deren Folgen.

Fremdenfeindlichkeit, Angst vor Fremden, ist nicht angeboren. Alle Menschen erlernen Haltungen und Verhaltensweisen gegenüber anderen Menschengruppen und -kategorien. Diese Einstellungen können freundlich sein oder unfreundlich. Die freundlichen Haltungen implizieren Zuneigung und Unterstützung, auch Gefolgschaft, die unfreundlichen Angst und/oder Aggression. In Ostdeutschland gibt es mehr Angriffe auf Flüchtlingsheime als in Westdeutschland. In Ostdeutschland wird die Ausdehnung der NATO rund um Russland nach der deutschen Vereinigung häufiger kritisch gesehen als in Westdeutschland. Die meisten Ostdeutschen fühlen sich von den Russen nicht bedrängt. Sie verstehen es, wenn Russen sich durch die NATO bedroht fühlen. Interessant ist die jeweilige moralische Bewertung, die mit den relevanten Umfrageergebnissen verbunden wird: jede Seite unterstellt der anderen Vorurteile. Die Ostdeutschen werden als fremdenfeindlich gesehen, die Westdeutschen als Menschen, die immer noch Angst vor den Russen haben (oder vor einem einzelnen Russen).

Wenn die jeweiligen Einstellungen nicht angeboren sind, sind sie deshalb unnatürlich? „Natürlich" kann bedeuten: der menschlichen Natur entsprechend. Entspricht Fremdenfeindlichkeit der menschlichen Natur?

Unser Gehirn ist so beschaffen, dass wir auf Neues anders reagieren als auf Bekanntes. Das betrifft sowohl Dinge und Ereignisse als auch Menschen. Neuem begegnen wir mit Neugier, Vorsicht, auch mit Misstrauen oder Angst. Auf dieser Basis erwächst leichter Ablehnung und Aggression als bei bekannter Umgebung und gegenüber bekannten Personenkategorien. Bekanntes übersehen wir leicht, wir nehmen es nicht bewusst wahr, und es erzeugt in uns eher positive Anmutungen als negative, es sei denn, man hat bereits unangenehme Erfahrungen gemacht. Bei vorsichtiger Einstellung und abwartender Haltung werden negative Informationen (eigene Erfahrung, persönliche Mitteilungen von Bekannten, Medienberichte) leichter akzeptiert als positive.

Fremdenfeindlichkeit ist nicht angeboren, aber wir sind alle mit physiologischen und psychischen Voraussetzungen ausgestattet, die das Erlernen negativer Einstellungen und aggressiver Handlungen auf ausgewählte Dinge und Menschen ermöglichen. Die ablehnende oder feindliche Haltung erstreckt sich nicht auf alle Menschen oder Fremde, wie das Wort „Fremdenfeindlichkeit" nahelegt, sondern auf einzelne Personen, auf Gruppen, auf Menschen mit bestimmten äußeren Merkmalen und auf Nationen und Völker. „Gruppenbezogene Menschenfeindlichkeit" ist ein treffender soziologischer Terminus. Allen Menschen angeboren ist die Fähigkeit zu lernen. Nur durch Lernen werden wir zu Menschen. Gelernt wird individuell ganz unterschiedlich. Die gruppenbezogene Menschenfeindlichkeit ist innerhalb einer Kategorie von Menschen (Männer, Frauen, Gebildete, Ungebildete, Junge, Alte) unterschiedlich ausgeprägt und lässt sich nicht generell aus persönlichen Erfahrungen ableiten. Man erleidet Erfahrungen nicht passiv, sondern kann sie durch Wahl des Handlungs- und Lebensraumes gestalten.

Hass, Wut, Ablehnung gehören zu unserem emotionalen Repertoire und sind deshalb „natürlich", genauso wie Liebe, Zuneigung und Unterstützung. Durch moralisches Lernen kommen wir in die Lage, diese Emotionen auf bestimmte Personen und Gruppen zu richten. Den Furor zu steuern, auch zu zügeln, sind moralische Bewertungen nicht geeignet, solange sie sich auf die Menschen richten, die solche Meinungen äußern. Wir haben dazu dank der kulturellen Evolution andere Möglichkeiten.

6.3 Der Unterschied zwischen „böse" und „gefährlich"

Moralische Sprache personalisiert. Sie führt das Geschehen auf Gott, Personen, Gruppen oder personifizierte Geister zurück. Moral ist immer auf andere Menschen gerichtet. Was und wer mir dient, ist moralisch gut, was und wer mir schadet, ist moralisch schlecht oder böse. Das tagtägliche Geschehen wird jedoch nicht allein von anderen Menschen bestimmt, von deren Charakter, Motiven und Absichten. Es hängt von Umgebungsbedingungen ab und der Art und Weise, wie wir diese voraussehen und uns verhalten. Anders ausgedrückt, wir orientieren uns an Orten und Situationen, in die wir geraten und zu denen wir uns begeben. In welche Situationen wir kommen, können wir selbst mitbestimmen. Situationen und Orte können ebenso wie Menschen gefährlich sein. Menschen und Orte sind aber nicht immerzu gefährlich. Es hängt von der Situation ab, ob an bestimmten Orten häufig Verbrechen begangen werden oder nicht. Orte und Menschen haben eine unterschiedliche Wahrscheinlichkeit, gefährlich zu werden. Das Kottbusser Tor in Berlin ist für Touristen gefährlicher als das Brandenburger Tor, obgleich sich an beiden Orten gewöhnlich viele Menschen aufhalten. Ob es für Passanten wirklich gefährlich wird, ob jemand an diesen Orten Opfer einer Straftat wird, hängt vom eigenen Verhalten ab. Der Handelnde bestimmt die Konstellation mit, in die er gerät oder die er vermeidet. Die Gefährlichkeit hängt davon ab, wann er sich an bestimmte Orte begibt und wie er (oder sie) sich dort verhält. Auf dem Alexanderplatz in Berlin kommt es immer wieder zu tätlichen Auseinandersetzungen, die Verletzte zur Folge haben. Den Angriffen sind in der Regel verbale Auseinandersetzungen vorangegangen. Wer das weiß, wird, auch wenn er sich gern streitet, gut daran tun, an diesem Ort Berlins seine Streitsucht im Zaume zu halten.

Gleichzeitig kann er oder sie das Handy bereithalten, um bei Gefahr, auch für andere Menschen, polizeiliche Hilfe zu rufen.

Die Gefährlichkeit einer Situation, eines Ortes, auch die eines Menschen, hat Wahrscheinlichkeitscharakter. Abends ist es am Kottbusser Tor gefährlicher als tagsüber. Ich kann gefährliche Orte meiden, sogenannte no-go-areas. Und wenn ich weiß, dass bestimmte Menschen gefährlich sind, sollte ich vorsichtig sein. Wenn ich keine Drogen kaufen will, sollte ich, wenn ich abends an der Station Warschauer Straße in Berlin aus der S-Bahn steige, die auf der Brücke Spalier stehenden Dealer nicht ansehen. Sie wissen dann, dass ich die Päckchen, die sie in der Hand halten, nicht kaufen will. Ich muss aber nicht immer so vorsichtig sein. Ich kann zu anderen Zeiten und an anderen Orten Passanten und Wartende durchaus anschauen (Nicht zu lange, das kann bei Fremden provozierend wirken.). Es ist besser, die potenzielle Gefährlichkeit bestimmter Interaktionspartner einzuschätzen als sie generell als böse zu kategorisieren. Für manche Radfahrer scheinen alle Autofahrer böse zu sein, für viele Nichtwähler sind alle Politiker böse (korrupt, nur auf den eigenen Vorteil aus). Böse Menschen sollte man immer meiden. Wenn Politiker (z. B. George W. Bush 2002) von der „Achse des Bösen" sprechen, ist das bedrohlich. Das Attribut „böse" gilt immer, es ist absolut. Auf diese Weise begebe ich mich der Möglichkeit, die Absicht des Gegenübers abzuschätzen. Wenn ich den Kontakt mit als böse gekennzeichneten Menschen generell vermeide, werde ich nicht merken, dass sie nicht immer böse sind. Wenn ich die Wahrscheinlichkeit meines Gegenübers für bestimmte Handlungen einschätzen kann, etwa die, mich im nächsten Moment anzugreifen, habe ich einen größeren Handlungsspielraum als wenn ich bestimmte Menschengruppen generell meide. Dabei muss ich nicht gleich in das Gegenteil verfallen und alle Menschen für gut (und ungefährlich) erklären.

Literatur

Bereczkei, T., Birkas, B., & Kerekes, Z. (2010). Altruism toward strangers in need: Costly signalling in an industrial society. *Evolution and Human Behaviour, 31,* 95–103.

Darwin, C. (1874). *Die Abstammung des Menschen.* Paderborn: Voltmedia (Nachdruck).

Gebauer, J. E., Sedikides, C., Verplanken, B., & Maio, G. R. (2012). Communal narcissism. *Journal of Personality and Social Psychology, 103*(5), 854–878.

Gebauer, J. E., Sedikides, C., & Schrade, A. (2017). Christian self-enhancement. *Journal of Personality and Social Psychology, 113*(5), 786–809.

Greenwald, A. G. (1980). The totalitarian ego. Fabrication and revision of personal history. *American Psychologist, 35*(7), 603–618.
Haidt, J. (2012). *The righteous mind.* London: Penguin.
Kouchaki, M. (2011). Vicarious moral licensing: The influence of other's past moral actions on moral behavior. *Journal of Personality and Social Psychology, 101*(4), 702–715.
Moll, J., & de Oliveira–Souza R. (2009). "Extended attachement" and the human brain: Internalized cultural values and evolutionary implications. In J. Verplaetse, J. De Shrijver, S. Vanneste, & J. Braeckman (Hrsg.), *The moral brain. Essays on the evolutionary and neuroscientific aspects of morality* (S. 69–85). Dordrecht: Springer.
Murr, E. (1936). Mehr Sippensinn! In (ohne Hrsg.), Mütter, die uns die Zukunft schenken (S. 107 – 118). Königsberg: Sturm–Verlag.
Pinker, S. (2003). *Das unbeschriebene Blatt. Die moderne Leugnung der menschlichen Natur*. Berlin: Berlin Verlag.
Sachdeva, S., Iliev, R., & Medin, D. L. (2009). Sinning saints and saintly sinners. *Psychological Science, 20*(4), 523–528.
Sedikides, C., Gaertner, L., & Vevea, J. L. (2005). Pancultural self-enhancement reloaded: A meta-analytic reply to Heine (2005). *Journal of Personality and Social Psychology, 89*(4), 539–551.
Tajfel, H., Billig, M. G., Bundy, R. P., & Flament, C. (1971). Social categorization and intergroup behaviour. *European Journal of Social Psychology, 1,* 149–178.
Tomasello, M., Carpenter, M., Call, J., Behne, T., & Moll, H. (2005). Understanding and sharing intentions: The origins of cultural cognition. *Behavioral and Brain Sciences, 28,* 675–735.
Trivers, R. T. (2013). *Betrug und Selbstbetrug. Wie wir uns selbst und andere erfolgreich belügen*. Berlin: Ullstein.
Voland, E. (2007). *Die Natur des Menschen. Grundkurs Soziobiologie.* München: Beck.
Wilson, E. O. (2013). *Die soziale Eroberung der Erde. Eine biologische Geschichte des Menschen*. München: S.H. Beck.
Wippermann, W. (2007). *Agenten des Bösen. Verschwörungstheorien von Luther bis heute*. Berlin: Be.bra Verlag.

7

Welche Folgen hat Moral?

Inhaltsverzeichnis

7.1 Moralisches Handeln: Das Gute tun in konkreten Situationen

Die Bedürfnisse des einzelnen Menschen und die Interessen der Gesellschaft oder Gruppe divergieren häufig. Wären die Bedürfnisse aller Menschen gleich, auch aller Lebewesen, gäbe es keine Evolution. Gesellschaftliche Interessen werden erfüllt, wenn man ihre Verfolgung zur Pflicht macht.

L. Lange, *Sollen Wollen und Lassen Sollen*, https://doi.org/10.1007/978-3-658-23371-6_7

Ob Pflichten erfüllt werden, hängt nicht nur von den Personen ab, die sich darum bemühen, sondern auch von der Situation, in der sie sich befinden. Das sehen Moralphilosophen häufig anders. Sie meinen, man sollte seine moralische Pflicht immer erfüllen. Leicht gesagt, aber schwer getan.

Wir benötigen die Moral, um die Kluft zwischen den Interessen Einzelner und denen der Gesellschaft zu überbrücken. Auch Konflikte innerhalb der Gesellschaft versucht man, durch Berufung auf die Moral zu lösen. Was in Konfliktsituationen moralisch gut ist, lässt sich anscheinend leicht feststellen. Moralisch geboten ist es, alle Menschen gleich zu behandeln. Ist das sinnvoll, wenn die Zeit eine Rolle spielt? Die Anzahl der Notrufe nimmt ständig zu, wird von den Notrufzentralen beklagt, sie sind überlastet. Wer soll zuerst Hilfe erhalten? Soll man der zeitlichen Reihe nach vorgehen?

Wenn wir helfen sollen und es auch wollen, wird unser Tun von Gegebenheiten bestimmt, die wir vorfinden, davon, wie wir sie erfassen und welche Möglichkeiten zum Handeln uns zur Verfügung stehen. Die Moral muss, wenn sie wirksam werden soll, immer auch mit diesen beiden Kräften rechnen. Psychologische Forschungen verschiedener wissenschaftlicher Schulen, insbesondere der Gestaltpsychologie, haben immer wieder ergeben, dass die Handlungsweise von Menschen wesentlich von der Situation bestimmt wird, von den jeweiligen physikalischen, biologischen und sozialen Bedingungen. Religiöser Glaube, Pflichtbewusstsein, das Gewissen oder die Vorstellungen über moralische Werte helfen nicht allein weiter. Man weiß, was man tun sollte, kann es aber nicht immer. „Edel sei der Mensch, hilflos und gut" (Diese Veränderung im Goethe-Zitat aus seinem Gedicht „Das Göttliche" stammt nicht von mir.). Unbesonnenheit darf nicht mit „moralisch wünschenswert" verwechselt werden. Da haben es Zuschauer leichter als Handelnde. Wer von Psychologen nicht so leicht zu überzeugen ist, lässt sich vielleicht durch Goethe zum Nachdenken bewegen, den wir nun unverändert zitieren wollen: „Der Handelnde ist immer gewissenlos; es hat niemand mehr Gewissen als der Betrachtende." (Aus „Maximen und Reflexionen").

Als Beispiel kann uns das Verhalten von Anna Seghers in den fünfziger Jahren des vorigen Jahrhunderts dienen, als in der Ulbricht-DDR Intellektuelle und Schriftsteller nicht nur gemaßregelt wurden, sondern auch unter dem Vorwand einer konterrevolutionären Verschwörung und der Boykotthetze zu Zuchthausstrafen verurteilt wurden. Anna Seghers machte man später den Vorwurf, sie habe zu diesem Unrecht geschwiegen. Im Jahre 1990, da war die Seghers schon gestorben, konnte man lesen, dass sie die politische Situation in der Ulbricht-Ära ganz klar erkannt hatte. In jenem Jahr wurde ihre 1957/1958 geschriebene Novelle „Der gerechte Richter“ erstmals veröffentlicht. Sie handelt teilweise in einem Gefangenenlager in der DDR, in der sich auch Kommunisten als politische Häftlinge befinden. Warum hat Anna Seghers nicht öffentlich protestiert, als Janka und andere 1957 vor Gericht gestellt wurden? War sie gewissenlos? Günther Rücker geht in einem Nachwort der Novelle auf diesen Vorwurf und auf die nachträgliche moralische Verurteilung der Schriftstellerin ein (Forderung nach Entfernung ihrer Bücher aus Bibliotheken, nach Tilgung ihres Namens von allen öffentlichen Orten). Man erfährt, dass Anna Seghers seinerzeit keineswegs politisch tatenlos gewesen ist, sondern persönlich in der Sache bei Ulbricht interveniert hatte, allerdings vergeblich. Die politische Situation in der Zeit des Kalten Krieges wird kurz geschildert. Der Leser nimmt zur Kenntnis, dass ein öffentlicher Protest der Schriftstellerin nur im Westen hätte stattfinden können und zu jener Zeit für die Eingesperrten völlig nutzlos gewesen wäre.

7.1.1 Moral mit oder ohne Folgen?

Absichten werden geschlussfolgert, Verantwortlichkeiten zugeschrieben, das Selbstbild wird durch Moral erhalten oder gestärkt. Und die gewünschten Wirkungen unseres moralischen Handelns werden womöglich verfehlt. Deshalb sollte man die Moral auch vom Ende her betrachten und von ihren Wirkungen ausgehen.

Moralisch gut ist es, anderen Menschen zu helfen. Nicht immer hat man dazu gefahrlos Gelegenheit, selbst wenn man möchte. Und es kommt vor, dass das Opfer vergeblich ist. Denken wir an die Studentin Tugce Albayrak, die im November 2014 zwei von einem gewalttätigen jungen Mann auf einem Parkplatz belästigten Mädchen zu Hilfe kommen wollte und dabei von diesem attackiert und (unbeabsichtigt) erschlagen wurde. Zu allem Überfluss sagten die beiden Mädchen als Zeugen aus, dass sie gar keine Hilfe gebraucht hätten.

Vielleicht sollte man nicht jedem helfen. Denken wir an die sogenannte Rattenlinie nach dem Zweiten Weltkrieg. Damals half die Papst-Administration prominenten Nazis, nach Südamerika zu fliehen und sich so der Verantwortung für Kriegsverbrechen zu entziehen.

Ein Problem bei den Konsequenzen sittlichen Handelns sind die Sanktionen zur Etablierung und Aufrechterhaltung von Moral. Die Folgen moralisch relevanter Handlungen sind Belohnungen und Bestrafungen. Entscheidend sind die moralischen Prinzipien derjenigen, die sanktionieren. Das sind in der Regel diejenigen Menschen, Gruppen und Institutionen, die Macht haben.

Sanktionen werden uns von unserem Gewissen und von der Religion angedroht, wenn wir Gebote missachten. Das Gewissen sanktioniert selbst, vielleicht auch dann, wenn wir gar nichts verbrochen haben. Es ist eine ungerechte moralische Instanz. Das Gewissen und gesellschaftliche Sanktionen können divergieren. Anders ausgedrückt, wir können für moralisch vorbildliches Verhalten schlimm bestraft werden.

Die Evolutionstheoretiker verwenden für Forderungen, die die Konsequenzen moralischer Vorschriften unberücksichtigt lassen, ein bombastisches Wort: Nonkonsequenzialismus. Der Kant'sche Imperativ ist nonkonsequenzialistisch. Es gibt Menschen, die ihm gemäß handeln, sie sind selten. Religiöse Moral ist konsequenzialistisch, auch wenn die Sanktionen nicht durch andere Menschen verhängt werden müssen, sondern durch Gott geschehen. Der kategorische Imperativ ist eine Angelegenheit nicht für Handelnde, sondern für Beobachter des Geschehens. Diesen fällt der Nonkonsequenzialismus leicht (s. hierzu DeScioli und Kurzban 2013).

Die Nonkonsequenzialisten berücksichtigen die unerwünschten Folgen moralischen Tuns nicht ausreichend. „Das habe ich nicht gewollt". Wie oft hören wir diesen Satz? Für solche Situationen hatte meine Großmutter einen passenden Spruch bereit: „Der Mensch denkt und Gott lenkt." Nicht nur Medikamente haben unerwünschte Nebenwirkungen, auch gute Taten.

Der Satz „Man kann alles, wenn man nur will" ist falsch, auch, wenn man „das Gute" will. Sollen und Wollen ist nicht gleich Können. Es ist nicht die Willenskraft, die das Gute erreicht. „Man muss nur wollen", ein dummer Satz, der sich durch das Adverb „nur" als absurd enthüllt. Können Pädophile ihre angelegte Neigung oder Raucher ihre Sucht durch „Willenskraft" überwinden? Allerdings sind wir unseren unbewussten Neigungen, den Gefühlseindrücken und dem Drang nach schädlichen Substanzen nicht so ausgeliefert, dass wir keine Steuerungsmöglichkeit hätten. Niemand hat die Willenskraft bisher gefunden oder nachgewiesen. Dennoch sind wir unseren Anmutungen und Affekten nicht wehrlos unterworfen. Es ist nicht so, dass wir immer erst hinterher überlegen. Wir können die vorhersehbaren Konsequenzen unseres Tuns berücksichtigen, auch bei moralischer Pflichterfüllung. Odysseus konnte verhindern, dass er und seine Kameraden vom Gesang der Sirenen so betört wurden, dass ihr Schiff am Felsen zerschellte. Er hatte seinen Gefährten die Ohren mit Wachs verstopft, sodass sie den verführerischen Sirenengesang nicht hören konnten. (Hat er dadurch das Recht auf Informationsfreiheit bei seinen Mitreisenden verletzt?) Sich selbst hatte er an den Schiffsmast binden lassen und seine Kameraden gebeten, ihn auf keine Fall loszubinden, ehe sie nicht die Sireneninsel passiert hatten.

Nicht immer sind negative Konsequenzen vorhersehbar. Häufig wollen Menschen etwas Gutes tun, erreichen aber gar nichts oder etwas, was anderen Menschen schadet. Das Umgekehrte kommt wohl auch manchmal vor.

Wer Böses will oder feige kneift, kann dadurch unbeabsichtigt etwas Gutes bewirken, vielleicht dadurch, dass er oder sie auf diese Weise unabsichtlich einen Missstand aufzudecken Anlass gibt, so der Bundeswehr-Offizier, der Ende Mai 2017 eine geladene Pistole in der Toilette eines Wiener Flughafens versteckt hatte.

„Ich bin ein Teil von jener Kraft, die stets das Böse will und stets das Gute schafft", sagt Mephisto. Das kann nicht stimmen, wegen der Allaussage, durch zweimaliges „stets" ausgedrückt. Aber manchmal haben wir Glück und uns wird eine ungute Tat zu unserem Vorteil ausgelegt, so wie es Sokrates in Brechts „Der verwundete Sokrates" geschah.

Sokrates kämpfte in der Schlacht bei Delion in den leicht bewaffneten Fußtruppen. Er hörte mitten in der Schlacht im Nebel die Todesschreie seiner Mitkämpfer. Schließlich entschloss er sich zur Flucht über ein Stoppelfeld und spürte plötzlich einen entsetzlichen Schmerz im Fuß. Ein großer Dorn hatte die dünne Sohle seiner Sandalen durchbohrt und steckte tief im Fleisch. Der Versuch, den Dorn mit dem Schwert herauszuziehen, misslang. Plötzlich tauchten, der Sprache nach, die Feinde im Nebel auf, die Perser. Wegen des Dorns im Fuß war es Sokrates nicht möglich zu fliehen. Und so fängt er an zu brüllen wie ein Stier und seine Kameraden zum Angriff anzufeuern. Später erklärt man ihm, dass er durch seinen unerschütterlichen Widerstand den Angriff der Perser zum Stehen gebracht habe. Sokrates wird unter großem Jubel auf dem Schild getragen und dann in sein Haus nach Athen gefahren. Nun wird es schlimm für den Philosophen. Man will ihn groß feiern, er kann nicht laufen und getraut sich nicht, die Wahrheit zu sagen. Als der Feldherr Alkibiades kommt, um ihn zur Ehrung abzuholen, bleibt Sokrates jedoch nichts anderes übrig, als die Wahrheit zu bekennen. Und, oh Wunder, die Sache nimmt ein gutes Ende. Der Feldherr bewundert Sokrates nun noch mehr: „Du kannst mir glauben", sagt er laut Brecht zu Sokrates, „daß ich dich für tapfer genug halte. Ich kenne niemand, der unter diesen Umständen erzählt hätte, was du erzählt hast". Hier wird die Wahrheit als größte moralische Tugend gewürdigt.

Wir lernen bei Brecht, dass man durch falsche Interpretation einer Situation in den Ruf eines Helden geraten kann. Wenn Absicht und Ergebnis des Tuns nicht übereinstimmen, ist es leider meistens anders als beim verwundeten Sokrates, nämlich so, dass das Resultat negativ ausfällt und der gute Zweck verfehlt wird.

7.1.2 Voraussetzungen für erwünschte moralische Wirkungen

Das größte Dilemma der Moral ergibt sich aus ihrem generellen Anspruch, aus der Forderung, sie möge immer, überall und für jeden gültig sein. Diese Forderung können wir Menschen im Handeln nicht erfüllen. Wir sind abhängig von der Situation, in der wir uns befinden, von den vorhersehbaren Folgen, die unser Tun haben kann und von den Möglichkeiten, die uns beim Handeln zur Verfügung stehen.

Die konkrete Situation kann für moralisches Handeln wichtiger sein als die eigene Einstellung. Wenn wir bemerken, da sind Menschen, die der Unterstützung bedürfen, kann unser prosozialer Schutzinstinkt aktiviert werden. Aber unser unreflektierter moralischer Impuls kann unter bestimmten Bedingungen unangemessen sein. Angenommen, beim Ausbruch einer ansteckenden Seuche in einem entfernten Land sind nicht genügend Behandlungsmittel vorhanden. Es müsste schnell geimpft werden. In diesem Fall kann ein uneigennütziger Arzt in ein moralisches Dilemma geraten. Er kann nicht alle impfen, die schnell geimpft werden müssten. Moralisch einwandfrei würde er handeln, impfte er z. B. nach dem Zufallsprinzip (Losentscheidung). Eine andere zumindest vernünftig erscheinende Strategie wäre auch, diejenigen zuerst zu impfen, denen damit vielleicht noch geholfen werden könnte und die hoffnungslos erscheinenden Fälle erst danach, sofern noch Serum vorhanden ist. Das würde Immanuel Kant mit seinem kategorischen Imperativ dem Arzt vielleicht durchgehen lassen. In der Praxis sind aber andere Auswahlstrategien wahrscheinlicher, nämlich solche aufgrund des Alters („Kinder zuerst"), des Äußeren (niedliche Kinder, hübsche Frauen zuerst, uneingestanden) oder der Expressivität des Klagens. Das Verhalten hängt immer von der Situation ab, in der ein sich moralisch verpflichtet fühlender Mensch befindet.

Eine Frau erzählte mir, dass sie als Dreijährige 1945 an Typhus erkrankt war und mit anderen Kindern im Krankenhaus lag. Die Ärztin habe nicht genügend Impfstoff zur Verfügung gehabt. Nicht alle Kinder hätten den Typhus überlebt. Nach Meinung der Eltern der damals Dreijährigen habe das Mädchen überlebt, weil sie ausreichend Impfstoff erhalten habe. Dies vielleicht deshalb, weil das Mädchen als besonders niedlich galt.

Solche Hilfemaßnahmen können auch durch bewusste Auswahl erfolgen. Jüdische Beauftragte hatten in der NS-Zeit in Sammelunterkünften und Ghettos organisatorische Aufgaben, die sie manchmal für Rettungsversuche verwendeten. Das funktionierte natürlich nur gelegentlich. Wie in dem Film der „Der Pianist" dargestellt wird, war es manchmal Juden an Aufnahmestellen des Warschauer Ghettos (Judenräten) möglich, einzelnen Leidensgenossen die Flucht zu ermöglichen. Wie wählt man in einer solchen Situation aus, wer gerettet werden soll? Im Film war es die Prominenz der Eingelieferten, die zur Hilfe durch die Judenräte prädestinierte.

Harald Welzer (2011) hat die Hilfe für Verfolgte in der Nazizeit anhand von Dokumenten untersucht und dafür drei Bedingungen ausgemacht, die er in einem Interview folgendermaßen formuliert hat:

> … um zu helfen, muss man eigentlich drei Dinge haben oder darüber verfügen können: Man muss erst mal überhaupt sehen, dass Hilfe gebraucht wird… Man muss dann auch selber für sich einen Handlungsspielraum sehen, in dem man aktiv werden kann. Und der dritte Punkt ist: Man muss dann Mittel haben, Bedingungen haben, um wirklich effizient helfen zu können (Zitiert nach http://www.deutschlandfunkkultur.de/der-heldenbegriff-ist-ganz-irrefuehrend.954.de.html?dram:article_id=145991).

Die drei Bedingungen, damit moralische Handlungen bei eigener Gefährdung ausgeführt werden und Erfolg haben können, sind also nach Welzer: Gelegenheit, adäquate Situationsinterpretation und geeignete Mittel, um tätig werden zu können. Auf die heldenhafte Irena Sendler trifft das zu. Wir sehen an ihrem Verhalten und an anderen Rettern, dass die Gelegenheit zur Hilfe gezielt herbeigeführt werden kann. Irena Sendler verschaffte sich Zugang zum Warschauer Ghetto, indem sie die SS auf die Gefahr von Epidemien hinwies. Sie hat nicht auf eine Gelegenheit zur Hilfe gewartet, sondern entsprechende Möglichkeiten aktiv gesucht.

Und welches dieser Merkmale ist am wichtigsten? Nach Welzer war das damals das Eingebundensein in ein soziales Netzwerk, das den Nazis ablehnend oder kritisch gegenüberstand. Die helfenden Menschen mussten Mittel zur Verfügung haben, die ihnen die für sie selbst gefährliche Hilfe ermöglichten.

Es war nicht nur Mut als eine moralische Tugend, die den Helfern die Unterstützung Verfolgter ermöglichte, sondern auch das schnelle Erfassen der Situation und die Verfügbarkeit von Möglichkeiten zur Hilfe. Menschen, die in gefährlichen Situationen anderen geholfen haben, berichten häufig, sie hätten nicht lange überlegt, dazu sei gar keine Zeit gewesen.

7.1.3 Ziele oder Methoden?

Nicht nur der Nonkonsequenzialismus hat Schwächen beim moralischen Handeln, der Konsequenzialismus ebenfalls. Wenn man zu stark an die möglichen Folgen denkt, kann man nicht mutig und furchtlos eingreifen.

Dieses Dilemma ist nicht prinzipiell lösbar, aber es gibt eine wichtige Orientierungshilfe.

Eine Schwäche des Konsequenzialismus, der Orientierung am erwünschten Handlungsergebnis, ist die Gefahr, dieses mit moralisch ungeeigneten Mitteln erreichen zu wollen. Moralische Ziele sind eine Sache, ihre Verwirklichung eine andere.

Ziele sind zunächst nur Absichten. Sie werden greifbar nach Entscheidungen durch Festlegung der Mittel und Methoden, mit denen man sie verfolgen will. (Ziele und Absichten können auch unbewusst wirksam werden.) Manche Methoden sind verboten, nicht nur moralisch, sondern auch gesetzlich. Kriege dürfen nicht mit Atomwaffen oder durch Anwendung von Giftgas geführt werden. Um Geständnisse zu erreichen, darf Folter nicht angewendet werden. Wenn nur bestimmte Mittel erlaubt oder verboten sein sollen, wird die Methode zum moralischen Ziel. Wenn Waffen nicht in Kriegsgebiete exportiert werden dürfen, gibt es immer Länder, die als Ausnahmen gelten und die keinesfalls demokratisch sind. Irgendwie geraten die Panzer und Kampfflugzeuge immer in Kriegsgebiete.

Die Methoden, mit denen Ziele erreicht werden sollen, bringen die Interessen der Akteure deutlicher zum Ausdruck als die verkündete Moral. Die Instrumente sagen mehr über die Handlungsgründe aus als die geäußerten Begründungen. Für die Beurteilung des Geschehens sind die eingesetzten Mittel bei der Handlung diagnostisch relevant, nicht die Werte, auf die sich die Akteure berufen. Halten sich die Verantwortlichen bei der Wahl der Mittel an Gepflogenheiten des Umgangs miteinander, an Übereinkünfte, an gesetzliche Bestimmungen, an moralische Empfehlungen?

Moralische Ziele sind immer hehr, die Methoden, sie zu erreichen, sind es nicht immer. Zur ethischen Methodenprüfung ist Sachverstand erforderlich, sonst führt ausgeweiteter fremdzentrierter moralischer Narzissmus zur Unterbindung kritischen Denkens und Prüfens. Ein Beispiel sind von Laien moralisch beurteilte Forschungsmethoden.

Angenommen, die Biologin und Nobelpreisträgerin Christiane Nüsslein-Volhard käme nach Berlin und bekäme dort einen Bus der Linien 142 oder 248 zu Gesicht. Da könnte sie sich belehren lassen, wie sie ihre genetischen Forschungen durchzuführen hat. Tierschützer haben 2017 die Aufschrift „Tierversuchsfrei forschen" bei den Berliner Verkehrsbetrieben finanziert. Frau Nüsslein-Volhard hat ihre Experimente an Fruchtfliegen durchgeführt.

Moralisch akzeptierte Methoden sind auch für politische Ziele wichtig. Gegen die meisten politischen Ziele, wie sie schlagwortartig vor Wahlen verkündet werden, kann man nichts haben. Nichts gegen Freiheit, nichts gegen Gerechtigkeit, nicht viel gegen Gleichheit oder „allen Menschen ein Wohlgefallen". Das Problem besteht darin, wie man diese moralischen Ziele erreicht. Zunächst durch politische Veränderungen, die, das ist historisch belegt, außer vielleicht manchmal in Demokratien, nicht ohne Gewalt erreicht werden können. In Demokratien braucht man dazu zumindest gesetzgeberische Gewalt, ökonomische Macht.

Das politische Ziel Diktatoren zu stürzen, ist moralisch immer gerechtfertigt. Nach dem Sturz von Diktaturen gibt es zwei Probleme mit den vorher ausgerufenen moralischen Zielen. Es ist außerhalb der alten Strukturen kaum jemand da, der legitimiert wäre, die Macht in die Hand zu nehmen. Diktaturen zeichnen sich dadurch aus, dass sie kein gesellschaftliches Gefüge hinterlassen, auf das man sich stützen kann und es sind oft kaum Leute vorhanden, die an die Stelle der alten Herrscher treten könnten. Bei Wahlen muss man auf Personen zurückgreifen, die sich im Exil aufgehalten haben. Das zweite Problem bezieht sich auf die Anwendung politischer Gewalt. Wer darf sie ausüben?

Der Ruf nach Freiheit und Gerechtigkeit geht gesellschaftlichen Veränderungen voraus und kann dem politischen Fortschritt zunächst förderlich sein. Dieser stellt sich nicht zwangsläufig ein. Der „Arabische Frühling" hat kaum zu demokratischen Veränderungen in den nordafrikanischen Ländern geführt. Gegen erbarmungslose Diktatoren helfen moralische Ziele nicht, wenn keiner die Macht hat, sie politisch umzusetzen. In das politische Vakuum dringen Akteure ein, die sich nur durch Blutvergießen durchsetzen können. Nach der Beseitigung des Zarismus in Russland und einer kurzen Periode von Machtkämpfen etablierte sich das stalinistische Terrorregime. Auch nach der Französischen Revolution 1789 brachen nicht „Freiheit, Gleichheit, Brüderlichkeit" aus. Diese berühmten Forderungen sind heute noch aktuell, das heißt, sie sind immer noch nicht verwirklicht.

Wie konnte es nach der Französischen Revolution zu dem unglaublichen Gemetzel durch die Revolutionäre selbst kommen? Wer war schrecklicher, Danton, Marat, Robespierre? Oder war der Terror im Anschluss an die Französische Revolution weniger eine Sache von Persönlichkeitseigenschaften als vielmehr auch des Versuchs, moralische Werte gewaltsam durchzusetzen? Die „Tage des großen Schreckens" 1794 wurden durch den sogenannten Wohlfahrtsausschuss eingeleitet, dem Robespierre vorstand. Wohlfahrtsausschuss! Robespierre wollte einen Tugendstaat errichten. Dazu bedurfte es eines Revolutionstribunals.

Die politischen Forderungen „Freiheit, Gleichheit, Brüderlichkeit" wurden nicht für alle Bürger erhoben. Frauen gehörten jedenfalls nicht zu denjenigen, die auf gleiche Rechte hoffen konnten. Die Frauenrechtlerin

Olympe de Gouges, die den Gleichheitsgedanken auch auf Frauen bezogen wissen wollte, wurde 1793 durch die Guillotine hingerichtet (Dabei war nicht allein ihre Gleichheitsforderung als Beweggrund für die Exekution von Bedeutung.).

Es sind die Mittel und Methoden, die entscheiden, ob die jeweiligen politischen und moralischen Ziele verwirklicht werden. Die Ziele sind abstrakt, grenzenlos und dadurch häufig wirklichkeitsfern. Vor allem sind sie nonkonsequenzialistisch. Die Methoden zur Umsetzung von Zielen sind entscheidend für die Moralverwirklichung. Die Ziele sind immer großartig und edel. Will man sie verwirklichen, braucht man Mittel und Methoden, die den Zielen nicht zuwiderlaufen. Alle Regime, die einen „neuen Menschen" schaffen wollten, sind gescheitert und das unter unsäglichen Opfern. Es gibt keinen „neuen Menschen" ohne Gewalt, mit Gewalt aber auch nicht. Bestimmte Ziele muss man aufgeben, wenn es keine akzeptablen Mittel gibt, sie zu erreichen.

Der Soziologe Max Weber hat in seiner Abhandlung „Politik als Beruf" auf den Zusammenhang zwischen Verantwortlichkeit von Politikern und den Methoden, die sie für proklamierte Ziele anwenden, hingewiesen (Weber 1992, zuerst 1926). Er unterscheidet zwischen verantwortungsethisch und gesinnungsethisch orientierten Politikern. Wer die rechte (im Sinne von „richtige") Gesinnung hat, braucht sich um die Folgen seiner Entscheidungen nicht zu kümmern. Moralische Narzissten sind Gesinnungsethiker im Sinne von Max Weber. Verantwortlich handelt derjenige, der die voraussehbaren Folgen berücksichtigt. Handelnden fällt es leichter, unerwünschte Konsequenzen eigenen Tuns gesinnungsethisch zu interpretieren als Beobachtern (S. dazu auch den Abschnitt „Moral mit oder ohne Folgen", in dem es um die Ignorierung oder Beachtung von Handlungskonsequenzen geht.).

In ihrer allgemeinsten Form sind moralische Ziele lediglich Schlagworte, die zur Markierung gesellschaftlicher Verpflichtungen, weltanschaulicher Haltungen und politischer Ausrichtung dienen. Aber die Selbstsucht lässt sich nicht ohne Weiteres ausschalten. „Selbstsucht" ist ein moralisches Wort und „Sucht" legt nahe, dass es sich um eine krankhafte nicht zu bremsende Neigung handelt. Deshalb sprechen wir lieber von „Glückseligkeit" im Sinne von Kant. Wir wollen am Leben bleiben und dabei nicht leiden und möchten es etwas froh und behaglich haben. Dann können wir auch über uns hinauswachsen und in Übereinstimmung mit den prosozialen Trieben unserer biologischen Urahnen zur Verbesserung des menschlichen Zusammenlebens beitragen.

7.2 Die Moral in verschiedenen sozialen Räumen

Moral wird überwacht. Diese Aufgabe können unterschiedliche Autoritäten übernehmen: die Erziehungsberechtigten, die Nachbarn, die Medien, das eigene Gewissen oder Gott. Das Gewissen und Gott sind Kontrolleure ohne zusätzlichen Aufwand, alle anderen benötigen Zeit, Motivation und oft auch Geld für die Aufsicht. Gott und das eigene Gewissen haben wir verinnerlicht. Sie brauchen keine zusätzlichen Instrumente für unsere sittliche Steuerung. Alles andere funktioniert nur in bestimmten sozialen Räumen. Hier tritt die Öffentlichkeit in Aktion, es sei denn, die Erziehungsberechtigten befinden sich in der eigenen Familie.

7.2.1 Öffentlichkeit

Die Öffentlichkeit ist der wichtigste soziale Ort für die Moralüberprüfung. Rituale und Opferhandlungen geschehen öffentlich. Es muss sich dabei nicht gleich um die Weltöffentlichkeit handeln, Publikum gibt es inzwischen allenthalben. Unser Verhalten ändert sich bei Anwesenheit von Zuschauern, insbesondere unser moralisch relevantes Tun. Dazu können auch Meinungsäußerungen gehören. Dieser Zusammenhang gilt aber nur unter einer Voraussetzung: Der Handelnde muss identifizierbar sein. Ist er das nicht, befindet er sich in der Anonymität. Wer handelt, sollte sich bewusst sein, ob er sich in einer öffentlichen Situation befindet oder nicht. Im Internet wird vieles einem interessierten Publikum zugänglich, was gar nicht für einen breiteren Interessentenkreis gedacht war.

In psychologischen Persönlichkeitstests gibt es manchmal Aussagen wie diese, denen man zustimmen oder die man verneinen kann: „Mein Essverhalten ist zu Hause anders als in der Öffentlichkeit." Diese Frage ist eine Kontrollfrage und soll feststellen helfen, wie ehrlich die Antworten des jeweils Getesteten sind. Sie prüft die sogenannte Beschönigungstendenz. Die Persönlichkeitspsychologen gehen davon aus, dass jeder Mensch sich in der Öffentlichkeit anders verhält als zu Hause, auch beim Essen. Bei moralrelevanten Handlungen ist das erst recht so. Die Moral hat aber den Anspruch, immer zu gelten. Das ist so bei Kants Imperativ, bei unserem Gewissen und im religiösen Glauben. Der kategorische Imperativ braucht keine Öffentlichkeit. Das Gewissen auch nicht. Im Sinne des kategorischen Imperativs ist es gewiss nicht, wenn wir nur bei Anwesenheit von Zuschauern anderen Menschen aus der Not helfen. Und religiöser Glaube sollte sich nicht nur öffentlich präsentieren.

Öffentlichkeit kann sich auf moralrelevantes Verhalten durch bloße Vorstellung auswirken. Wenn wir meinen oder den Eindruck haben, wir würden durch andere beobachtet, verhalten wir uns eher moralkonform als wenn wir uns unbeobachtet glauben. So dienen Spiegel in exquisiten Geschäften nicht nur der scheinbaren Vergrößerung des Raumes und der besseren Beobachtungsmöglichkeit potenzieller Diebe, sondern auch der Selbstbeobachtung (dies auch in Aufzügen). Wenn wir uns mit dem eigenen Verhalten unmittelbar konfrontiert sehen, während es abläuft, fällt es uns leichter, die Perspektive eines Beobachters einzunehmen. Es muss nicht unbedingt die Öffentlichkeit sein, die wir uns als Beobachter vorstellen, es kann auch ein höheres Wesen sein. Hier vermischen sich Vorstellungen über ein beobachtendes Publikum und Gewissenssteuerung. Menschen verhalten sich leichter moralgemäß, wenn sie glauben, Gott beobachte sie.

Öffentlichkeit ist ein sozialer Raum, indem wir uns nur zeitweilig bewegen, sowohl tatsächlich als auch in unserer Vorstellung. Es gibt zwei soziale Räume, in denen es kein Publikum gibt, den privaten und den geheimen. Dort kann man sich gehen lassen oder gegen moralische Normen verstoßen. Man kann Meinungen äußern, die in der Öffentlichkeit sofort einen shitstorm auslösen würden.

7.2.2 Privatheit

Privatheit ist ein soziales Gefüge, in dem sich intimes Geschehen abspielt. Es betrifft unsere Körperlichkeit und unser Triebleben. Dazu gehört nicht nur die Sexualität, sondern auch Körperhygiene, Ausscheidungsfunktionen und alles, was andere Menschen möglichst nicht sehen sollen. (Beim Hören sind wir offenbar nicht so empfindlich.) Diese Verrichtungen sind nicht immer moralisch relevant. Auch wer sich regelmäßig wäscht und ein gesellschaftlich akzeptiertes Sexualleben führt, tut das nicht unbedingt in der Öffentlichkeit. Wir schämen uns, unsere Physiologie öffentlich zu präsentieren. Schamgefühl ist nicht vordergründig etwas Moralisches, sondern entsteht bei öffentlichen Verletzungen unseres Selbstbildes. Aber auch abweichendes moralisches Verhalten bevorzugt den Schutz der Privatsphäre. Wer Ehefrau und Kinder verprügelt, macht das lieber privat, wer Kinder sexuell missbraucht, ebenfalls. Wer sich im sozialen Umgang auf das Private beschränkt, kann darauf hoffen, dass sein möglicherweise den Moralvorstellungen widersprechendes Tun nicht an das Tageslicht kommt und deshalb folgenlos bleibt.

Private Bereiche sind unerlässlich für das menschliche Leben, vielleicht weil wir dort auch die ganze Moral vergessen können. Wir sind aber im

Privatleben identifizierbar und steuern unser Verhalten in der Regel stärker als auf anonymer Ebene.

Was an die Öffentlichkeit gelangen darf, ist von den moralischen Normen abhängig, die sich schnell ändern können. Noch vor wenigen Jahren oder Jahrzehnten schämten sich Frauen, wenn sie Opfer sexueller Übergriffe wurden und behielten es sogar manchmal für sich, wenn sie vergewaltigt worden waren. Heutzutage werden, wie die Me-too-Bewegung zeigt, auch weniger schwere Überschreitungen sexueller Natur in die Öffentlichkeit getragen. Hier zeigt sich, dass die Moral für einen breiteren Bereich des sozialen Zusammenlebens relevant ist als das Gesetz (im juristischen Sinne). So werden sowohl geschmacklose erotische Komplimente als auch Vergewaltigungen Minderjähriger publik gemacht, was die Opfer schwerer Straftaten verständlicherweise stört. Moral differenziert wenig. Dieser Tatsache kann man sich entziehen, wenn man sich ins Privatleben begibt. Dort kann jeder Mensch die Lücke zwischen Moral und Verhalten ausnutzen, ohne anderen Menschen zu schaden oder sie zu belästigen.

7.2.3 Anonymität und Geheimhaltung

Freiheit von Moral erlangt man in der Anonymität. Wer nicht identifizierbar ist oder sich verbergen kann und wen das Gewissen nicht so leicht plagt, muss sich nicht um Menschenwürde, Solidarität und die Freiheit Andersdenkender kümmern. Er kann sich der Pflichterfüllung entziehen. Er ist frei, vogelfrei. Andere müssen dem Anonymen gegenüber ebenfalls moralische Forderungen nicht beachten (Das schließt nicht aus, dass dies gelegentlich doch geschieht oder geschehen ist, so gegenüber Untergetauchten in Nazi-Deutschland.).

Menschen, die sich nicht an die verkündete Moral halten, sind mehr oder weniger lange im Vorteil, wenn sie es schaffen, sich ausschließlich im anonymen Bereich zu bewegen oder in ihrer Gruppe Geheimhaltung durchzusetzen. Sie setzen darauf, dass ihre Moralverletzungen nicht entdeckt werden oder sie selbst nicht identifiziert werden können.

Kann man sich nicht vollständig in die Anonymität begeben, etwa weil man Partner braucht für die eigenen unmoralischen Neigungen (Kinderpornografie, Drogenkonsum), kann man als Normverletzer versuchen, dieses Verhalten geheim zu halten. Dafür kann auch privates Umfeld verwendet werden.

Abweichendes Moralverhalten wird nicht nur von Moralverletzern verheimlicht. Auch die Gesellschaft will manchmal nicht alles so genau wissen. So wurde Kindesmissbrauch lange nicht nur in den Familien verheimlicht, er war ein Tabu.

Geheimhaltung ist der Feind der Moral

Dort, wo es keine gesellschaftliche Öffentlichkeit gibt (Diktaturen) oder wo einzelne Institutionen sich von der Öffentlichkeit abschotten (Sekten, Geheimdienste), kommt es mehr oder weniger regelmäßig zu irrationalen, asozialen und zerstörerischen Aktionen. Moral hat hier nichts zu sagen.

Und was ist, wenn aus der Gruppe oder dem Verbund doch etwas nach außen dringt? Wo Dinge geheim gehalten werden, entstehen leicht Gerüchte. Mutmaßungen über Moralabweichungen erscheinen als Gewissheiten, denen die Sanktionierung folgt. In der heutigen Gesellschaft sind Geheimbünde und Geheimdienste nicht angesehen und werden von außen (mit staatlicher Gewalt, gegen die Mafia) oder von innen („whistleblower") untersucht und bekämpft.

Informationen über die Moral von Personen, Gruppen, Organisationen und ihre Beziehungen untereinander sind wertvoll, wertvoll in ökonomischer, politischer und psychologischer Hinsicht. Die Informationen sind es vor allem dann, wenn sie exklusiv sind. Journalisten, Erpresser, Marketingbeauftragte, Privatdetektive, Verkäufer illegaler Waren schlagen aus Informationen Vorteile, die die Neigungen und das Verhalten anderer Menschen betreffen und nicht allgemein zugänglich sind.

Heimlichkeit und Geheimhaltung beobachten wir nicht nur bei Menschen, die gegen moralische Werte, gegen Regeln und gegen Gesetze verstoßen, sondern auch bei denjenigen, die ihnen auf der Spur sind. Moralverstöße versprechen gute Geschäfte, die sich ergeben, wenn man mit geheim gehaltenen Informationen entweder an die Öffentlichkeit geht oder sie Interessenten auf der Gegenseite übermittelt. Man denke an den Journalisten Reiner Pfeiffer, der im Landtagswahlkampf von Schleswig-Holstein 1987 für das Team des CDU-Kandidaten Barschel arbeitete und dann mit geheimen Informationen zum „Spiegel" lief, der die Wahlkampfmethoden der schleswig-holsteinischen CDU öffentlich machte. Pfeiffer stellte sich der SPD-Führung in Schleswig-Holstein zur Verfügung. Sie nutzte das neue Wissen strategisch und dramaturgisch geschickt im rechten Moment unmittelbar vor der Wahl. Dass die schleswig-holsteinische SPD-Spitze die für sie nützlichen Informationen eine Weile für sich behalten hatte, wurde ihr und ihrem Spitzenkandidaten Engholm später zum Verhängnis. Die Öffentlichkeit erfuhr 1993, dass der SPD-Landesvorsitzende 50000 DM an Pfeiffer für dessen Informationen gezahlt hatte. Auch Engholm soll früher als er zugegeben hatte von Pfeiffers Manipulationen gewusst haben. Er trat als Ministerpräsident von Schleswig-Holstein zurück und verzichtete auf die

Kandidatur als Kanzlerkandidat der SPD im Bundestagswahlkampf 1994. Sein einstiger Konkurrent Barschel lebte da nicht mehr, er war im Oktober 1987 tot in der Badewanne eines Genfer Hotels gefunden worden. So dramatisch kann es zugehen, wenn geheime moralisch relevante Informationen an die Öffentlichkeit gelangen. In der moralischen Beurteilung von Politik geht es häufig um die Frage „Wer hat wann etwas gewusst?"

Weist geheimes Tun generell auf Moralverstöße hin? Nein. Vor allem können wir aus der Geheimhaltung nicht auf die Schwere einer moralischen Entgleisung schließen, ja noch nicht einmal mit Sicherheit darauf, dass moralisches Fehlverhalten stattgefunden hat. Einem empfindlichen Menschen ist leicht etwas peinlich, was anderen als lässliche Unschicklichkeit erscheint, z. B. dass er sich in betrunkenem Zustand beim Essen bekleckert hat, und er möchte nicht, dass sein Fehlverhalten öffentlich wird. Andere sind hart gesotten und es scheint ihnen nicht viel auszumachen, wenn nachgewiesen wird, dass sie ihre Dissertation zum großen Teil von anderen Verfassern abgeschrieben haben.

Es kommt nicht selten vor, dass Publizität auch bei moralisch positiv bewertetem Verhalten vermieden wird. Der Mensch, der der Stadt Görlitz seit Jahren Millionen gespendet hat, möchte anonym bleiben. Vielleicht fürchtet er das öffentliche Interesse wie eine negative Sanktion. Womöglich möchte er nicht, dass man seine Motive als moralisch fragwürdig diffamiert. Publizität kann als Strafe empfunden werden, unabhängig vom moralischen Inhalt des Tuns. Die Macht der über die Medien wirkenden Öffentlichkeit ist in unserer Gesellschaft so stark, dass sich ihre Wirkung verselbstständigen kann. Was über Menschen an die Öffentlichkeit dringt, lässt sich häufig in den Auswirkungen nicht mehr steuern. Aus dem Merkmal der Heimlichkeit allein können wir deshalb nicht mit Sicherheit auf die Qualität der moralischen Haltung schließen, aus der die Handlungen (nachträglich) abgeleitet werden. Diskrepanzen zwischen öffentlicher Moral und Verhalten sind in beiden Richtungen möglich. Menschenfreundliches Verhalten kann vorgetäuscht werden, um jemandem zu betrügen, es kann aber auch verheimlicht werden, um negative Folgen der eigenen Hilfsbereitschaft zu entgehen.

Um der öffentlichen Moral Genüge zu tun, werden nicht nur Handlungen, sondern auch Informationen geheim gehalten. Manchmal müssen Hilfeleistungen verheimlicht werden, um sie nicht zu gefährden, sonst würde der Ansturm zu groß. Auf diese Weise sollen Konflikte vermieden werden. So werden Dienstleistungen durch Ehrenamtliche für Bedürftige (z. B. Obdachlose) an bestimmten Orten möglichst im Verborgenen durchgeführt. Nur Eingeweihte wissen über Ort und Zeit der Leistung Bescheid. Dieses Vorgehen ist generell üblich, wenn bei Mangel Konflikte drohen, aber ist es auch moralisch geboten?

Täter, Opfer, Öffentlichkeit

Die Öffentlichkeit ist aus einem zweiten Grunde, außer der Beobachtungsfunktion, wichtig für moralisches Verhalten. Sie erfährt oder besser, sie soll erfahren, dass Unmoral negativ sanktioniert wird. Von den Strafen nach Moralverletzungen sollen möglichst viele erfahren, damit sie abschreckend wirken. Die Menschen sollen sehen, was ihnen widerfahren kann, sollten sie sich moralisch daneben benehmen. Sie können daraus Schlüsse für das eigene Verhalten ziehen.

Sanktionen sind nicht nur für Handelnde wichtig, sondern auch, abgesehen von denjenigen, die unter den Folgen der Moralverstöße anderer zu leiden haben, für Unbeteiligte, die ein Geschehen beobachten oder von ihm hören. Auf welche Seite stellen sich die Unbeteiligten bei Unfällen, Übergriffen, Verbrechen oder anderen gesellschaftlich unerwünschten Vorfällen, wenn sie solche Ereignisse erlebt oder von ihnen gehört haben, auf die des Täters oder auf die des Opfers (s. DeScioli und Kurzban 2009)?

Das Schicksal von Opfern verletzter Moral wird von Menschen bestimmt, die das Geschehen moralisch bewerten. Es handelt sich um Zeugen, berufene Beurteiler (Staatsanwälte, Richter, Schöffen, Journalisten, Talkshow-Teilnehmer) und die Öffentlichkeit allgemein. Gemeinhin dürften professionelle Beurteiler (Juristen) aber auch Zeugen eine weniger affektive Einstellung zu relevanten Ereignissen haben als unmittelbar Beteiligte (Täter und Opfer).

Der Opferstatus wirkt psychisch entlastend, weil keine Verantwortung für das Geschehen übernommen werden muss. Außerdem kann Hilfe von außen erwartet werden. In diesem Zusammenhang wird auch vom „Opferbonus" gesprochen. Aber die Opfer haben es schwer, wenn keiner verantwortlich zu machen ist.

Die moralische Haltung gegenüber Menschen, die als Opfer wahrgenommen werden (Opfer „der Verhältnisse", von Übeltätern, von Kriminellen, von Ereignissen wie Unfällen oder Kriegen) wird vom Ausgleichsgedanken dominiert, wie er auch in unserem Bestreben nach Gerechtigkeit zum Ausdruck kommt. Wir möchten die Verletzung der Moral nicht allein durch Bestrafung des Schuldigen kompensieren, sondern auch durch Entschädigung des Opfers. Die moralische Übertretung möchten wir am liebsten ungeschehen machen. Da das nicht möglich ist, halten wir uns mit unterschiedlicher Intention an „Täter" und „Opfer". Die Beobachter des Geschehens entscheiden, was mit den Opfern geschieht. Die Beobachter, das ist die Öffentlichkeit.

7.3 Psychologische Konsequenzenbewältigung mit Moral

Die Moral ist durch prosoziale Neigungen und gelernte Haltungen so tief in uns verwurzelt, dass sie unseren „kognitiven Apparat", das heißt unsere Wahrnehmungsvorgänge und das Erinnern, unser Urteilen und Denken, Entscheiden und Sprechen, in Dienst nimmt. Wir ordnen unsere Überlegungen dem moralischen Gefühl unter. Wir denken und urteilen intuitiv und das kann durchaus sinnvoll für unser Entscheiden und Handeln sein. Die Intuition sagt uns auf emotionalem Wege, was für uns als Individuum angebracht ist, für unsere Bedürfnisse und Interessen. Danach suchen wir unsere Ziele aus und das kann unwillkürlich vor sich gehen. Wenn die Ergebnisse unseres Handelns nicht dem entsprechen, was gesellschaftlich akzeptiert wird, wird darüber nachgedacht. Dieses Nachdenken geschieht auf der Basis moralischer Gefühle unter der Berücksichtigung von Fakten, an die wir uns erinnern oder die uns von anderen präsentiert werden. Wir können diese Fakten akzeptieren oder auch nicht. Wir können sie zu erklären versuchen oder wir können sie leugnen. Unsere Erklärungen sind affektiv gefärbt, es sind moralische Urteile, die von den Urteilen anderer abweichen, die die gleiche Situation weniger intuitiv und eher rational einschätzen. Wer Schwarzarbeiter beschäftigt, tut das vielleicht, um schnell und mit geringem finanziellem Aufwand handwerkliche Hilfe zu erhalten. Wird man erwischt, heißt es, man habe den Betreffenden nur helfen wollen, da sie keine Arbeitserlaubnis hatten (z. B. Geflüchtete). Diese Erklärung muss nicht falsch sein, wird aber juristisch nicht akzeptiert, da juristische Bestimmungen gemäß rationaler Überlegungen formuliert werden. Das stimmt nicht immer, denn auch Gesetze werden aufgrund moralischer Gefühle beschlossen und werden später wieder geändert oder gestrichen. Man denke an den alten § 175.

Gesellschaftlich gesehen, können moralische Entscheidungen und Handlungen zum Problem werden. Dies aus zwei Gründen.

Unerwünschte Konsequenzen unseres Handelns zu vermeiden, kann durch Moral allein nicht erreicht werden. Sie fördert wegen ihrer Absolutheitsansprüche gruppenbezogene Selbsterhöhung und Gewalt. Bekanntlich haben nicht alle Menschen das gleiche ethische Bezugssystem. Die eigene Moral ist immer die beste. Die Gruppenmoral unterscheidet sich in der Einstellung zu Menschen anderer Gruppen und Kategorien und in der Befürwortung oder Ablehnung von Gewalt. Dies ist ein Grund, der für Reflexion auch über die eigene Moral spricht.

Der andere problematische Gesichtspunkt ist die nicht grundsätzlich zu überwindende Diskrepanz zwischen Handlungsabsicht und Handlungsergebnis. Die Moral ist nicht voranging an der Realität orientiert, daran, was möglich ist, sondern am Ideal. Gutes wollen und Gutes erreichen sind zwei verschiedene Paar Schuhe. Böses bekämpfen kann zu unschuldigen Opfern führen.

Wichtig ist die Art und Weise des Kontakts des Individuums mit seiner sozialen Umwelt, wenn es um die Moral geht. Die Moral kann sich der Wirklichkeitsprüfung entziehen und das geschieht auch. Die Moral hat immer recht, „auch wenn sie sich irrt" (um einen Buchtitel von Tavris und Aronson (2010) sinngemäß zu zitieren).

7.3.1 Rechtfertigen als moralischer Freispruch

Moralische Inhalte eignen sich zur Rechtfertigung. Gewöhnlich folgt die Rechtfertigung dem eigenen Tun. Sie kann aber auch vor Entscheidungen nützlich sein, wenn es darum geht, moralische Bedenken zu zerstreuen oder während des Entscheidungsprozesses, falls noch Zweifel kommen sollten.

Wenn wir glauben, die gute Absicht genüge, lassen sich ungewollte Ergebnisse leicht durch die bösen Handlungen anderer erklären. Haben wir etwas bewirkt, was nicht unseren Absichten entspricht, sind andere daran schuld, indem sie uns gehindert haben, das Beste zu erreichen. Leider haben andere Menschen häufig andere Interessen und Intentionen als wir und so kann uns leicht jemand dazwischen kommen, wenn wir wieder mal etwas Gutes tun wollten.

Die psychologische Bedeutung der Rechtfertigung moralischer Entscheidungen zeigt sich bei offener Gewaltanwendung. Moral hilft nicht, Gewalt zu vermeiden, wenn sie zu deren Begründung dient. Die Begründung kann die systematische Gewaltanwendung vorbereiten, das heißt vor der eigentlichen Aggression verbreitet werden, und/oder hinterher, um sie nachträglich zu verteidigen. „Jetzt wird zurückgeschossen", mit dieser Lüge begann der Zweite Weltkrieg beim Überfall Deutschlands auf Polen. Zur Begründung von Gewalttaten hat sich vorgetäuschte Moral schon immer geeignet. Pinker (2011) betont in seiner historischen Analyse zur Gewalt, dass es die meisten Gewaltopfer nicht durch Raubzüge oder Überfälle gegeben habe, sondern auf dem Hintergrund moralistischer Normen.

Eine hellsichtige soziologische Analyse der moralischen Rechtfertigung von Gewalt durch Macht hat Popitz geliefert. „Alle Macht strebt nach Legitimation. Die Legitimierung von Gewalt wird typischerweise gesteigert, überhöht durch Glorifizierung. Als heldenhaft wird die Gewalttat des einzelnen wie des Kollektivs gefeiert, die Verteidigung des eigenen Landes wie der Überfall auf ein fremdes, der Raub von Reichtümern wie die Vernichtung von Ungläubigen. Die Verherrlichung, die Überhöhung der Rechtfertigung durch Glanz und Ruhm hat vermutlich die Funktion einer emotionalen Kompensation. Das Entsetzliche wird durch Glanz überstrahlt, die eigene Angst durch Bombast übertönt. Der Lobpreis der Gewalt macht alle Bedenken, alles Zögern illegitim. Begründet wird die Glorifizierung gewaltsamer Aktionen nahezu ausnahmslos durch religiöse Bezüge, göttlichen Auftrag oder göttlichen Beistand. Auch im Pathos nationalstaatlicher Kampfbereitschaft klang diese Gewißheit der göttlichen Zustimmung noch nach" (Popitz 2004, S. 66/67).

Wie läuft so etwas psychologisch ab? Verantwortung gewinnt man durch eigene Entscheidungen. Entscheidungen müssen bei begrenzter Information getroffen werden. Wüssten wir alles schon vorher, brauchten wir uns nicht mehr zu entscheiden. Vor Entscheidungen haben wir mehrere Alternativen zur Auswahl. Einige Informationen sprechen für, andere gegen die jeweils zur Verfügung stehenden Möglichkeiten. Wir müssen Skrupel überwinden, wenn wir zu einem Entschluss kommen wollen, d. h. einige Handlungsmöglichkeiten ausklammern. Indem wir uns auf eine Alternative festlegen, ändert sich unser psychischer Zustand. Vor der Entscheidung waren wir im Konflikt, nach der Entscheidung ist die psychische Spannung noch nicht aufgehoben. Sie wird von der einschlägigen Theorie als „kognitive Dissonanz" bezeichnet (Festinger 1957). Man fragt sich, ob die eigene Entscheidung wirklich richtig war und ob nicht eine abgelehnte Alternative besser gewesen wäre. Den unangenehmen Zustand kann man überwinden („Dissonanzreduktion") durch Rechtfertigung des eigenen Entschlusses und der darauf folgenden Handlung. Wir finden schließlich das richtig, woran wir kurz vorher oder vor einiger Zeit noch gezweifelt hatten. Bei Kriegspropaganda werden solche Vorgänge geplant erzeugt, auch ohne psychologische Theorien.

Argumentative Entlastung spielt sich nicht nur auf moralischem Gebiet ab. Was aber die moralischen Rechtfertigungsprozesse besonders resistent gegen rationale Überlegungen macht, ist die enge Verknüpfung moralischer Inhalte mit dem Selbstbild des Individuums und der Gruppe. Rechtfertigung ist an die Voraussetzung der eigenen Verantwortung gebunden. Und persönliche Verantwortung berührt das Selbstbild.

Die Rechtfertigung geschieht nach außen (wenn man ertappt wurde und zur Rede gestellt wird) und vor sich selbst. Hier kommt das Gewissen als moralische Instanz ins Spiel. Wodurch kann man Schuldgefühle leichter überwinden als durch noch mehr Moral, durch noch „höhere" Werte? Besonders gut gelingt die Selbstrechtfertigung, wenn man sich auf edle Motive berufen kann. Hier ein krasses Beispiel für die Begründung eines erweiterten Suizids, genauer für die Ermordung einer Familie durch den Vater, der sich anschließend selbst tötete: „In seinem Abschiedsbrief schrieb Kristian B., dass er seine Familie aus großer Liebe und Verzweiflung tötete. Er habe es in voller Verantwortung, bei vollkommen klarem Bewusstsein und aus fürsorglicher Liebe getan. Seine Frau habe unter der Belastung durch die drei Kinder gelitten. Der Grund für die Tötung seiner Söhne sei die emotionale Abhängigkeit von der Mutter. Ein Weiterleben ohne sie hätte für sie eine unkalkulierbare Zukunftsbelastung ergeben." (Berliner Zeitung vom 24.08.2012).

Kurzban (2010) sieht die Selbstrechtfertigung als Voraussetzung für die scheinbare Anpassung an die moralischen Forderungen der Gesellschaft. Zuerst existieren die Moralanforderungen, das Verhalten weicht von diesen ab, dann wird gerechtfertigt. Können wir die eigene Urheberschaft negativer Verhaltensresultate nicht leugnen, so haben wir die Möglichkeit, die entsprechende Entscheidung und Handlung zu rechtfertigen. Auf diese Weise bewahren wir die positive Einstellung zu uns selbst. Das positive Selbstbild erleichtert die Selbstrechtfertigung. Varianten des Rechtfertigens sind Leugnen, Umdeuten, Überhören und Übersehen, die Zweifler und Kritiker abwerten.

Die Identifikation mit der eigenen Gruppe hilft uns bei Rechtfertigungen. Unsere Gruppe ist besser als andere, deshalb sind auch ihre moralischen Werte besser. Die Moral wird durch die eigene Überlegenheit begründet und gerechtfertigt. Diese Haltung ist umso stärker ausgeprägt, je länger die Gruppe existiert. Wenn es bereits Gruppentraditionen gibt, können die eigenen Werte schwer hinterfragt werden. Sie erscheinen uns als ewig. Wer möchte an der Ewigkeit rütteln?

Unklar ist noch, ob das experimentell mehrfach nachgewiesene Phänomen der moralischen Selbstlizensierung (s. oben) auf unbewusster Rechtfertigung vor Entscheidungen beruht oder als Heuchelei aufgefasst werden sollte. Als kürzlich in Tageszeitungen ein Forschungsergebnis aus einer biologischen Fachzeitschrift mitgeteilt wurde, wonach religiöse Menschen in unterschiedlichen Ländern weniger großzügig beim Teilen von Gütern sind als nicht-religiöse, sprachen verschiedene online-Kommentatoren sogleich die religiöse Heuchelei an. Der Tagesspiegel vom 11.11.2015 etwa titelte: „Forscher haben einen überraschenden Zusammenhang entdeckt: Je religiöser Kinder sind, desto weniger teilen sie mit anderen. Wie kommt das?" In dem Artikel wird das „moral licensing" erwähnt und dies muss nicht unbedingt in Heuchelei münden. Der vom Betrachter erkannte Widerspruch wurde von den Versuchsteilnehmern nicht gesehen. Menschen mit hochmoralischem

Selbstbild, wie es religiöse Menschen oft haben, glauben anscheinend, von der offiziellen Moral abweichen zu können. Ob sie dabei heucheln, ist unklar, aber sie haben bei Bedarf eine Rechtfertigung für ihr Verhalten: sie tun ja sonst mehr für das Seelenheil anderer Menschen.

7.3.2 Individuelle Möglichkeiten, sich der Gruppenmoral zu entziehen

Man muss sich nicht den moralischen Werten ausliefern oder unterwerfen, wenn man zu stark unter ihnen leidet. Das Individuum braucht zwar die Gruppe, käme aber ganz gut ohne Moral zurecht, wenn es bereit wäre, auf soziale Anerkennung und Sinnvermittlung zu verzichten und wenn es das „Recht des Stärkeren" akzeptierte. Das kann es nicht ohne weiteres, wenn es ein positives Selbstbild benötigt, um sich sozial behaupten zu können und wenn es erkennt, dass es nicht „der Stärkere" ist. Die Gruppe setzt ihre Moralvorstellungen durch, indem sie dem Einzelnen die Unterstützung entzieht, wenn sich dieser wahrnehmbar der Gruppenmoral widersprechend und sie missachtend verhält. Die Gruppe sitzt also am stärkeren Hebel. Ihre Werte dienen dazu, Menschen auszugrenzen, die sich nicht an die Gruppenmoral zu halten scheinen. Ein Problem dabei ist die Tatsache, dass Wertekanons dehnbar sind und der Interpretation bedürfen.

Das Individuum hat grundsätzlich die Möglichkeit, die Moralvorstellungen der Gruppe nicht zu übernehmen. Ja, es hat nicht nur die Möglichkeit dazu, manchmal bleibt ihm nichts anderes übrig, als sich unmoralisch zu verhalten. Das passiert leicht, wenn die moralischen Ansprüche durch die jeweilige Gruppe oder Gesellschaft so hoch formuliert sind, dass sie von vielen oder kaum jemandem erfüllt werden können. In unserer Gesellschaft haben die meisten Menschen die Möglichkeit, die Gruppenmoral zu umgehen, wenn sie dort wegen Verstößen gegen diese leiden.

Es gibt drei Möglichkeiten, sich der Moral der Gruppe zu entziehen.

1. Das Individuum kann die Gruppe verlassen. Das geht psychologisch umso leichter, je weniger Aufwand es erfordert, sich einer anderen Gruppe anschließen zu können. Gegen solche Bestrebungen hat die alte Gruppe mannigfache Möglichkeiten sich zu wehren. Aber das einzelne Mitglied kann die eigene Gruppe auch nur in der Vorstellung verlassen, sich mit einer anderen Gruppierung identifizieren, in der Sozialpsychologie Bezugsgruppe genannt. Da man als DDR-Bürger das eigene Land nicht ohne weiteres verlassen konnte, identifizierten sich viele Ostdeutsche mit der Bundesrepublik.

2. Offene Opposition. Der Moral der Gruppe offen zu widersprechen, kann gefährlich werden, in manchen Regimen lebensgefährlich. Der Opponent wird leicht zum Märtyrer. Soziale Wertschätzung in der Märtyrerrolle gewinnt man erst im Nachhinein, und man kann von Glück reden, wenn man dann noch am Leben ist. Leichter fällt der moralische Widerspruch zur Gruppe, wenn das opponierende Individuum nicht allein ist, sondern Gleichgesinnte gewinnen kann.
3. Der Einzelne hat die Möglichkeit, die Moral der Gruppe nur scheinbar zu teilen, sich aber anders zu verhalten. Das ist der gemeinhin übliche und am wenigsten aufwendige Weg, ohne den auf Dauer wohl niemand von uns auskommt. Das nichtkonforme Verhalten geschieht entweder im Geheimen oder es wird so begründet und gerechtfertigt, unter Umständen anderen Personen untergeschoben, dass der Moralverstoß nicht offenbar wird. Das bezeichnen Beobachter des Geschehens als Heucheln.

7.3.3 Heucheln als Anpassung der Moral an unser Verhalten

Voland und Voland (2014) sehen menschliche Verhaltensweisen wie das Heucheln als Ergebnis des Konflikts zwischen zwei Notwendigkeiten, denen der Mensch in seinem Verhalten unterworfen ist: individuelle Selbstbehauptung und soziale Anpassung.

Die psychischen, gesundheitlichen, zeitlichen und ökonomischen Ressourcen des einzelnen Menschen sind begrenzt. Grenzenlos sind die moralischen Forderungen der Gesellschaft oder Gruppe: den Notleidenden helfen, die Schwachen unterstützen, die Würde anderer Menschen achten und sie respektieren, bei erlebten Angriffen friedlich bleiben, immer Rücksicht üben. Sich so zu verhalten, wie es die moralischen Vorstellungen verlangen, kann nicht ohne Folgen für das Leben und die Existenz der Akteure bleiben. Die Evolutionstheoretiker bevorzugen den Terminus „Überlebenswahrscheinlichkeit".

Der Mensch ist auf das eigene Überleben orientiert. Dazu benötigt er die Unterstützung der Gruppe. Wir verfügen über angelegte prosoziale Neigungen, Gruppenmitgliedern (und anderen Menschen) zu helfen. Die Gruppe stellt Anforderungen an uns, in Form moralischer Gebote und Verbote. Die von vielen ideologischen Systemen geforderte und durchgesetzte Übereinstimmung zwischen dem einzelnen und der Gruppe (oder sogar der ganzen Gesellschaft) gibt es nicht von Natur aus. Sie muss erst erzeugt und gefördert werden. Dazu dient die Moral. Moral gibt es nur beim Menschen,

Heucheln ebenfalls. Hat das Eine etwas mit dem Anderen zu tun? Weil wir nicht immer den moralischen Ansprüchen gerecht werden können, passen wir sie an uns an, an unser Selbstbild und an das Publikum.

Wir arrangieren uns mit dem Widerspruch, dass moralische Anforderungen nicht immer von uns Sterblichen eingehalten werden können, dies aber von der sozialen Umgebung und dem Selbstbild gefordert wird. Selbstbild und moralische Bewertung durch die soziale Umgebung unterscheiden sich psychologisch in der Regel nicht. Wir vernachlässigen daher den Unterschied zwischen beiden Größen, Selbstbild und moralische Bewertung. Selbsttäuschung gehört zu den Grundfunktionen der menschlichen Psyche (s. Trivers 2013, T.D. Wilson 2002).

Die Befolgung moralischer Empfehlungen und Vorschriften kostet etwas. Das kann auch das eigene Leben sein (z. B. Hilfe durch Ärzte in Seuchengebieten). Aber in der Regel ist moralisches Handeln weniger gefährlich und aufwendig. Der moralisch Handelnde bezahlt mit anderer Münze als durch Gefährdung der eigenen Person: durch seine Zeit (bei ehrenamtlicher Tätigkeit), Geld (Spenden), Stress (bei Konfliktlösungsversuchen) oder der Möglichkeit, selbst ins Hintertreffen zu geraten (Förderung von Mitarbeitern, die den Unterstützer schließlich übertrumpfen). Er kann dabei gewinnen: durch soziale Billigung oder Ehrung (wenn andere wichtige Personen oder Institutionen das löbliche Tun bemerken) und vor allem durch Stärkung des Selbstwertgefühls. Und beides brauchen wir, soziale Anerkennung und ein gutes Selbstwertgefühl. Um gut durch das Leben zu kommen, müssen wir auf andere einen guten Eindruck machen. Für das Kollektiv, die Gesellschaft sollte moralisches Verhalten ihrer Mitglieder vorteilhaft sein, aber selbst das stimmt nicht immer. Man kann sich für die „Volksgemeinschaft" opfern und auf diese Weise das Unglück der Menschen vergrößern (z. B. als Wehrmachtssoldat im Zweiten Weltkrieg).

Es gibt Auswege und Kompromissmöglichkeiten. Wir können soziale Billigung erfahren, ohne die dabei entstehenden Kosten zu groß werden zu lassen oder sie ganz vermeiden. Die Lösung ist einfach: man tut so, als denke und handle man nach moralischen Vorschriften, verfolgt aber lieber die eigenen Interessen. Das können Überlebensinteressen sein (soziales oder physisches Überleben) oder auch das Bestreben, die eigenen Ressourcen zu schonen, die man tagtäglich braucht. Verhalten wir uns so, dann heucheln wir. Und das geht am leichtesten und überzeugendsten, wenn wir selbst an das glauben, was wir inszenieren.

Mit Moral kann man die größten Widersprüche überwinden, in der Vorstellung und verbal, nicht in der Wirklichkeit. Man kann sich nach außen, beim Publikum, den moralischen Anforderungen gemäß verhalten oder wenigstens entsprechend äußern und man kann bei fehlenden Zeugen selbst etwas anderes tun, öffentlich Wasser predigen und heimlich Wein trinken, wie es Heinrich Heine formulierte. Dies ist übliches menschliches Verhalten. Aber ist das nicht zu anstrengend?

Lügen und Heucheln, sollen sie erfolgreich sein, brauchen geistigen Aufwand. Man kann das nicht ohne Überwachung des eigenen Handelns und nicht ohne Beachtung der Umgebung tun. („Sieh da, sieh da, Timotheus, die Kraniche des Ibykus!". Die Verbrecher haben bei diesem Ausruf vergessen, dass das Publikum ihnen zuhört, man denke auch an Versprecher von Kriminellen beim Verhör.) Der Lügner und Heuchler muss sein unmoralisches Tun über längere Zeit im Gedächtnis behalten. Auch die Darstellung der Moral ist aufwendig. Es gibt Möglichkeiten, die Anstrengungen zu umgehen. Wir lügen und heucheln unwillkürlich. Das ist gar nicht so schwer, wenn man genug Empathie hat und sich auf die anderen einstellt. Man muss lediglich das sagen und (vorläufig) tun, was andere von uns erwarten. Man kann sich zu etwas verpflichten. Vielleicht vergisst man es anschließend oder es kommt etwas dazwischen. Und wenn man sich unbeobachtet glaubt, kommen die persönlichen Interessen und Wünsche wieder zum Durchbruch. Wird man von der sozialen Umgebung zur Rede gestellt, gibt es verschiedene Alternativen, die Widersprüche zu glätten. Neben Rechtfertigung und Leugnung kann uns das Gedächtnis helfen. Es ist schwer festzustellen, ob sich jemand an eigene Handlungen, z. B. an die Unterschrift unter eine Verpflichtungserklärung, erinnern kann oder nicht.

Beim Heucheln werden moralische Forderungen formuliert und ihre Befolgung wird verlangt, aber sie werden selbst nicht eingehalten. Heucheln ermöglicht uns, die Früchte moralgemäßen Tuns zu ernten, ohne sie zu leben. Den Lohn der Moral möchten wir haben, vor allem die Kooperation durch die anderen Gruppen- und Gesellschaftsmitglieder. Die Kosten möchten wir vermeiden, besonders, wenn sie sehr hoch sind. Am liebsten wird da geheuchelt, wo es um die „höheren Werte" geht. Dies hatte schon der Philosoph Friedrich Kirchner (1907) erkannt, als er in seinem „Wörterbuch der philosophischen Grundbegriffe" Folgendes schrieb: „Heuchelei (hypokrisis) ist die aus selbstsüchtigen Interessen entspringende Verhüllung der wahren und Vorspiegelung einer falschen, in dem Betreffenden nicht vorhandenen lobenswerten Gesinnung. Der Heuchler will besser erscheinen, als er ist, um Mächtigen zu gefallen und davon Gewinn zu haben. Er heuchelt politische, religiöse, ethische Grundsätze, um vorwärts zu kommen, also um das liebe Brot, aus Liebedienerei, aus Feigheit. Die Heuchelei wird leicht durch despotisches Regiment in Staat und Kirche geweckt. Strenge Staatsgesetze und orthodoxe Religionsedikte, auch wo sie von der besten Absicht eingegeben sind, machen die schwächere Menschheit nicht gut und fromm, sondern nur heuchlerisch. Gegen die Heuchelei der Pharisäer richtete Jesus vor allem seine Lehre." (Zitiert nach Wikipedia: https://www.textlog.de/8145.html).

Die bewusste Darstellung und Verzerrung von Erlebnissen, Ereignissen und den eigenen Beweggründen ist psychisch zu aufwendig, um im Alltag fortwährend zu funktionieren. Wir brauchen auch nicht den Mechanismus der Verdrängung in der Bedeutung des Begriffs bei Sigmund Freud, um unsere geistigen Anpassungsleistungen an nicht erfüllte oder nicht erfüllbare Moralanforderungen zu erklären. „Verdrängung" setzt voraus, dass uns die störenden Inhalte, die es geistig zu verbannen gilt, bereits bewusst geworden sind, bevor wir sie ins Unbewusste abschieben. Dieser Umweg ist aber gar nicht notwendig.

Heucheln gehört zu den Verhaltensweisen, die alle Menschen ab dem Entwicklungsniveau eines etwa dreijährigen Kindes zeigen. Es scheint etwas typisch Menschliches zu sein, denn im Tierreich finden wir zwar Tarnung und Täuschung, aber von heuchelnden Vögeln oder Krokodilen sprechen wir nicht. Heucheln beruht auf spezifisch menschlichen psychischen Prozessen, die im zwischenmenschlichen Umgang wirken. Zu nennen sind die Neigung zur Gegenseitigkeit in der sozialen Interaktion, zur Zustimmung gegenüber anderen (wir stimmen im Allgemeinen lieber zu als dass wir ablehnen), zur Darstellung der eigenen Person, um soziale Billigung zu bekommen, sowie die Fähigkeit, Gefühle auszudrücken, die wir im Moment gar nicht verspüren. Der Mensch ist imstande, die Absichten anderer Menschen zu erkennen. Und wie könnte man erfolgreich heucheln ohne eine Ahnung davon zu haben, was die Interaktionspartner beabsichtigen, noch ehe sie sich entsprechend geäußert haben?

Kurz gesagt, der Mensch kann sich verstellen und nicht nur verstecken, täuschen oder tarnen wie die Tiere. Gleichwohl kann die Tatsache, dass Heucheln nicht an die Sprache gebunden ist, darauf hinweisen, dass es einen Ursprung für dieses Verhalten im Tierreich geben muss.

Ohne Sprache können wir heucheln durch unehrliche Demutsgesten, Katzbuckeln, freundliche Mienen gegenüber Menschen, die wir nicht ausstehen können, Verschweigen von Ablehnung bei Verachtung im Geheimen. Um erfolgreich zu heucheln, müssen wir die Einstellung des Gegenübers kennen oder erschließen.

Die Fähigkeit zum Heucheln haben wir auf einer späten Stufe der Menschwerdung erworben und sie ist erhalten geblieben. Ist Heucheln womöglich ein Produkt der kulturellen Evolution? Da, wo menschliche Kultur aufhört, kann man kaum noch heucheln und sich verstellen. Wo der „Rückfall in die Barbarei" geschieht, wird auch nicht mehr geheuchelt.

7.3.4 Outgesourcte Ethik

Unternehmen und Organisationen haben die Möglichkeit, die Darstellung nach außen Fachleuten für „publicity management“ zu übertragen, dann müssen sie sich nicht selbst mit den Widersprüchen zwischen öffentlicher Moral und Geschäftsinteressen befassen.

Wenn das undurchsichtige Gebaren der FIFA so lange unbeachtet blieb, so deshalb, weil große Teile der Öffentlichkeit (das Fußballpublikum) dieses Treiben für weniger relevant hielten als ihre affektiven Bindungen an Mannschaften und Sportler. Dass Diesel-Autos mehr schädliche Abgase produzieren als Benzin-Fahrzeuge, war längst auch Laien der Fahrzeugtechnik bekannt. Institutionen und Organisationen können besser gegen die Konkurrenz arbeiten, wenn die öffentliche Kontrolle eingeschränkt ist und sie sich nicht ständig auf moralische Werte berufen müssen. Unternehmen, Organisationen und Institutionen haben, wie Personen und kleine Gruppen auch, ein ambivalentes Verhältnis zu den moralischen Werten. Einerseits berufen sie sich auf diese („Fairness“, „Nachhaltigkeit“, „Fortschritt“), andererseits ist es ihnen auf die Dauer nicht möglich zu überleben oder sie erleiden zumindest ökonomische Nachteile, wenn sie sich strikt an die moralischen Werte halten. Deshalb versuchen auch diese sozialen Gebilde, ein positives Außenbild im Sinne anerkannter gesellschaftlicher Werte zu konstruieren und aufrecht zu erhalten.

Sind die für Institutionen fundamentalen ökonomischen Merkmale nicht gegeben, gefährden sie ihr Überleben. Im Konkurrenzkampf von Firmen und Verbänden werden moralische Prinzipien nicht immer beachtet, so, wie auch bei Individuen und Gruppen, wenn es um die eigenen Interessen geht. Der Umgang der Akteure mit den Kunden im Geschäftsleben wird als kritikwürdig empfunden. Die Entscheidungsträger bedürften, so wird dann als Reaktion auf Kritik und Unbehagen festgestellt, der Beratung durch Experten. Das sind dann die Berater in Sachen Ethik. Um vor der Öffentlichkeit bestehen zu können, vergeben Organisationen, Firmen und Institutionen die moralische Seite der eigenen Arbeit, so wie einige andere Aufgaben auch, an andere Institutionen, an Ethikkommissionen, theologische Berater, Einrichtungen zur „Werteerziehung“. Auch Politiker greifen gern, wenn sie zögern, Entscheidungen zu treffen, weil ihnen die nötige Fachkenntnis fehlt oder die Situation ungewiss ist (das ist bei Entscheidungssituationen gewöhnlich der Fall), auf Ethikkommissionen zurück. „Dobrindt schafft Ethikkommission für automatisiertes Fahren“ titelte die Frankfurter Allgemeine Zeitung am 08.09.2016 (Dobrindt war in der 18. Legislaturperiode der Bundesverkehrsminister.).

In großen Organisationen, Unternehmen und Verbänden gibt es auch spezielle Abteilungen, die sich mit business ethics oder PR Management befassen. Die anderen Beschäftigten können dann ihre Arbeit tun, ohne sich dauernd mit den Problemen der öffentlichen Moral befassen zu müssen. Das ist besonders dann vorteilhaft, wenn sich die gesetzlichen Vorschriften im internationalen Konkurrenzkampf schwer einhalten lassen. Die Manager können sich ihren eigentlichen Aufgaben widmen, die ethischen Fachleute liefern ihnen die entsprechenden Begründungen dafür und schulen sie in angemessenen Formen des Umgangs nach außen. Martin Parker kritisiert in seinem Buch „Against Management" (2002) die Haltung, das Image von Firmen durch eine organisierte „Wertekultur" aufmöbeln zu wollen. Er hält „business ethics" für ein Feigenblatt, das helfen soll, politische Probleme „outzusourcen". Den Wertebezug kann man professionalisieren. Auch mit Moral kann man Geld verdienen.

Literatur

DeScioli, P., & Kurzban, R. A. (2009). Mysteries of morality. *Cognition, 112,* 281–299.

DeScioli, P., & Kurzban, R. A. (2013). A solution to the mysteries of morality. *Psychological Bulletin, 139*(2), 477–496.

Festinger, L. (1957). *A theory of cognitive dissonance.* Stanford: Stanford University Press.

Kirchner, F. (1907). Zitiert nach Wikipedia. https://www.textlog.de/8145.html.

Kurzban, R. A. (2010). *Why everybody else is a hypocrite.* Oxford: Princeton University Press.

Parker, M. (2002). *Against management. Organization in the age of managerialism.* Cambridge: Polity.

Pinker, S. (2011). *Gewalt. Eine neue Geschichte der Menschheit.* Frankfurt a. M.: Fischer.

Popitz, H. (2004). *Phänomene der Macht.* Tübingen: Mohr Siebeck.

Tavris, C., & Aronson, E. (2010). *Ich habe recht, auch wenn ich mich irre.* München: Riemann Verlag.

Trivers, R. T. (2013). *Betrug und Selbstbetrug. Wie wir uns selbst und andere erfolgreich belügen.* Berlin: Ullstein Buchverlag.

Voland, E., & Voland, R. (2014). *Evolution des Gewissens.* Stuttgart: S. Hirzel Verlag.

Weber, M. (1992). *Politik als Beruf.* Stuttgart: Philipp Reclam.

Welzer, H. (2011). Der Heldenbegriff ist ganz irreführend. Interview von Frank Meyer mit Harald Welzer. http://www.deutschlandfunkkultur.de/der-heldenbegriff-ist-ganz-irrefuehrend.954.de.html?dram:article_id=145991. Zugegriffen: 22. Apr. 2014.

Wilson, T. D. (2002). *Strangers to ourselves. Discovering the adaptive unconscious.* Cambridge: The Belknap Press of Harvard University Press.

8

Die Moral im Wettbewerb mit anderen Ergebnissen der kulturellen Evolution

Inhaltsverzeichnis

8.1 Moralische Illusionen und moralische Dilemmata

Die Moral ist ein Produkt der kulturellen Evolution auf der Basis der biologischen Evolution, das der Gruppe und der Gesellschaft dient. Der Einzelne überwindet durch dieses geistige Instrument sein Eigeninteresse und hilft anderen. Wir folgen den moralischen Forderungen, weil wir sie für richtig und notwendig halten. Das haben wir gelernt, weil wir auf Grundlage

L. Lange, *Sollen Wollen und Lassen Sollen*, https://doi.org/10.1007/978-3-658-23371-6_8

prosozialer und anderer Antriebe den Anforderungen und der Weltsicht der Gruppe folgen.

Für die Moral gilt dasselbe wie für alle Ergebnisse der Evolution, seien sie nun biologischer oder kultureller Natur: Es gibt keine Garantie, dass sie das Überleben der Menschheit sichert. Auch die Moral konkurriert mit anderen kulturellen Systemen, mit Wissenschaft, Technik, Kunst, Politik. Sie sind gleichermaßen Errungenschaften der kulturellen Evolution. Die kulturellen Schöpfungen gehen über jeweils biologisch notwendige Anpassungs- und Überlebensstrategien hinaus und ermöglichen die gedankliche Vorwegnahme und das Ausprobieren von kollektiven Möglichkeiten. Lernen geht schneller vor sich als Vererbung. Lernen, das der kulturellen Evolution zugrunde liegt, ermöglicht schnellere Anpassung an Umweltanforderungen als das Instinkte vermögen. Neben der Moral können wir andere Produkte der kulturellen Evolution berücksichtigen, politische, wirtschaftliche, technische, wissenschaftliche. Diese Ergebnisse ändern sich wiederum schneller als die Moral. Diese Tatsache muss evolutionstheoretisch nicht von Vorteil sein. Anders ausgedrückt, dem Zeitgeist zu folgen, muss nicht unbedingt dem Überleben der Menschheit dienen. Wenn die kulturelle Evolution auf Lernvorgängen beruht, sollten diejenigen kulturellen Errungenschaften vordringlich beachtet werden, die das Lernen an der Realität ermöglichen.

Moral ist in ihren Zielsetzungen nicht an Naturgesetzen orientiert. In unserer Vorstellung setzt sie sich gegenüber der Anwendung von Naturgesetzen durch. „Darf man das?" ist die grundsätzliche Frage, die Ethikkommissionen gestellt wird. „Nicht alles, was technisch oder medizinisch möglich ist, darf man tun". Das ist eine politische Feststellung, eventuell mit rechtlichen Konsequenzen, die in unserer Moral wurzelt. Wir müssen uns klar darüber werden, dass die ethischen Vorstellungen darüber, was man darf und was nicht, variieren und sich ändern können.

Der Inhalt der Moral lässt sich nicht aus den Naturgesetzen ableiten. Wer die Moral als Produkt der kulturellen Evolution begreift, hat immerhin eine naturwissenschaftliche Erklärung für ihre Entstehung, ihre Entwicklung und ihr Wirken. Kant starb 1804 und kannte somit nicht Darwins Hauptwerke, die 1859 und 1871 erschienen sind.

8.1.1 Moralische Illusionen

Wenn wir moralischen Vorstellungen folgen, und uns bleibt nichts anderes übrig, sollten wir ihre Merkmale und Eigenarten kennen, sonst geben wir uns Illusionen hin, die dem Entwicklungsstand der Menschheit nicht entsprechen. Welche Illusionen sind das?

1. Unsere Moral ist ewig. Wir empfinden das so, weil die Moral im Gefühl verankert ist. Sie erscheint uns als etwas Heiliges, an dem nicht zu rütteln ist. Aber die gesellschaftliche Moral ändert sich als Ausfluss kultureller Evolution ständig. Man stelle sich vor, die Menschen hätten seit den frühen religiösen Opferkulten nichts gelernt. Die Kulturgeschichte lässt sich leichter erinnern und interpretieren als das Verhalten der Urmenschen, zumindest seit es sprachlich fixierte Hinterlassenschaften gibt. Und diese zeigen uns, dass sich die Moralauffassungen verändert haben. Es gibt keine ewigen moralischen Werte und Normen. Die historisch betrachtet fortwährenden Moraländerungen sprechen dafür, dass es beim Phänomen Moral kein endgültiges Ergebnis geben wird, aber man braucht Lösungen, um die menschliche Natur den Anforderungen des gesellschaftlichen Zusammenlebens anzupassen.
2. Das Gute setzt sich durch und wird siegen. Es ist leider eine Illusion, dass sich das Gute zu tun für das Individuum oder die Gruppe lohnt und letztendlich durchsetzen wird. Wenn es dazu kommen sollte, werden wir es als Individuen nicht erleben. Müssen wir daran glauben, dass wir im Jenseits für unsere Opfer entschädigt werden? Es gibt sehr wohl andere Möglichkeiten, die für uns tröstlich sein können. Menschen gehen dank ihrer mutigen Taten zum Wohle anderer oder als unschuldige Opfer „in die Geschichte ein". Wir gedenken ihrer. Aber wäre das für die Geehrten ein Trost? Viele Opfer sind vergeblich gewesen. Denken wir an die Geschwister Scholl. Häufig gibt es keinen Trost, sondern nur Trauer und Verzweiflung.
3. Der Mensch ist von Natur aus gut. Eine gefährliche Illusion. „Hitler wurde nicht als Mörder geboren." Ein dummer Satz. Wer hat schon ein Neugeborenes als Mörder erlebt? Wenn Menschen Böses tun, sind „die Umstände" angeblich daran schuld. Sind diese schlecht, scheint es keine Verantwortlichkeit von Tätern mehr zu geben. In der ersten deutschen Ausgabe des Tagebuchs der Anne Frank, es war ein Taschenbuch aus dem Fischer-Verlag aus dem Jahre 1955, stand ein Zitat aus dem Tagebuch auf dem Umschlag: „Ich glaube an das Gute im Menschen." Als Jugendliche fand ich es skandalös, diesen Satz gleichsam als Trost für den Leser zu verwenden. An der Geschichte der Anne Frank gibt es nichts Tröstliches, außer vielleicht, dass das Tagebuch erhalten geblieben ist und gedruckt wurde.
4. Wer das Böse bekämpft, ist ein Held und macht keine Fehler. Das Böse muss bekämpft werden. Dabei kommt es zu Konflikten, für die es häufig keine einwandfreie moralische Lösung gibt. Der Widerstand gegen die deutschen Invasoren im Zweiten Weltkrieg in Gestalt des Partisanenkampfes

wird als heldenmütig geschildert und das war er auch. Aber es gab nicht gewollte oder moralisch schwer zu rechtfertigende Opfer dieses Kampfes. Im Deutsch-Russischen Museum in Berlin-Karlshorst wird geschildert, dass die Unterstützung der russischen Partisanen durch die einheimische Bevölkerung gegen die deutsche Besatzung im Zweiten Weltkrieg nicht immer freiwillig war. Der Wehrmacht und der SS waren es gleichgültig, ob die Hilfe für die Partisanen aus eigener Überzeugung geschah oder erzwungen wurde. Wurden Unterstützer von Partisanen erwischt, war ihnen der Tod sicher. Moralisch problematisch sind auch Hinrichtungen von Partisanen in den eigenen Reihen. In dem französischen Film „Armee der Schatten", der den Kampf der Résistance zum Inhalt hat, werden zwei Verräter von den Widerstandskämpfern getötet. Dies geht dem Zuschauer in einem Fall sehr zu Herzen, wo eine besonders mutige Frau, die zwei Kämpfern das Leben gerettet hatte und der gegenüber nur ein Verdacht besteht, von ihren Leuten erschossen wird. Wenn man erfährt, dass der Regisseur des Films, Jean-Pierre Melville, selbst in der Résistance gekämpft hat, ist man geneigt, die Filmhandlung für realistisch zu halten.

5. Moral lässt sich nur mit moralisch zweifelsfreien Mitteln durchsetzen. Das ist falsch, logisch falsch, wenn man Gewalt ablehnt. Moral lässt sich auf die Dauer nur mit Gewalt aufrechterhalten. Ihr affektiv-archaischer Ursprung lässt ungesteuerten Furor zu. Gewaltausübung muss nicht körperlicher oder militärischer Natur sein. Politisch wird heutzutage in Mitteleuropa und in den USA die ökonomische Gewalt bevorzugt (Wirtschaftssanktionen). Aber die Gewalt kann die Unmoral nicht immer verhindern. Sicher wäre die Gewalt ohne Moral noch größer und noch weiter verbreitet. Wichtig ist, wer die Gewalt ausübt, mit welcher Legitimation („staatliches Gewaltmonopol"), wer die Strafe vollstreckt und wen sie trifft.

8.1.2 Dilemmata der Moral

Mehrere Merkmale der Moral stehen der Verwirklichung des Guten im Wege. Wie verhalten sich die verschiedenen Ausdrucksformen von Moral hierzu?

Wenn Religionen ihre moralischen Vorschriften den zivilisatorischen Errungenschaften der Menschheit anpassen, ist das mühsam, wird aber versucht. Das Gewissen erzeugt Schuldgefühle, die den Übertretungen oft nicht adäquat sind. Nach dem kategorischen Imperativ zu handeln, ist nicht nur anstrengend und aufwendig, er ist auch kein allgemeines Gesetz geworden. Im Vorteil sind diejenigen, die sich nicht nach dem kategorischen Imperativ verhalten. Moralische Werte verkörpern Ansprüche, die wir an andere Menschen und Institutionen stellen und die sich nur annähernd verwirklichen lassen.

Die Moral formuliert nicht das, was ist, sondern was sein sollte. Sie interessiert sich für die Realität nur insofern, als sie diese für verbesserungspflichtig hält. Das reicht nicht. Die Moral weiß zwar, wie die Wirklichkeit sein sollte, hat aber häufig keine realistischen Mittel für die Zielerreichung zur Verfügung. Dies können wir an Versuchen sehen, das Dilemma der Flüchtlinge aus Afrika zu lösen. Wer Flüchtlinge aus dem Mittelmeer retten möchte, unterstützt vielleicht dabei Schlepper und andere kriminelle Banden. „Fluchtursachen bekämpfen" ist eine Illusion zur moralischen Selbstberuhigung, wenn diese Bekämpfung sogleich Wirkung zeigen soll. Korrupte Regime möglichst schnell abschaffen und durch demokratisch funktionierende staatliche Systeme ersetzen, wie soll das geschehen?

Moral hat Folgen. Sie soll auch Folgen haben, allerdings sind die Konsequenzen moralischen Redens und Handelns häufig nicht die gewünschten. Die Moral formuliert Gebote und Verbote des Handelns. Da menschliches Tun nicht in erster Linie von verbal mitgeteilten moralischen Normen abhängt, ist der Einfluss der Moral auf das Handeln nicht nur begrenzt, sondern häufig anders als von den Moralverkündern gewünscht. Das erkennen die Moralisten aber nicht rechtzeitig. Da die Moral sich nicht an der Realität misst, sondern verschiedene Hintertürchen zur Verfügung hat, kann sie nicht falsifiziert werden. Mit der Moral allein kann man nicht feststellen, ob die Orientierung fehlgeht. Die Fehlschläge können immer auf das Böse zurückgeführt werden, für das man selbst nichts kann.

Moral setzt Ziele, die keine Grenzen berücksichtigen müssen. Der Mensch ist Einschränkungen unterworfen, die er auch mit Moral nicht folgenlos überschreiten kann. Da die Moral sich über die Naturgesetze hinwegsetzt, benötigt sie eine „höhere" Begründung.

Moral soll immer gelten. Wäre das so, brauchte sie nicht überprüft zu werden. Die Menschen würden sich öffentlich genauso verhalten und äußern wie privat. Auch im Geheimen hätten wir die Meinungen, die wir öffentlich äußern. Für Meinungsforscher und Wahlprognosen würde es einfach, schwierig für Diplomaten und höfliche Menschen.

Die Moral soll für alle gelten, alles andere gilt aber nicht für alle: Zuneigung, Eigentum, Wissen, Information. Diese Qualitäten sind ungleich verteilt. Man kann versuchen, die Ungleichheit zwischen diesen Gütern zu verringern, das ist aber auch alles.

Unsere Moral soll allen gleichermaßen zukommen, und zwar nicht nur den Angehörigen der eigenen Gruppe, sondern allen Menschen. Es gibt keine Ausschließungskriterien für den Zwang und die Verpflichtung, moralische Forderungen zu akzeptieren, außer solche Merkmale, die Menschen außerhalb der Gesellschaft stellen: Hirnkrankheiten, geistige Verwirrtheit,

Suchten. Je nach Gesellschafts- und Menschenbild kommen auch eine schwere Kindheit oder ein „krankes System" als mildernde Umstände für offensichtliche moralische Abweichungen infrage.

Ohne Moral kommt die Menschheit nicht aus. Sie gehört zur Kultur. Und so möchte ich trotz aller Kritik an moralischen Ansprüchen eine allgemeine moralische Orientierung übernehmen, die schon häufig formuliert wurde (beispielsweise von Karl Popper 1980) und für alles menschliche Handeln gelten könnte: menschliches Leid vermindern, wenn man es nicht einfach abschaffen kann. Zu fragen wäre dann jedes Mal, wie man das erreicht, welche Mittel und Methoden geeignet erscheinen, das Leiden von Menschen zu vermeiden oder wenigsten zu verringern. Und da wird es schwieriger als bei der Formulierung von an Idealen ausgerichteten Zielen. Eine aussichtsreiche Orientierungsmöglichkeit gibt es: die Menschenwürde, nicht als moralischer Wert, als moralische Forderung an andere, sondern als Handlungsprinzip nach Kant. Wir sollen im Handeln, auch gegenüber uns selbst, im Menschen nicht allein das Mittel sehen, sondern auch das Ziel. Das Ziel ist der Mensch, dessen Leiden verringert werden soll. Die dazu verwendbaren Methoden sind eingeschlossen. Als allgemeine Inhalte von Moral, die möglichst keine schädlichen Wirkungen erzeugt, werden somit zwei Ziele vorgeschlagen, die sich überschneiden: die Verminderung menschlichen Leids und die Menschenwürde im Sinne von Immanuel Kant.

Wenn Moral und Wirklichkeit in Widerspruch geraten, wonach soll man sich richten? Die moralischen Grundsätze aufrechterhalten („Freiheit oder Tod") oder sie der Situation anpassen? Ist das dann Opportunismus, Heuchelei oder Realitätssinn? Eine bessere Moral verwenden? Schließlich ist das Angebot groß. Was dient dem menschlichen Überleben besser, moralischer Anspruch oder Erkenntnis und Beachtung der Realität? Wie kann man beide Orientierungen in Übereinstimmung zu bringen versuchen? Solche Annäherungen gibt es bereits.

Es gibt gesellschaftliche Einrichtungen, die moralische Zügellosigkeit eindämmen und nichtsdestotrotz auf ethische Grundsätze nicht verzichten. Hierzu gehören das Rechtswesen und bestimmte Staatsformen.

8.2 Wenn man nicht will, was man soll – Dürfen oder nicht Dürfen

Die menschliche Gesellschaft hat auf dem Wege kultureller Evolution Institutionen hervorgebracht, die die Ansprüche der Moral beschränken. In Mitteleuropa ist niemand gezwungen, sich immerzu und überall der Moral zu beugen.

Wenn man nicht will, was man soll, dann darf man das wenigstens manchmal. Der Bereich „das darf man“ liegt zwischen dem, was man soll aber nicht möchte und dem, was gesetzlich verboten ist. Dieser Bereich ist nicht fest abgesteckt. Man soll nicht zu viel Alkohol trinken und nicht rauchen. Verboten ist das nicht generell, nur an bestimmten Orten und bei ausgewählten Tätigkeiten. Der Bereich des Dürfens ist in verschiedenen Ländern und Gesellschaften unterschiedlich groß. In Demokratien wie der unsrigen ist er recht breit, verglichen mit anderen Gesellschaftsordnungen.

Außer Verheimlichung und Anonymität sowie den Freiheiten, die das Privatleben lässt, gibt es noch eine weitere Sphäre, deren Freiheit größer ist als die der Moral. Es ist eine zivilisatorische Errungenschaft, das Recht. Zwischen Moral und Recht gibt es eine Lücke. Die Moral ist strenger und unerbittlicher als das Recht, nur selten ist es umgekehrt. Ein „umgekehrter“ Fall ist das 2015 vom Bundestag beschlossene Gesetz zum Verbot der Sterbehilfe. („Geschäftsmäßige Hilfe zum Suizid wird bestraft“. Das bezieht sich auch auf ärztliche Hilfe, sofern sie häufiger als einmal in solchen Fällen ausgeübt wird.) Hier wird mögliches menschliches Handeln entgegen der Meinung der Mehrheit der Bevölkerung rechtlich eingeschränkt. Die christliche Moral wird zum Recht erhoben. Das Gegenteil, eine Erweiterung des Rechts entgegen der herrschenden Moral, ist die Erlaubnis geschäftsmäßiger Prostitution, von der rot-grünen Bundesregierung 2002 beschlossen.

Das Rechtssystem ist ein Ergebnis der kulturellen Evolution, das über unser „natürliches Empfinden“ hinausgeht, in zweierlei Hinsicht. Es hemmt unseren moralischen Eifer, indem es Barrieren zwischen dem „natürlichen Gerechtigkeitsgefühl“ und der Sanktion errichtet und den Vergeltungsimpuls dämpft. Die Barrieren bestehen in der Ermittlung des Täters und der Untersuchung der Tatumstände sowie in Vorschriften, wie mit dem Täter umzugehen ist. Alle rechtlichen Verfehlungen sollen innerhalb eines Rechtssystems auf gleiche Weise geahndet werden.

Juristische Gesetze sind von moralischen Vorstellungen der jeweiligen Gesellschaft abhängig. Vergeltung spielt im Strafrecht auch eine Rolle. Aber das Rechtssystem hat sich in vielen Bereichen von der Moral emanzipiert, mit Hilfe von Regeln, die in Gesetze „gegossen“ wurden. Moralische Verurteilungen sind häufig schwerwiegender als juristische Konsequenzen bei Gesetzesverstößen des gleichen Sachverhalts. Es sind die negativen Sanktionen, die zwischen moralischen und juristischen Übertretungen unterscheiden. Ist die Verfehlung doppelter Natur, moralisch und juristisch, fällt die moralische Verurteilung meistens strenger aus als die rechtliche. „Todesstrafe für Kinderschänder“. Man vergleiche die moralische Verurteilung in der Öffentlichkeit und das juristische Urteil im Fall Edathy.

Die Kultur oder vielleicht besser: die Zivilisation führte dazu, die Bestrafung von der Verbrechensverfolgung zu trennen, durch formelle Vorschriften, juristische Gesetze. Auf diese Weise wird die Ahndung des Verbrechens entemotionalisiert. Der Übeltäter bekommt nun die Chance, am Leben zu bleiben und seine Strafe auf vorher festgelegte Weise erleiden zu müssen. Zunächst wird erst einmal festgestellt, ob überhaupt ein Straftatbestand vorliegt. Das Rechtssystem versucht, die Moral im Zaume zu halten, auch wenn es von dieser abhängig ist. Dies war bereits in vorigen Jahrhunderten so.

Historiker, die auf das Mittelalter spezialisiert sind, sehen in der Inquisition einen rechtshistorischen Fortschritt, weil sie auf formalen Gerichtsverhandlungen beruhte, auf rechtlich festgelegten Regeln, die übrigens auch in andere Strafen als die Todesstrafe münden konnten und die Begnadigungen nicht ausschloss (Kolmer 2014). Die Guillotine, eingeführt durch die Französische Revolution, wird von Rechtshistorikern als ein Fortschritt für die Verwirklichung des moralischen Gleichheitsprinzips gesehen. Im Musée Carnavalet in Paris, das auf die Geschichte der französischen Hauptstadt spezialisiert ist, kann man erfahren, dass die Erfindung und der rechtlich begründete Einsatz dieses Vollstreckungsinstruments bei verhängter Todesstrafe historisch als Fortschritt aufzufassen ist. Alle zum Tode Verurteilten wurden nun auf die gleiche Weise hingerichtet. Und es muss nicht zynisch sein zu behaupten, dass der Tod durch die Guillotine weniger inhuman ist als durch Rädern, Vierteilen oder auf dem Scheiterhaufen.

Vieles, was moralisch verpönt ist, ist gesetzlich erlaubt. Das zeigt sich bei der Ausübung biologischer Funktionen des Menschen: Sexualität, Nahrungsaufnahme, Zufuhr von Rauschmitteln. Problematisch wird es, wenn das Recht der privaten Moralausübung untergeordnet wird. Der gesetzlich erlaubte Waffenbesitz von Bürgern (USA), außer den staatlich dazu befugten Personen, ist deshalb so gefährlich, weil bei Konflikten sehr schnell von Waffen Gebrauch gemacht und das moralisch gerechtfertigt werden kann.

Moral kann und soll das Recht nicht ersetzen oder kompensieren. Wenn das Rechtssystem versagt, kann das nicht durch die Moral ausgeglichen werden.

Der Bereich des Dürfens hat sich in den vergangenen Jahrhunderten in den zivilisierten Ländern erheblich erweitert. Wir sind nicht gezwungen, alle unsere Pflichten zu erfüllen, sondern können unserer Glückseligkeit huldigen, solange wir dabei nicht Gesetze verletzen (gesetzliche Pflichten). Sollten wir aber dergleichen tun und dürften es eigentlich nicht, können wir Sorge tragen, dass die Gesetzesverletzung nicht entdeckt wird, und, wenn doch, dass sie nicht auf uns zurückgeführt wird, und, wenn das auch schiefgeht, können wir Gesetzesvertreter finden, die versuchen, uns so weit wie möglich vor Sanktionen schützen. Die Moral, soweit sie an die Öffentlichkeit oder in unser Gewissen gelangt, lässt so etwas nicht zu.

Interessant ist die Tatsache, dass der Gesetzgeber uns vor ständiger Moralüberwachung zu schützen versucht und zwar in der Weise, dass er sich bemüht, die Öffentlichkeit gesetzlich einzuschränken. „Schutz der Privatsphäre" heißt das. So können andere unser Verhalten auch dann nicht beobachten, wenn es unmoralisch sein sollte. Selbst unsere Anonymität genießt (begrenzten) gesetzlichen Schutz. Man denke an die erbitterten politischen Diskussionen zur öffentlichen Videoüberwachung.

Gesellschaftlich problematisch ist die gewohnheitsmäßige Überschreitung der Grenzen des rechtlich Erlaubten, weil es „Spaß macht". Mit der Kant'schen Glückseligkeit hat das nichts zu tun. In Berlin ist das Trinken von Alkohol in öffentlichen Verkehrsmitteln verboten. Nichtsdestotrotz sitzen viele Touristen gegen Abend in der „Partybahn" M10 und trinken aus Bier- oder Weinflaschen auf der Fahrt von einem Partybezirk (Prenzlauer Berg) in einen anderen (Friedrichshain/Kreuzberg). Besonderen Spaß macht das amerikanischen Jugendlichen unter 21 Jahren. Diese bekommen den Alkohol zu Hause erst ab diesem Alter.

Der Bereich des Dürfens ist in unserer Gesellschaft sehr weit. Eigenartigerweise führt das nicht dazu, ihn einhalten zu wollen, sondern erzeugt Überschreitungsbestrebungen. Andere stören sich daran und möchten „die Gesetze verschärfen". Das ruft die Fachleute auf den Plan, die Juristen, die uns erklären, dass die nötigen Gesetze bereits existieren, aber auch durchgesetzt werden müssten. Wir lernen daraus, dass es menschliche Bestrebungen gibt, Gesetze zu verletzen, obgleich das schwieriger sein kann als moralische Regeln zu missachten.

Moralische Grenzen werden nicht eingehalten, rechtliche häufig auch nicht. Aber das Gesetz zeigt mehr Erbarmen und weniger Selbstgerechtigkeit als die Moral. Das Rechtssystem funktioniert im Prinzip neutral. Das schafft die Moral nicht.

Das Recht im juristischen Sinne kann dem Gerechtigkeitsgefühl widersprechen. Auf der Grundlage von juristischen Gesetzen lässt sich keine Reziprozität erreichen. Gegenseitigkeitsneigung und Gerechtigkeitsempfinden überschneiden sich zwar, aber das Rechtssystem bremst das „natürliche Gerechtigkeitsgefühl". Wir müssen aushalten, dass es nicht immer gerecht zugeht. Niemand kann Gerechtigkeit garantieren. Die juristischen Gesetze brauchen wir, damit es verbindliche Regeln des zwischenmenschlichen Zusammenlebens gibt und nicht jeder seinem Gerechtigkeitsempfinden unmittelbar im Handeln Ausdruck verleiht (durch Selbstjustiz, Schmähung und öffentliche Bloßstellung).

8.3 Der Staat als Institution zur Verhinderung moralischer Hypertrophie

Das Rechtswesen kann als eine Einrichtung zur Zähmung moralischer Ansprüche betrachtet werden. Um zu funktionieren, bedarf es des Staates als einer weiteren Institution.

Der Staat als institutionelle Voraussetzung für die Neutralisierung der Moralansprüche kann diese Aufgabe am besten erfüllen, wenn es sich bei ihm um einen weltanschaulich neutralen Staat handelt. Was nicht bedeutet, dass alle Demokratien weltanschaulich neutral sind. Die Demokratie ist kein „moralischer Wert", auch kein „westlicher Wert", sondern die Form einer politischen Institution. Außer der Demokratie brachten auch andere Staatsformen historisch gesehen Fortschritte bei der Eindämmung archaischer Moralimpulse. Selbst Diktatoren wollen nicht, dass sich ihr Staat im Chaos auflöst. Allerdings tun sie oft viel dafür, dass es dazu kommt.

Der weltanschaulich neutrale Staat kann eine Regel erfüllen, die bereits Thomas Hobbes in seinem berühmten Buch „Der Leviathan" (zuerst erschienen 1651) formuliert hat. Hier ein Zitat aus einer deutschen Übersetzung:

> Weil nun … die Menschen in dem Zustand des Krieges aller gegen alle sich befinden und jedweder sich der Leitung seiner eigenen Vernunft überläßt, auch nichts da ist, das er nicht irgend einmal zur Verteidigung seines Lebens gegen einen Feind mit Erfolg gebrauchen könnte, so folgt, daß im Naturzustand alle ein Recht auf alles, die Menschen selbst nicht ausgenommen, besitzen. Solange daher dieses Recht gilt, wird keiner, sollte er auch der Stärkste sein, sich für sicher halten können. Also ist folgendes eine Vorschrift oder allgemeine Regel der Vernunft: Suche Frieden, solange nur Hoffnung dazu da ist; verschwindet diese, so schaffe dir von allen Seiten Hilfe und nütze sie; dies steht dir frei (Hobbes 2009, S. 138–139).

Die Menschen befinden sich in Mitteleuropa heute nicht im Zustand des Krieges aller gegen alle, aber zweifellos gibt es solche Verhältnisse auf unserer Erde. Und Gewaltverbrechen gibt es auch bei uns. Was dagegen helfen kann, ist ein Staat. Die steuernde Institution muss der Staat sein, das wurde spätestens im 17. Jahrhundert erkannt.

Auf die individuelle Vernunft können wir uns nicht immer verlassen, und die kollektive Vernunft muss organisiert werden. Gibt es keine Organisationsform, herrscht Anarchie, es setzt sich der Stärkere oder der Skrupelloseste durch. Bürgerkriege sind die Folge. In Diktaturen ist klar, wer der Stärkere ist, es herrschen zeitweilig stabile Verhältnisse. Das Problem besteht darin, dass Diktatoren nicht ohne Blutvergießen beseitigt werden können. Und wenn der Diktator endlich entmachtet ist, oft durch Attentate, ist niemand da, der die Lücke ausfüllen kann. Auf friedlichem Wege können Herrschaftsverhältnisse am besten in Demokratien verändert werden. (Nur in Demokratien? Das ist die Meinung von Karl Popper.)

Thomas Hobbes sieht das Wesen der Gerechtigkeit in der Einhaltung von geschlossenen Verträgen. „Aber die Gültigkeit von Verträgen beginnt erst mit der Errichtung einer bürgerlichen Gewalt, die dazu ausreicht, die Menschen zu ihrer Einhaltung zu zwingen, und mit diesem Zeitpunkt beginnt auch das Eigentum" (Hobbes 2011, S. 140).

Thomas Hobbes' Staatsauffassung wird gern mit dem Zitat in Verbindung gebracht, er habe den Menschen als des Menschen Wolf gesehen, also als grundsätzlich böse.

Hier kommen wir zur Beantwortung der Frage, die ganz am Anfang gestellt wurde, im Vorwort. Weshalb geschieht Infantizid (Kindestötung) durch Stiefväter häufiger als durch andere Personen? Ist so etwas nicht ein Beispiel für die „Wolfsnatur" des Menschen?

Unter Menschen werden kleine Kinder nicht nur von Stiefvätern getötet, sondern auch von anderen Mitgliedern der Familie. Stiefväter tun dergleichen nur häufiger als andere Familienangehörige. Und von Familienangehörigen werden kleine Kinder häufiger getötet als von fremden Menschen. Für die Stiefväter-Gewalt lautet eine soziobiologische Hypothese: die Wahrscheinlichkeit der erfolgreichen Genweitergabe steigt, wenn in der Familie keine Kinder von anderen Vätern vorhanden sind. In der Tierwelt spricht man von Männchen, die von anderen Männchen gezeugte Nachkommen töten, um sich anschließend mit deren Mutter zu paaren. Immer wieder genannt, beispielsweise in Tierfilmen, werden Säugetiere wie Bären oder Löwen. Den Infantizid durch andere Verwandte gibt es auch bei Wölfen, ebenfalls bei Primaten (Schimpansen). Vielleicht geht es um Genweitergabe, aber auch um das eigene Überleben, wenn Ressourcen für die Nachkommen knapp werden.

Kann man Kindestötung in menschlichen Familien auf solche Faktoren zurückführen? Es handelt sich um ultimate Ursachen, Triebkräfte, die aus unserer Stammesgeschichte wirken. Unsere Moral wirkt in eine andere Richtung. Wir versuchen, auch kranke Neugeborene am Leben zu erhalten und kümmern uns um Schwerbehinderte. Die kulturelle Evolution wirkt hier in eine andere Richtung als die biologische. Aber wir können den Kindesmord nicht generell mit Moral verhindern, nicht durch Entsetzen und nicht durch Leugnung unseres phylogenetischen Ursprungs.

Wir berücksichtigen proximate Faktoren, Bedingungen beispielsweise, die zur Steigerung der Gewalt auch gegenüber Kindern führen. Aber das reicht nicht, um Phänomene wie den Infantizid zu bekämpfen und einzudämmen. Und nun komme ich wieder auf Thomas Hobbes zurück.

Der Mensch kann sich nicht nur gegenüber eigenen Artgenossen allgemein, sondern auch gegenüber den Schutzlosesten wie ein Raubtier verhalten. Was kann man dagegen tun? Gar nichts, wenn wir uns selbst verklären. Hobbes zeigt uns eine Möglichkeit. Zunächst muss ich erwähnen, dass man Hobbes Unrecht tut, wenn man ständig nur das Zitat vorbringt, der Mensch sei des Menschen Wolf. Dieses stammt nämlich gar nicht von Hobbes, er zitiert diesen Satz lediglich. Herausgefunden hat das der Politikwissenschaftler Lothar R. Waas.

Waas teilt uns mit, dass das Zitat zur angeblichen Wolfsnatur bei Hobbes unvollständig ist und von dem römischen Dichter Plautus stammt (Waas 2011, S. 437). Hobbes zitiert Plautus, und zwar vollständig. Nach Plautus ist der Mensch nicht nur des Menschen Wolf, sondern auch des Menschen Gott. Der Mensch, wenn er allein aufgrund seiner Bedürfnisse und Interessen handelt (wir möchten hinzufügen: auch aufgrund seiner Ängste und Ansprüche), kann sich, so Hobbes, gegenüber anderen Menschen wie ein aggressives Tier verhalten.

Es gibt kaum ein menschliches Verhalten, das moralisch so stark verurteilt wird wie die Ermordung von Kindern. Solche Taten finden wir so entsetzlich, dass wir sie kaum anderen Menschen zutrauen können. Wir sind hilflos, wenn wir uns nur unseren moralischen Gefühlen überlassen. Wir brauchen überindividuell entscheidende und professionell agierende Institutionen, die auch prophylaktisch eingreifen können. Im Falle von Kindestötung (vorher kommt es oft zu Misshandlungen) sind das staatliche Einrichtungen wie Jugendämter und Gerichte.

Hobbes möchte einen starken Staat. Nach unseren historischen Erfahrungen sollte es ein starker demokratischer Staat sein.

Erstes Ziel des Staates sollte es sein, so Hobbes, alles friedlich zu regeln. Wir sehen tagtäglich, dass das nicht immer ausreicht. Der Staat hat ein Gewaltmonopol. Dies auf rechtlicher Grundlage zu nutzen, ist wirksamer als moralische Aufblähung.

Im gleichen Sinne wie Hobbes äußert sich Popitz (2004), indem er in seiner Analyse der Macht auf das Phänomen Gewalt eingeht. Im Anschluss an Hobbes hebt er hervor, dass Gewalt dauerhaft nur durch Institutionen eingrenzbar ist.

Demokratie ist eine Staatsform, somit die Ausprägungsform einer Institution, ebenso wie der Rechtsstaat. Beide Institutionen sind wertvoll für uns, weil sie politische Ziele wie Gewaltverminderung und Anwendung von Regeln und Gesetzen im Sinne der Allgemeinheit fördern. Demokratie kann helfen, die Interessen möglichst vieler Menschen zu berücksichtigen, nicht nur die der Mehrheit. Sie fördert weltanschaulich neutrale Institutionen. Das Verfolgen hoher Werte wie Gerechtigkeit, Freiheit, Solidarität garantiert die Demokratie nicht und erst recht nicht das Erreichen solcher Ziele, aber sie ist nach bisheriger historischer Erfahrung die beste wenn auch eine anfällige Methode, ihnen nahe zu kommen. Demokratie ist ein Mittel zum Zweck und nicht der Zweck selbst. Im Übrigen ist sie ein Mittel, dass auch versagen kann. Mittel zur Zielerreichung sind keine Allheilmittel.

8.4 Alternative Vorschriften zur Moral: Regeln

> Was für die einzelnen Töne einer Komposition gilt, trifft auch für die Regeln zu, denen die einzelnen Mitglieder einer Gesellschaft gehorchen müssen (Daniel Barenboim).

Neben den juristischen gibt es weitere Anleitungen, wie man sich im Interesse der Mitmenschen und zugleich im eigenen Interesse verhalten und dabei die Moral möglichst nicht verletzen sollte.

Es gibt Anleitungen, nach denen wir uns orientieren können und die allgemein weder großen zeitlichen oder affektiven Aufwand noch gefährlichen persönlichen Einsatz verlangen. Es sind Regeln des Zusammenlebens, die auch gesetzliche Regelungen beinhalten und moralisch begründet werden können aber nicht müssen.

Regeln sind einzuhalten, auch wenn sie weder der eigenen Glückseligkeit dienen, noch religiösen Vorstellungen entsprechen oder hohen Moralanforderungen untergeordnet werden können. Diese Regeln können die Moral ergänzen und manchmal ersetzen, wenn sie über folgende Merkmale verfügen:

- Eignung, Leid zu verhindern oder zu vermindern und situationsadäquat befolgt zu werden.
- Möglichst konkrete Formulierung, damit die Anwendung der Regeln in bestimmten Situationen schnell und angemessen erfolgen kann.

Zu diesen Regeln kann man Verkehrsregeln rechnen, aber auch Regeln des menschlichen Zusammenlebens. Regeln im Sport sollen Wettstreit ermöglichen. Natürlich stehen hinter solchen Regeln häufig Wertvorstellungen, im

Sport z. B. die Fairness. Aber die Regeln hat jeder einzuhalten, auch wenn ihm oder ihr Fairness, Gerechtigkeit oder Ehre gleichgültig sein sollten. Allerdings müssen auch Regeln, ähnlich wie moralische Gebote, möglichst aus eigenem Antrieb eingehalten werden.

Je konkreter die Regel, umso besser. Kurze Regeln sind besser als lange Ausführungen, haben allerdings den Nachteil, dass sie nicht immer konkret genug sind. Folgende polizeiliche Empfehlung für Fälle, wann man als Zeuge in potenziell gefährlichen Situationen eingreifen sollte, ist relativ lang, aber brauchbar. Wenn man Zeuge wird, wie Gruppen sich prügeln, heißt es sinngemäß: „Mische dich nicht direkt in gewaltsame Auseinandersetzungen ein, wenn die Gegenpartei in der Überzahl ist."

Im Berliner „Tagesspiegel" vom 01.03.2017 wurde von einem Vorfall berichtet, bei dem ein Zeuge eines Taschendiebstahls in der U-Bahn die Tat zu verhindern und den Täter zu fassen versuchte, indem er die zahlreichen anderen Fahrgäste laut darum bat, ihm zu helfen. So stand es im „Tagesspiegel":

> Julian Mieth hielt sich genau an die Tipps der Polizei für solche Fälle. Er rief unüberhörbar: „Das ist ein Taschendieb. Bitte rufen Sie sofort die Polizei, helfen sie mir, ihn festzuhalten!" Es reagierte aber nur ein einziger Mann – ein Komplize des Täters. Mieth war fassungslos, als nur dieser auf ihn zukam. Der Komplize versuchte erst mit Worten, alles abzustreiten. Dann schlug er ihm kurz vor der Station Schönleinstraße die Hand weg, sodass der Dieb hinausspringen konnte. Mieth setzte nach, jetzt endlich unterstützt durch einige andere Fahrgäste. Aber deren Einsatz kam zu spät. Wahrscheinlich hatten die anderen Fahrgäste die Situation zu spät kapiert.

Hat sich der beherzt Eingreifende wirklich an die Empfehlungen der Polizei für solche Fälle gehalten? Sind diese vielleicht noch konkreter? Die Polizei empfiehlt in solchen Situationen, andere Zeugen möglichst persönlich anzusprechen, etwa so: „Sie, im blauen Mantel mit Baskenmütze, halten Sie den Mann von der Seite fest…"

Einfache Verhaltensregeln sind für Kinder wichtig. So kann in bedenklichen Situationen Fehlverhalten vermieden werden, indem dem Kind rechtzeitig „Denk an deine Mutter!" zugerufen wird. Solche verbalen Vorbeugemaßnahmen können verhindern helfen, dass in bestimmten Situationen Impulsen nachgegeben wird. Ein Vorschulkind, das zum Naschen neigte, hielt manchmal beim Griff nach dem Bonbon inne und flüsterte: „Großer Junge!" Die Eltern hatten ihm mehrmals gesagt, dass er als „großer Junge" sich doch nicht mehr wie ein Baby benehmen möge. Viele Regeln sind negativ formuliert, etwa „Nimm nichts Süßes von Fremden!" Psychologisch günstig ist es, die Aufforderung nicht als Verneinung zu formulieren, falls das inhaltlich geht, also nicht „Tue das nicht“, sondern einen Alternativvorschlag kurz mitteilen, etwa: „Trillerpfeife statt Pfefferspray!“ (für Erwachsene).

Für die Formulierung von Regeln können erlernte Schlüsselwörter hilfreich sein, die auf entsprechende Situationen anzuwenden sind und reflexartig erinnert werden. Regeln in diesem Sinne sind Handlungsanweisungen nach Situationsinterpretationen. So rufen Räuber bei Banküberfällen, natürlich kein moralisch einwandfreies Verhalten, angeblich zunächst: „Das ist ein Überfall.“ Dies ist eine Situationsinterpretation. Nach der Erfassung der Situation wird die jeweilige regelhafte Handlungsanleitung ausgesprochen oder innerlich repliziert. Beispiele für erwünschtes Verhalten:

- Alten und Gebrechlichen ist dieser Sitzplatz zu überlassen.
- Widersprich dem Chef nicht in der Öffentlichkeit.
- Kein Bier vor vier.
- Hier bin ich falsch. (Unter dem Bild eines Hundes)
- Wenn unbekannte Anrufer Geld von mir wollen, sofort auflegen oder die Polizei benachrichtigen.

Regeln lassen sich einüben und können dann automatisch auf das Verhalten wirken. Durch die Regeln der Höflichkeit können Konflikte entschärft und Aggressionen vermieden werden. Um höflich zu sein, muss ich nicht den Nächsten und auch nicht den Fernsten lieben wie mich selbst.

Zuerst wird die Situation interpretiert („Das ist ein fremder Mensch, er bietet mir Süßigkeiten an“, „Hier treffen Kontrahenten aufeinander und sind aggressiv gestimmt“, „Dieser Mensch braucht Hilfe und tut nicht nur so“, „Mein Lieblingsenkel, der jetzt anruft?, ich kann mich nicht an einen Lieblingsenkel erinnern“), dann überlege ich „Was kann ich tun?“, „Welchen Spielraum habe ich zum Handeln?“, dann „Welche Mittel stehen mir zur Verfügung, um etwas zu tun?“ Diese Prozesse können sehr schnell ablaufen, auch kann der dritte Punkt wegfallen, so wenn ein Kind gelernt hat, Verlockungen durch fremde Personen generell abzulehnen.

Regeln berücksichtigen mögliche Folgen implizit, als naheliegende Schlussfolgerung für bestimmte Situationen. Die Regeln muss jeder selbst anwenden. Bemühungen, moralische Normen durch Regeln verbindlich auf das Verhalten festzulegen, gibt es nicht erst seit der Gesetzgebung. Wird gegen anerkannte Regeln verstoßen, kommt es häufig zur moralischen Verurteilung des Handelnden, wenn dieser durch den Regelverstoß Vorteile erlangt hat oder erlangen könnte. Die Sanktionierung ist in vielen Bereichen festgelegt, so bei Regelverstößen im Sport oder im Straßenverkehr. Regeln der Höflichkeit können leichter sanktionsfrei übertreten werden.

Regeln sind dann nützlich, wenn Menschen nach konkreten Handlungsalternativen suchen. Der Handelnde muss sich dabei nicht nach moralischen Gefühlen richten. Man kann zum Beispiel auch einem unsympathischen Menschen beispringen, wenn man weiß, wie man sich dabei möglichst risikoarm verhalten kann. Man kann auch einem sympathisch wirkenden Menschen eine Bitte abschlagen, wenn es verdächtige Anzeichen in seinem Anliegen gibt.

Ein Vorteil von Verhaltensregeln ist die Möglichkeit, negative Sanktionen zu vermeiden, die an die Gesinnung geknüpft sind. Sie können außerdem helfen, das Gewissen zu entlasten, denn nicht jeder hat das, was wir ein Gewissen nennen. An die Regeln kann sich jeder halten, gleichgültig, ob er oder sie die damit korrespondierende moralische Einstellung akzeptiert oder nicht. So ist in der jüdischen Religion die Einhaltung religiöser Regeln gefordert, z. B. am Sabbat, auch ohne religiösen Glauben.

Regeln können ohne unmittelbaren Bezug auf die Moral wirken und haben dann den Vorteil, von den jeweiligen Gruppenwerten und dem aktuellen Selbstwertgefühl unabhängig zu sein. So werden Geschwindigkeitsbeschränkungen durch Autofahrer (manchmal) eingehalten, weil es sich um Verkehrsregeln handelt, nicht, weil die Autolenker etwas Gutes tun wollen.

Ein Beispiel kann illustrieren, wie wichtig die Situationsinterpretation für die Einhaltung von Regeln ist. Der Appell „Keine Gewalt" ist allgemein und wird nicht wirken, wenn dabei die Situation nicht klar ist.

Eine Demonstration von etwa einer Million Teilnehmern in einer Großstadt. An jeder Straßenecke stehen deutlich sichtbar jeweils zwei Personen: ein Polizist in Uniform und eine andere Person, meistens eine Frau. Kundige Demonstranten wissen, dass es sich bei der zweiten Person um eine(n) prominente(n) Schauspieler(in) der hauptstädtischen Theater handelt. Diese zweite Person trägt eine Schärpe schräg um Schulter und Hüfte gebunden, auf der deutlich erkennbar zu lesen ist: „Keine Gewalt!". Jeder musste wissen, nicht nur die Demonstranten, sondern auch die Polizisten, was damit gemeint war. Und es hat funktioniert. Gemeint ist die Demonstration vom 4. November 1989 auf dem Alexanderplatz in Ostberlin.

8.5 Wünschenswertes Wollen ohne Sollen

Es gibt zwischenmenschliche Beziehungen und Haltungen, die besonders wertvoll sind. Sie sind nicht verpflichtend und können sich nicht auf alle Menschen beziehen, auch nicht auf alle Mitglieder der eigenen Gruppe. Erklärt man diese Haltungen zur Pflicht, zerstört man sie. Solche Haltungen und ihnen entsprechende Handlungen können zwar gefordert werden, sie sind gesellschaftlich wünschenswert, entziehen sich aber dem moralischen Sollen. Durch Sanktionen sind sie nicht steuerbar. Man kann sie nicht erzwingen. Es sind zwischenmenschliche Beziehungen, die, wenn sie als moralische Forderung auftreten, ins Leere laufen. Sie haben Grenzen und sind exklusiv. Für den Einzelnen und seine Gefährten oder Partner und für die Gruppe sind sie höchst wertvoll, auch für das Überleben.

Erkennen lassen sich solche Haltungen erst im Handeln, die verbale Mitteilung reicht nicht aus. Sie müssen auch nicht Spaß machen, aber sie können zu höchster Glückseligkeit Anlass geben, ganz ohne Pflichterfüllung.

In Schillers „Bürgschaft" will ein Freiheitskämpfer den Tyrannen ermorden, wird aber vorher erwischt und soll durch Tod am Kreuz bestraft werden. Der Held hat aber noch etwas vor und bittet um Gnade:

„Ich" bin, spricht jener, „zu sterben bereit
Und bitte nicht um mein Leben:
Doch willst du Gnade mir geben,
Ich flehe dich um drei Tage Zeit,
Bis ich die Schwester dem Gatten gefreit;
Ich lasse den Freund dir als Bürgen,
Ihn magst du, entrinn' ich, erwürgen. "

Erstaunlich ist: der Freund stimmt zu und der Tyrann ebenfalls.

Da lächelt der König mit arger List
Und spricht nach kurzem Bedenken:
„Drei Tage will ich dir schenken;
Doch wisse, wenn sie verstrichen, die Frist,
Eh' du zurück mir gegeben bist,
So muß er statt deiner erblassen,
Doch dir ist die Strafe erlassen."

Wegen der Hochzeit der Schwester lässt der zum Tode Verurteilte den Freund als Pfand zurück. Nach der Hochzeit eilt er zurück zu seinem Hinrichtungsort, wird aber auf seinem Weg durch viele schlimme Hindernisse aufgehalten, die er nur deshalb mit größter Anstrengung überwindet, weil er den Freund nicht unschuldig sterben lassen will.

Und die Sonne versendet glühenden Brand,
Und von der unendlichen Mühe
Ermattet sinken die Knie.

„O hast du mich gnädig aus Räubershand,
Aus dem Strom mich gerettet ans heilige Land,
Und soll hier verschmachtend verderben,
Und der Freund mir, der liebende, sterben!"

Tatsächlich schafft es der Verurteilte in letzter Minute, am Ort der geplanten Kreuzigung anzukommen.

Und Erstaunen ergreifet das Volk umher,
In den Armen liegen sich beide
Und weinen vor Schmerzen und Freude.
Da sieht man kein Auge tränenleer,
Und zum Könige bringt man die Wundermär';
Der fühlt ein menschliches Rühren,
Läßt schnell vor den Thron sie führen,
Und blicket sie lange verwundert an.
Drauf spricht er: „Es ist euch gelungen,
Ihr habt das Herz mir bezwungen;
Und die Treue, sie ist doch kein leerer Wahn –
So nehmet auch mich zum Genossen an:
Ich sei, gewährt mir die Bitte,
In eurem Bunde der Dritte!"

Es ist die Einzigartigkeit der Beziehung zwischen den beiden Freunden, die diese Ballade schildert. Dem Leser ist klar, dass der zum Tode Verurteilte die Rückkehr bei einem anderen potentiellen Opfer vielleicht nicht rechtzeitig geschafft und dass ein anderer Freund sich kaum als Pfand zur Verfügung gestellt hätte. Und vielleicht wünscht sich der Leser, dass der König von den anderen Beiden nicht in ihren Bund aufgenommen wird.

Moralisch ist das nicht, was hier geschildert wird, denn diese soll immer und überall gelten. Wer Ausnahmen macht, handelt nicht nach moralischen Prinzipien. Solch eine Konstellation wird gern in der Belletristik oder auf der Theaterbühne dargestellt. Es geht um menschliche Bindungen, um psychische Kräfte, die wir als höchst wertvoll und beglückend ansehen, wenn sie zum Tragen kommen, die wir aber nicht fordern können. Wir können solches Verhalten nicht zur Pflicht erklären, selbst wenn es auch außerhalb von Schillers Balladen vorkommt. So hat sich der Arzt Dr. Ludwig Elsass 1938 in Ludwigsburg bereit erklärt, stellvertretend für seinen alten und kranken Vater in das Ghetto Riga transportiert zu werden. Diese Bitte wurde ihm von den Nazis gewährt. Ludwig Elsass war einer der wenigen deportierten Juden, die die Nazizeit überlebt haben, sein alter Vater nicht. Die „Moral von der Geschichte" war eine andere als bei Schiller.

Moral wird von jedem gefordert. Aber wir verhalten uns zu anderen Menschen unterschiedlich, je nachdem, mit wem wir es zu tun haben.

Jeder Mensch möchte in seiner Einzigartigkeit von den Mitmenschen anerkannt werden. Jeder möchte als Individuum gemeint sein, wenn er mit anderen kommuniziert. Die Werbung hat das längst gemerkt: „Der Zahnarzt nur für Sie“ kann man in Berliner U-Bahnen lesen. Welch ein Hohn. Es können nicht alle für jeden einzigartig sein. Es ist der Unterschied, den wir machen.

Einzigartige Beziehungen sind an Bedingungen geknüpft, die für Moral nicht gelten. Es handelt sich um Haltungen zu einzelnen Menschen, die sich als Vertrauen, Mitgefühl, Barmherzigkeit, Achtung äußern. Solche Haltungen kann man predigen, man kann versuchen, sie Heranwachsenden zu erzählen, aber man kann sie nicht erzwingen. Fehlt es Menschen an Mitgefühl oder Vertrauen, helfen Strafen nichts. Auch die Aussicht auf Belohnung, Billigung oder Anerkennung erzeugt nicht Mitgefühl oder Vertrauen.

Könnten wir Immanuel Kant zufriedenstellen, wenn wir alle oder möglichst viele von uns mitfühlend, vertrauend und nachsichtig wären? Leider nicht. Der Unterschied zwischen den genannten individuellen Haltungen und freudiger Pflichterfüllung nach Kant besteht in der Tatsache, dass unsere Menschenliebe begrenzt ist. Auch wer nicht immer an die Folgen seines Tuns denkt, kann nicht jedem vertrauen. Wir können nicht mit Millionen leidender Menschen Mitgefühl haben. Und wer unbegrenzte Barmherzigkeit zeigte, würde schnell eines Schlechteren belehrt.

Die genannten zwischenmenschlichen Beziehungen können nur ausschließend wirken. Wir sind nicht gezwungen, anderen Menschen zu vertrauen, ihnen zu verzeihen oder Mitgefühl mit ihnen zu haben. Es ist auch nicht empfehlenswert, jedem zu vertrauen. Umso schöner und besser ist es, wenn unser Vertrauen erwidert wird, unsere Loyalität nicht ausgenutzt und das Mitgefühl nicht kategorisch gefordert wird.

Es wird immer Menschen geben, die, auch unter eigener Gefahr, sogar unter Lebensgefahr, anderen beistehen. Sie werden nicht vom reziproken Impuls gelenkt, sondern lassen sich auf im Ausgang ungesicherte Interaktionen ein. Menschen gehen Risiken ein, die sie kennen, um anderen zu helfen und Gefahren für sie abzuwenden. Dergleichen kann man nicht moralisch erzwingen.

Es geschieht selten, aber es kommt vor, dass Menschen anderen helfen, die nach der herrschenden Moral ihre Feinde sein müssten. Verfolgte erhalten nicht nur von Leuten Unterstützung, die insgeheim mit der verfemten Gruppe sympathisieren, sondern allein aus persönlichen Gründen. Das kann lebensrettend sein. Mehrfach berichteten Juden, die sich in der

Nazizeit erfolgreich in Berlin versteckt hatten, dass ihnen einzelne Nazis geholfen haben. Michael Degen schildert in seinen Erinnerungen „Nicht alle waren Mörder“, dass seine Mutter sich mit ihm als Kind vor den Nazis an unterschiedlichen Orten Berlins verborgen hielt. Dabei bekam sie manchmal Lebensmittel von einem SS-Mann zugesteckt. Marie Jalowicz Simon konnte den Nazis in Berlin entkommen, indem sie insbesondere in der Arbeiterschaft Hilfe erhielt („Untergetaucht“). Die Hilfe musste sie sich häufig durch sexuelle Dienstleistungen erkaufen. Es gab aber auch einen jungen SA-Mann, der Jalowicz Simon ohne irgendwelche Gegenleistungen mit Geld und Lebensmittelmarken unterstützte. Wie moralisch ist es, wenn Mitglieder verbrecherischer Organisationen einzelnen Menschen helfen, die zu den von der jeweiligen Organisation Verfolgten gehören? Müssten sie nicht allen Verfolgten helfen oder zumindest auch sonst ihre eigene Verbrechergruppe sabotieren? Es handelt sich offenbar um eine Diskrepanz zwischen moralischer Gesinnung und Verhalten in positiver (menschenfreundlicher) Richtung bei eigener Gefährdung. Moralisches Handeln im Sinne Kants (kategorischer Imperativ) ist das nicht, denn es kann sehr wohl sein, dass es Merkmale der Personen waren (junge Frauen), denen geholfen wurde, die den Ausschlag gaben.

8.5.1 Vertrauen

Vertrauen lässt Ausnahmen von der Moral zu. Wir können Menschen vertrauen, die sich nicht den herrschenden moralischen Normen entsprechend verhalten. Unter Umständen können wir, wenn wir uns sittlich verwerflich verhalten haben, auf Hilfe und Unterstützung von anderen Menschen rechnen, die unser Verhalten nicht billigen. Vertrauen kann zwischen Personen bestehen, die gegen die geltende Moral verstoßen. Nicht nur Verbrecher decken sich manchmal gegenseitig, selbst wenn sie nicht zur gleichen Gruppierung gehören.

Vertrauen entsteht eher in kleinen Gruppen als in großen, ist aber nicht auf diese beschränkt. Der Vorteil der kleinen Gruppe für das Gruppenmitglied ist nicht die Einhaltung moralischer Werte, sondern die Tatsache, dass sich dort leichter Vertrauen entwickeln und dass es aufrechterhalten werden kann, leichter als in größeren sozialen Konglomeraten und/oder unstrukturierten gesellschaftlichen Gebilden. Aber grundsätzlich ist Vertrauen auch in anonymen Situationen möglich.

Vertrauen muss den möglichen Irrtum in Kauf nehmen. Es ist die beste zwischenmenschliche Ressource, die Menschen haben können, aber es birgt hohe Risiken. Es ist besonders kostbar, weil es an enge Voraussetzungen gebunden ist. Diese Voraussetzungen sind: Kenntnis des Gegenübers (Kenntnis im Sinne von Einblick, nicht unbedingt von persönlicher Bekanntheit) und Einschätzung von dessen Absichten. Moral kann Misstrauen nicht beseitigen oder verringern. Moral wird durch gesellschaftlichen und politischen Druck, durch Sanktionen durchgesetzt. Vertrauen kann man so nicht erzeugen oder gewinnen. Man kann es sich aber zunutze machen und dabei kann die Moral helfen.

Vertrauen sollte gegenseitig sein, wenn es dauerhaft sein soll. Diese Gegenseitigkeit kann große Zeitabstände aushalten. Wenn ich jemandem vertraue, bin ich bereit, für ihn oder sie Leistungen zu tätigen, Opfer zu bringen, ohne eine Gegenleistung zu erwarten. Das Einzige, was ich unbedingt erwarte, ist, nicht verraten zu werden. Ich schätze mein Gegenüber so stark, dass ich keine Gegenleistung brauche, weil es mir ein „inneres Bedürfnis" ist, dem Gegenüber zu helfen.

Vertrauen erzeugt Sicherheit, vereinfacht Kommunikationen und erleichtert das Zusammenleben. Auch in der Öffentlichkeit ist Vertrauen möglich, nicht nur privat. Gruppen und Institutionen, wie politische Parteien, staatliche Einrichtungen und Firmen können Vertrauen gewinnen. Auch hier, auf politischem und wirtschaftlichem Gebiet, ist Vertrauen wertvoll und förderlich, aber es besteht keine persönliche Exklusivität wie bei zwischenmenschlichen Beziehungen. Auch in politischen und wirtschaftlichen Beziehungen kann Vertrauen leicht zerstört werden. Zerstörtes Vertrauen kann nicht durch moralische Appelle ausgeglichen werden. Kann sich noch jemand an das Motto „Unser gemeinsames Haus Europa" erinnern? Von wem stammt diese Formulierung?

Wird an das Vertrauen appelliert, wird man aufgefordert, man möge doch vertrauen, ist Vorsicht angebracht, vor allem gegenüber Fremden und gegenüber Institutionen. Das Misstrauen gegenüber institutionellen Vertretern moralischer Werte kann lebensrettend sein. „Christen an die Front" hieß es in bischöflichen Mitteilungen an die Gemeindemitglieder in der NS-Zeit (Prolingheuer und Breuer 2005).

8.5.2 Mitgefühl

Mitgefühl hat eine ähnliche psychische Struktur wie Vertrauen. Es ist ebenfalls exklusiv, aber vielleicht nicht in dem Maße wie Vertrauen. Es ist nicht möglich, mit allen Menschen Mitgefühl zu haben. Sicher ist es wünschenswert, dass diese Haltung möglichst weit verbreitet ist, aber sie hat Grenzen.

Auffallend sind die zahlreichen historischen Beispiele, in denen der Schutzinstinkt gegenüber Schwachen, der „Sympathieinstinkt" nach Darwin oder das „Kindchenschema" nach Konrad Lorenz nicht wirkten. Man denke an die Ermordung kleiner Kinder in den Konzentrationslagern der SS. Es fehlte den Tätern nicht an ideologischer und moralischer Rechtfertigung für ihr Tun. Was fehlte, war Mitgefühl, im Menschen angelegtes Mitgefühl.

Mitgefühl ist, wie Darwin es ausdrückte, eine Errungenschaft der Zivilisation aus der Entwicklung von der Barbarei. Das Gegenseitigkeitsprinzip ist beim Mitgefühl aufgehoben. Wenn ich mit einem Leidenden Mitgefühl habe, erwarte ich nicht, dass diese Person mir gegenüber das Gleiche empfindet. Mitgefühl ist zunächst einseitig. Wenn es in unterstützende Handlungen mündet, wird oft Dankbarkeit erwartet, aber keine Gegenleistung im engeren Sinne.

Mitgefühl ist, wie andere zwischenmenschliche Haltungen, so wertvoll, weil es nicht generell für alle und immer gefordert werden kann. Es ermüdet. Der amerikanische Soziologe Richard Sennett schreibt: „Unter „Ermüdung des Mitgefühls" versteht man die Erschöpfung unserer Sympathiegefühle angesichts einer Flut qualvoller Ereignisse. Folteropfer, die zahllosen Opfer einer Epidemie, das schiere Ausmaß des Holocaust stellen so gewaltige Anforderungen an unsere Gefühle, dass wir schließlich gar nichts mehr fühlen. Mitgefühl kann ausbrennen wie ein Feuer". (Sennett 2004, S. 178) Ähnlich hat sich bereits Gotthold Ephraim Lessing in einem Brief an Moses Mendelssohn vom 18.12.1756 geäußert: „Wir können nicht lange in einem starken Affekt bleiben; also können wir auch ein starkes Mitleiden nicht lange aushalten; es schwächt sich selbst ab." Diese Sätze haben das Theater zum Inhalt, Trauerspiele. Es geht um die Darstellung von Leid. Dieses Thema ist aktuell, weil wir immer wieder das Leid von Menschen im Krieg, bei Terror und auf der Flucht in den Medien gezeigt bekommen. Auf diese Weise sollen nicht nur Mitgefühl, sondern unterstützende Handlungen für die Opfer ausgelöst werden.

Durch mitfühlende Einstellung und entsprechendes Verhalten kann man zwischenmenschliche und gesellschaftliche Konflikte lösen helfen und vielleicht auch vermeiden. So ist der therapeutische Ansatz zur Förderung von Mitgefühl von Tania Singer (Bornemann und Singer 2013) ein psychologisch und politisch begrüßenswertes Unterfangen. Die im gleichen E-Book zu findende Bestrebung, Mitgefühl zu einem generellen Anliegen für immer, überall und jeden machen zu wollen, muss jedoch fehlgehen. Mitgefühl als eine wünschenswerte und zu fördernde menschliche Haltung sollte nicht zur moralischen Forderung werden. Man kann Mitgefühl nicht erzwingen oder trainieren, man kann lediglich Bedingungen herzustellen versuchen, die es fördern. Warum kann Mitgefühl nicht generell gefordert oder auch nur erwartet werden? Mitgefühl ist, ähnlich wie Vertrauen, zu persönlich, um immer und für alle zu gelten.

Die wertvollen zwischenmenschlichen Haltungen können nicht erzwungen werden. Es wäre nicht hilfreich, die Menschen zu generellem Vertrauen, zu allumfassendem Mitgefühl, zu Nachsicht und Vergebungsbereitschaft, zu Toleranz gegenüber allem und jedem erziehen zu wollen. Negative Sanktionen helfen hier nicht. Sie sind der Moral vorbehalten. Sie ist notwendig, um ihre Gültigkeit für alle zu demonstrieren.

Zwischenmenschliche Haltungen wie Vertrauen oder Mitgefühl brauchen kein Publikum. Zahlen sie sich nicht aus, anders ausgedrückt: wird menschenfreundliches Verhalten enttäuscht oder Vertrauen verraten, so hilft dem Handelnden die ohnehin fragliche Unterstützung durch das Publikum kaum. Zwischenmenschliche Bindungen, die auf Vertrauen oder Mitgefühl beruhen, können Menschen, die aus unterschiedlichsten Gründen außerhalb der Gesellschaft leben, vor Verzweiflung retten. Das vermag die Moral nicht.

Vertrauen und Mitgefühl sind riskant, die Moral nur, wenn man von der jeweils vertretenen abweicht. Jeder kann sie vor sich hertragen und auf andere anwenden. Natürlich gibt es weitere zwischenmenschliche Haltungen, die zwar gesellschaftlich erwünscht sind, aber nicht erzwungen werden können, auch nicht mit den Mitteln der Moral. Dazu gehören Achtung und die Bereitschaft zu vergeben.

Moderne Gesellschaften brauchen nicht auf vertrauensähnliche Beziehungen oder auf Unterstützung Bedürftiger zu verzichten, auch wenn diese emotionalen Einstellungen ausschließend sind. Sie haben Einrichtungen geschaffen und gesetzlich abgesichert, die solche Beziehungen allgemein regeln. Auf wirtschaftlichem Gebiet gibt es Verträge, die persönliches Vertrauen ersetzen sollen. Soziale Unterstützung wird durch speziell dafür geschaffene Institutionen geleistet. Die persönliche Beziehung geht hier verloren. Dafür besteht bei Hilfsbedürftigkeit Anspruch und keine Ausschließlichkeitsbeziehung. Außerdem wird vom Unterstützten keine Dankbarkeit erwartet. Und dann gibt es noch verschiedene abgesicherte Vertrauensvorschriften beruflicher Art, die mit den Zusätzen „Geheimnis" oder „Schweigen" verbunden sind: Beichtgeheimnis, ärztliche Schweigepflicht, Anwaltspflichten.

Es gibt eine wissenschaftliche Erklärung für die einzigartigen menschlichen Beziehungen wie Vertrauen und Mitgefühl: die Evolutionstheorie. Die Bevorzugung Einzelner ist ein Auswahlprinzip neben der Gruppenselektion. Selektion ist ein evolutionstheoretisches Gesetz. Offenbar ist die individuelle Selektion ein riskanteres Prinzip als die Gruppenselektion. Oerter (2014) geht davon aus, dass es die (biologische) Evolution ist, die das individuelle Interesse (an der Weitergabe von Genen) steuert und nicht der Egoismus der Gruppe. Aber die kulturelle Evolution ist ebenfalls mächtig und wirkt über Moral durch die Gruppe.

Es gibt nicht nur wünschenswerte zwischenmenschliche Beziehungen außerhalb allgemein gültiger Moral, es gibt darüber hinaus auch psychologische Möglichkeiten, moralischen Furor zu bändigen, der schädlich für die Gesellschaft ist.

8.6 Psychologische Möglichkeiten, moralischen Affekt einzudämmen

Die Nachteile von Moral sind vermeidbar oder können zumindest vermindert werden, wenn wir ihren archaischen Ursprung berücksichtigen, die menschliche Natur anerkennen, unsere Grenzen und die Naturgesetze, die wir bereits erkannt haben. Auch historische und gesellschaftliche Einsichten können helfen, unsere moralischen Ansprüche zu bremsen und an der Realität zu prüfen. Moral fördert illusionäre Zielstellungen für Entscheidungen. Moralische Affektsteigerung begünstigt irrationales Verhalten, auch bei den Kommunikationspartnern, die sich gegen unsere Ansprüche wehren möchten. Die Suche nach dem Allerbesten, Optimalen dauert nicht nur lange, zu lange, sie ist häufig auch von Illusionen gelenkt und verführt zu falschen Gewissheiten. Aus Sicht der psychologischen Entscheidungstheorie heißt das: Maximierungsstrategien reduzieren die Rationalität (Gigerenzer 2010). Moral verführt zu Maximierungsstrategien. Daraus folgt: Um die Nachteile von Moral zu vermeiden oder wenigstens zu reduzieren, müssen wir uns beschränken, unsere Ziele konkretisieren und vor dem Handeln überlegen, wie wir sie erreichen wollen.

Durch rationale Überlegungen lässt sich die gefühlsmäßige Steuerung überwachen, bremsen, in Grenzen steuern und vielleicht sogar umkehren. Dies ist aber nicht Jedermanns Sache. Wir haben gesehen, dass sich bestimmte Menschengruppen bei für sie relevanten Merkmalen grandios überschätzen. (So zeigt sich der Dunning-Kruger-Effekt von Autofahrern besonders stark bei der Gruppe mit den meisten Unfällen, den männlichen jungen Fahrzeugführern.) Es wäre wünschenswert, dass die Narzissten (sowohl die selbstdienlichen als auch die fremddienlichen) nicht so mächtig werden, dass sie gesellschaftliche Prozesse bestimmen können. Diese Gefahr besteht bei männlichen jungen Autofahrern nicht, wohl aber bei mächtigen Politikern, nicht nur in Diktaturen.

Zwischenmenschliche Verhaltensweisen, die zu schädlichen Konsequenzen führen, werden nicht unbedingt gesetzlich geahndet, dennoch sollten wir sie generell zu vermeiden versuchen. Da hat das „Sollen Wollen" auch in negativer Form seinen Sinn. „Du sollst nicht…" SOLLTE auf jede Form von Demütigung, Kränkung oder Herabsetzung zielen. Entsprechende Äußerungen und Handlungen führen zu negativen moralischen Affekten, zu Verbitterung, Hass, Apathie, zu Verteidigungsreaktionen, die schwer zu steuern sind, wie Wut und Vergeltung. Rechtlich ist lediglich Ahndung möglich. Aber dann ist es in der Regel zu spät. Wenn sich jemand gekränkt fühlt, zum Messer greift und einen anderen verletzt, dann ist es zu spät für die Verhaltenssteuerung.

Psychologische Möglichkeiten bestehen auf beiden Seiten, bei denjenigen, die kränken oder demütigen und denjenigen, die gekränkt oder gedemütigt werden. Beide Seiten können sich in Selbstbeherrschung üben. „Impulsbeherrschung" heißt das psychologische Fachwort. Die Gedemütigten und Gekränkten haben weniger Freiheitsgrade zum Reagieren und um ihre Selbstachtung zu bewahren als diejenigen, die sie verhöhnen und herabsetzen. Den Erniedrigten steht nicht so leicht jemand bei wie den Mächtigen. Macht- und Rangunterschiede sind wichtig bei solchen Vorgängen. In der Demokratie müssen sich mächtige Personen gefallen lassen, von andern Menschen der Lächerlichkeit preisgegeben zu werden, gedemütigt werden können sie nicht so leicht. Wenn Mächtige öffentlich herabgesetzt werden können, geht es zu Ende mit ihrer Macht. Machtlose (besser „Machtschwache") zu kränken ist nicht nur Mangel an Takt und Feingefühl, sondern verantwortungslos, wegen der Folgen. Aber die „Erniedrigten und Beleidigten" können gewinnen, wenn sie sich in Impulskontrolle üben. Auf diese Weise können sie die Sympathie des Publikums erlangen, das vielleicht erst später auf den Plan tritt (durch die Medien oder vor Gericht). Von mächtigen Personen kann man die Tugend der Gelassenheit erst recht erwarten. Es handelt sich um ein Persönlichkeitsmerkmal, das trainiert werden kann. Allerdings ist Selbstbeherrschung anstrengend, sie verbraucht psychische Ressourcen. Man kann sich nicht immerzu und in jeder Situation zusammennehmen. Machtlose haben weniger soziale, ökonomische und manchmal auch psychische Reserven. Es ist nicht leicht, mit der Missachtung der sozialen Umwelt zu leben. Und wer nicht viele Ressourcen hat, verliert schneller die Nerven.

Die psychologischen Zusammenhänge zwischen Kränkung und Reaktionen darauf gelten nicht allein im zwischenmenschlichen Alltag, sondern auch in der „großen Politik". Hier erscheinen manche Äußerungen von mächtigen Politikern nicht nur den Psychologen als irrational. So bezeichnete der frühere amerikanische Präsident Obama Russland als „Regionalmacht". Spiegel online titelte dazu am 25.03.2014: „Obama verhöhnt Russland als Regionalmacht".

8.7 Menschliche Grenzen und die Vernunft

Wenn wir anerkennen, dass verschiedene Menschen, Kategorien von Menschen, Gruppen und Nationen unterschiedliche Erfahrungen, Interessen und Bedürfnisse haben, können wir das Zusammenleben nicht allein mit Moral steuern. Die Vernunft ist ein menschliches Vermögen, das sich in gesellschaftlichen Institutionen materialisieren kann.

Ähnlich wie die biologische Evolution steuert auch die kulturelle keinem vorgegebenen Ziel zu, aber grundsätzlich gibt es Korrekturmöglichkeiten. Die Fähigkeit zum Voraussehen, Lernen und Denken haben alle Menschen. Realitätsgerichtete gedankliche Möglichkeiten unserer Handlungssteuerung fassen wir unter dem Begriff „Vernunft" zusammen. Sie ermöglicht gezielte Veränderungen im menschlichen Verhalten und in der gesellschaftlichen sowie physikalischen und biologischen Umwelt. Lernen kann Verhaltensänderungen bewirken, die Frage ist allerdings, ob diese zu den gewollten Resultaten führen. Moral als Bestandteil der kulturellen Evolution ist in der menschlichen Vernunft enthalten. Die menschliche Vernunft ist nicht moralfrei, unterscheidet sich aber auch von ihr.

Die Moral ist evolutionär älter als die Vernunft, so ist es schwer, sie derselben zu unterwerfen, zumal wir Menschen auf Moral nicht verzichten können. Wir können aber versuchen, die unerwünschten Nebenwirkungen der Moral zu bändigen.

Es gibt immer Grenzen für Angehörige der menschlichen Gattung, nur nicht in der Fantasie und bei der Moral. Die menschliche Natur, eingeschlossen psychologische Bedingungen, sowie gesellschaftliche und politische Verhältnisse, sie bestimmen, was möglich ist und was nicht. Psychologische Prozesse sind an das menschliche Gehirn gebunden. Gesellschaftliche Verhältnisse erscheinen uns änderbar, aber auch hier sind Bedingungen und Voraussetzungen zu beachten. Mit Moral allein geht es nicht. Die Vernunft muss eingeschaltet werden. Der menschliche Verstand ist allerdings auch begrenzt. Gleichwohl gibt es immer wieder Menschen, die es schaffen, diese Grenzen auszudehnen, mittels Wissenschaft, Technik und Politik. Solche Erzeugnisse der kulturellen Evolution können helfen, uns besser als bisher der Welt anzupassen und auch – sehr begrenzt – die Welt uns.

Psychologisch unterscheidet sich die Vernunft von der Moral darin, dass sie die „inhaltsfreien" angelegten Fähigkeiten des Menschen stärker in Anspruch nimmt, wie Denken, Lernen, Planen, Zweifeln. Sie ist der menschlichen Verhaltenssteuerung in dem Sinne dienlich, wie sie die Absichten anderer zu berücksichtigen hilft, bei Entscheidungen die Konsequenzen in Rechnung stellt, bei unerwarteten und unerwünschten Handlungsergebnissen eine

Verhaltensrevision erleichtert und die Abstimmung mit anderen Akteuren fördert, auch mit solchen, die man moralisch verurteilt. Die Vernunft kann die Moral nicht ersetzen, sie kann sie aber in ihren unerwünschten Auswirkungen zügeln helfen. Die Vernunft ermöglicht Verhaltenskorrekturen, die über bloßes Versuch-Irrtum-Lernen hinausgehen. Sie kann zum Beispiel die Wahrscheinlichkeit künftiger Ereignisse, mit oder ohne menschliche Einwirkung, abschätzen.

Erwünschte Veränderungen können durch menschliches Handeln nur in organisierter Art und Weise erreicht werden, nicht allein auf individueller Basis. So kann (fast) jeder Mensch die medizinischen Erkenntnisse zur eigenen Gesunderhaltung oder -werdung berücksichtigen. Dazu muss er aber diese Erkenntnisse erlangen und nutzen können, wofür ein funktionierendes Gesundheitswesen Voraussetzung ist.

Denken und Erklären schließt moralisches Urteilen ein. Prozesse wie Informationssuche und -prüfung, Verantwortlichkeitszuschreibung, Vergleiche, Vermutungen, Vorausschauen und Planen ermöglichen uns Handlungen über instinktive Abläufe hinaus. Die Lösung liegt nicht in einer „Kraft", sondern in der menschlichen Fähigkeit zur Vorausschau mit möglichst wenigen Illusionen. Wir haben die Fähigkeit, voraussehen zu können und ungünstige Situationen durch eigenes Handeln zu vermeiden. Diese Fähigkeit kann gesellschaftlich organisiert werden.

Was Odysseus schaffte, als er an der Insel mit den gefährlichen Sirenen vorbeisegelte, könnte ein durch Vernunft gesteuertes kollektives Gebilde vielleicht auch erreichen. Natürlich hätte eine staatliche oder andere vernunftgesteuerte Einrichtung heute in vergleichbarer Lage das Problem, wie sie den Bürgern oder Mitgliedern „die Ohren verstopfen" könnte, damit sie nicht in Panik verfallen. Sie müsste andere Methoden verwenden als Odysseus. Illusionsarme Vorausschau wäre ihr aber wohl auch möglich.

Beim Vorhersehen dessen, was demnächst passieren wird, kann der Einfluss des Großhirns auf Affekte aus dem Zwischenhirn gestärkt werden. Entsprechende Zusammenhänge können erlernt werden, so durch Informationen und Übungen zur Angstvermeidung. Die Richtung des Handelns kann auf diese Weise beeinflusst werden. Um das möglich zu machen, sind bestimmte Voraussetzungen erforderlich, so Unterstützung durch die soziale Umgebung bei der Informationsaufnahme, Zeit zum Nachdenken und zum Abrufen gelernter Handlungen, und, vor allem, möglichst geringe affektive Beteiligung. Auch durch Einschaltung der sprachlichen Ebene kann die Wahrscheinlichkeit unreflektierten Verhaltens vermindert werden.

8.8 Evolutionstheorie und Moral: Schlussfolgerungen

Religion, Gewissen und moralische Werte funktionieren als Kulturprodukte nach evolutionären Prinzipien. Auch die Politik ist evolutionär geprägt. Das wird nicht unmittelbar sichtbar, da sie sich unreflektiert auf die Religion und die moralischen Werte beruft. Die Politik wendet sich an die Öffentlichkeit, weil sie in ihrer Wirkung von den Medien abhängig ist und weil in demokratischen Staaten die Kommunikation zwischen Bevölkerung und politischen Repräsentanten in der Öffentlichkeit vor sich geht. So ist die Politik auf das moralische Verhalten anderer ausgerichtet, in Form von Versprechungen (Wahlprogramme) und von Forderungen (Leitkultur, Kritik an anderen Parteien, außenpolitische Ermahnungen, die Menschenrechte betreffend).

Welche Möglichkeiten gibt es, evolutionär geprägte moralische Fallen mittels der Vernunft zu vermeiden?

- Berücksichtigung möglicher Konsequenzen von Entscheidungen. Die Gewissheit, die man braucht, um Entscheidungen zu treffen, sollte nicht durch Selbstgewissheit, Selbstüberschätzung und Selbstgerechtigkeit ersetzt werden. Der britische Premierminister Cameron, ein Befürworter der britischen EU-Mitgliedschaft, scheint sich sicher gewesen zu sein, dass sich bei einem Referendum die Mehrheit der britischen Wähler für einen Verbleib des Landes in der EU aussprechen würde. Er hat sich getäuscht. Am 23.06.2016 entschied sich eine knappe Mehrheit der britischen Wähler für einen EU-Austritt. Immerhin übernehmen in Demokratien Politiker die Verantwortung für solche Entscheidungen (nicht immer). Cameron ist zurückgetreten. Was haben diese Ereignisse in Großbritannien mit Moral zu tun? Es war der moralische Affekt, die Unzufriedenheit vieler Briten mit verschiedenen ungewollten Folgen der EU-Mitgliedschaft, die sie zu ihrem Votum veranlasste. Politiker sollten weiter sehen können als der „Durchschnittsbürger". Schließlich haben die Wähler Verantwortung vorübergehend an sie delegiert.
- Unwillkürliche moralische Impulse sollten gebremst werden, wenn sie unseren zivilisatorischen Gepflogenheiten widersprechen. So sollte die quasi automatische Wirkung des Gegenseitigkeits-, insbesondere des Vergeltungsprinzips bei institutionellen und Kollektiventscheidungen überdacht werden. Im Rechtswesen geschieht das bereits. Weshalb nicht auch in der Politik? Sollen wirtschaftliche Sanktionen verhängt oder militärische Vergeltungsaktionen befohlen werden, so ist zu fragen, ob das irgendeinen

Nutzen bringen kann oder ob die Ahndung vielleicht allein der eigenen und der öffentlichen moralischen Befriedigung dient. Man spricht davon, „ein Zeichen setzen“ zu müssen, wenn Politiker außerhalb der Europäischen Union gegen unsere rechtlichen und moralischen Prinzipien verstoßen. Moral arbeitet mit Zeichen und Symbolen. Vernunft kann die Konsequenzen berücksichtigen. Auf politischem oder wirtschaftlichem Gebiet wird die Empfehlung aus der Bergpredigt „die andere Backe hinzuhalten“ nicht befolgt. Warum auch. Was aber auf diesen Gebieten helfen könnte, wäre die Berücksichtigung eines Ratschlages, den Thomas Hobbes bereits 1651 formulierte: „Bei Rache – der Vergeltung eines Übels durch ein Übel – soll man nicht auf die Größe des früheren Übels, sondern auf die des künftigen Nutzens sehen.“ (Hobbes 2011, S. 148).

- Da wir als fehlbare Wesen nicht über Gewissheiten verfügen, kann Vernunft nur in Verbindung mit der Möglichkeit zum Zweifel erreicht werden. Der Zweifel ist der Feind des Glaubens. Zweifeln allein hilft allerdings nicht, es muss geprüft werden können, was behauptet und was angezweifelt wird. Die Skepsis muss im (z. B. politischen) Handeln überwunden werden können, sonst können keine Entscheidungen getroffen werden. Die Prüfbarkeit von Annahmen und Behauptungen muss ermöglicht und gefördert werden. Orientierungssysteme, die Verhaltenskorrekturen ermöglichen, sollten deshalb gegenüber solchen bevorzugt werden, die das nicht oder nur schwer ermöglichen („Stückwerk-Technologie“ nach Karl Popper).
- Geprüfte und vorerst bestätigte menschliche Erkenntnisse sollten bei Entscheidungen den Vorzug vor bloß moralischer Beurteilung haben. Die Wissenschaft als Produkt der kulturellen Evolution zeichnet sich nicht nur durch Variation (Theorienvielfalt) und Wettstreit aus, sondern insbesondere durch Prüfbarkeit an der Realität. Wissenschaftliche Annahmen müssen so formuliert werden, dass sie von Fachleuten überprüft werden können. Und hier zeigt sich, dass es in der Organisation der Wissenschaft nicht immer demokratisch zugehen kann. Es gibt Einschränkungen demokratischer Prinzipien. In der wissenschaftlichen Forschung gilt nicht durchgängig das demokratische Mehrheitsprinzip. Was wissenschaftliche Wahrheit ist, wird nicht durch demokratische Abstimmung entschieden, sondern durch das Urteil von Experten, die sich oft irren. (Andere Voraussetzungen wissenschaftlicher Forschung entsprechen durchaus demokratischen Forderungen, so die Forderung, dass die Methoden, mit denen die Forschungsergebnisse gewonnen werden, offen dargelegt werden müssen, sodass Fachleute die jeweiligen Untersuchungen wiederholen können.) Gewählte Politiker müssen entscheiden, auch wenn die Experten unterschiedlicher Meinung sind und unterschiedliche Vorschläge machen. Sie müssen entscheiden dürfen, ohne

jedes Mal eine Volksabstimmung abhalten zu müssen. Ihre Verantwortung kann ihnen niemand abnehmen.

- Widersprüche im Bild vom Menschen, von der Welt und von sich selbst sollten bewusst akzeptiert werden. Damit sind nicht logische Unverträglichkeiten gemeint, sondern Unstimmigkeiten, die sich aus dem Informationsangebot ergeben. Man kann nicht alles im Stück erklären und das muss man eine Weile aushalten. Um moralische Widersprüche lösen zu können, braucht es Zeit und Geduld. Wenn jedoch schnell entschieden und gehandelt werden muss, können gelernte Reaktionsmöglichkeiten hilfreich sein.
- Im Entscheiden und Handeln sind Kompromisse besser als moralische Prinzipien, die man nicht verletzen darf. Wir müssen unsere Bedürfnisse und Interessen nicht aus moralischen Gründen verleugnen und sollten anerkennen, dass andere Menschen und Gruppen andere Interessen haben. Zum Ausgleich der Interessen brauchen wir geeignete Institutionen, auch solche, die die Einhaltung festgelegter Regeln überwachen. Auf politischem Gebiet sind nach rationalen Gesichtspunkten entscheidende Gremien erforderlich, die Kompromisse nicht nur erreichen, sondern auch durchsetzen können.
- Entscheidungen sollten revidierbar sein, wenn sie zu unerwünschten und ungewollten Konsequenzen führen. Das Beharren auf den eigenen Moralvorstellungen kann die Fehlererkennung und die Fehlerbeseitigung verhindern. Kommt man zur Erkenntnis, dass Fehler gemacht wurden, muss das Handeln geändert werden können. Die Verhaltensänderung geschieht nicht über moralische Werte, sondern durch Einsicht. Der preußische Generaloberst Alexander von Kluck steht im Ruf, bei der ersten Marneschlacht 1914 eine ungewöhnliche militärische Entscheidung gefällt zu haben. Bei einer Führung durch den Waldfriedhof Stahnsdorf, wo sich ein Denkmal des Generals befindet, habe ich gehört, von Kluck habe erkannt, dass die Schlacht nicht zu gewinnen sei und entgegen dem Befehl des Oberbefehlshabers von Schlieffen die Schlacht abgebrochen habe. Ist es wirklich so gewesen? War es möglich, dass ein preußischer General sich mitten im Krieg von der Vernunft lenken ließ und nicht von Patriotismus und Ehre? Die Militärhistoriker scheinen das (laut Wikipedia) nicht zu glauben und führen die Befehlsverweigerung des Generals von Kluck auf andere Faktoren zurück. Immerhin soll von Klucks Vorgesetzter, General von Moltke, dessen eigenmächtige befohlene Änderung der Marschrichtung der Soldaten gebilligt haben. Vermutlich waren preußische Generaloberste vom Patriotismus beseelt. Aber es könnte unter ihnen welche gegeben haben, denen Menschenleben wichtiger waren. Das wären dann moralische Entscheidungen gewesen, die vernunftgesteuert waren.

- Neutrale Institutionen sollten über folgende psychologisch wichtige Merkmale verfügen: Ersetzbarkeit der Führungspersonen, Berücksichtigung der Interessen nicht nur der Mehrheit, sondern auch von Minderheiten (Kompromissbereitschaft), Distanzfähigkeit zu den eigenen moralischen Werten, kein Nepotismus in allen seinen Formen, Zugang der Öffentlichkeit. Solche Institutionen können eine neutralisierende Rolle umso besser erfüllen, je gesinnungsneutraler sie selbst sind.

Das war sehr viel an „das sollten Sie tun". Was man soll, muss man nicht unbedingt. Deshalb möchte ich, in Anlehnung an einen tschechischen Satiriker, mit folgendem Satz schließen: Muss ich auch dann moralisch handeln, wenn das Menschen Unglück bringt?

Literatur

Bornemann, B., & Singer, T.(2013). Das ReSource-Modell des Mitgefühls. Eine kognitiv-affektive neurowissenschaftliche Perspektive. In T. Singer & M. Bolz (Hrsg.), *Mitgefühl in Alltag und Forschung* (Kapitel 10, S. 184–195). eBook Max-Planck-Gesellschaft.

Gigerenzer, G. (2010). Moral satisficing: Rethinking moral behavior as bounded rationality. *Topics in Cognitive Science 2, 528 – 554. Wiley Online Library.* https://doi.org/10.1111/j.1756-8765.2010.01094.x.

Hobbes, T. (2009). *Der Leviathan, nach der ersten deutschen Übersetzung vollständig neu bearbeitet von Kai Kilian.* Köln: Anaconda Verlag (Zuerst 1651).

Hobbes, T. (2011). *Der Leviathan, Teil I und II, übersetzt von W. Euchner.* Frankfurt a. M.: Suhrkamp.

Kolmer, L. (2014). Hast du niedergekniet? *„Zeit" Geschichte* (Die Kirche und ihre Ketzer), *3,* 28–34.

Oerter, R. (2014). *Der Mensch, das wundersame Wesen. Was Evolution, Kultur und Ontogenese aus uns machen.* Wiesbaden: Springer Spektrum.

Popitz, H. (2004). *Phänomene der Macht.* Tübingen: Mohr Siebeck.

Popper, K. R. (1980). *Die offene Gesellschaft und ihre Feinde* (Bd. 2, 6. Aufl.) München: Francke Verlag.

Prolingheuer, H., & Breuer, T. (2005). *Dem Führer gehorsam: Christen an die Front. Die Verstrickung beider Kirchen in den NS-Staat und den Zweiten Weltkrieg. Studie und Dokumentation.* Oberurssel: Publik-Forum.

Sennett, R. (2004). *Respekt im Zeitalter der Ungleichheit.* Berlin: Berliner Taschenbuch Verlag.

Waas, L. R. (2011). *Kommentar zu Thomas Hobbes: Leviathan, Teil 1 und II* (S. 363–693). Frankfurt a. M.: Suhrkamp.

Printed in the United States
By Bookmasters